螺蛳壳中的曼陀罗

古籍影印蠡探

南江涛 著

北京联合出版公司
Beijing United Publishing Co.,Ltd.

目 录

蠹探编

新中国成立以来新编古籍丛书出版综述 …………………… 3
2011 年新编古籍丛书出版综述 …………………………… 18
中国旧志整理与出版概况 …………………………………… 25
改革开放 40 年来的古籍影印出版 ………………………… 42
论郑振铎对戏曲文献整理出版的贡献 ……………………… 65

履冰编

《吴秋辉遗著》手稿札记 …………………………………… 93
《民国期刊资料分类汇编·文选学研究》出版说明 ………… 99
钟琦及其两部随笔琐谈
　　——影印《皇朝琐屑录》《凭花馆琐笔》前言 ………… 104
《汉语方言研究文献辑刊》出版说明 ……………………… 111
《民国旧体诗词期刊三种》出版说明 ……………………… 113
《清末民国旧体诗词结社文献汇编》出版说明 …………… 117
《国闻报（外二种）》出版说明 …………………………… 119
《澹生堂集》出版说明 ……………………………………… 122
20 世纪上半叶日本所编善本书影述略 …………………… 125
梁章钜批校翻刻汲古阁本《文选》及其价值
　　——以《魏都赋》为例 ………………………………… 138
《国学基本典籍丛刊》出版漫谈 …………………………… 150
《楚辞文献丛考》编辑侧记 ………………………………… 163

研酌编

略谈《小勤有堂杂钞》中的《驺子》 …………… 171
徐乃昌的目录学成就新谈
　　——评《积学斋藏书记》 …………… 178
焕发旧著光彩，加强工具功能
　　——评影印本《增订丛书举要》 …………… 189
丁子良和《竹园丛话》 …………… 193
《知不足斋序跋题记集录》快读 …………… 196
朱学勤批本《四库简明目录》并非张冠李戴
　　——也说《朱修伯批本四库简明目录》 …………… 198
地方金石志≠地方志·金石
　　——说《地方金石志汇编》的文献收录特色 …………… 201
学人之喜，学林之幸
　　——初读《浙学未刊稿丛编》印象 …………… 204
平馆藏书善本掌故 …………… 210
　　何绍基跋宋刻本《汉隶字源》五卷《碑目》一卷 … 210
　　祁承爜《澹生堂集》 …………… 213
　　明钞本《埭川识往》 …………… 215
　　元刻本《中庵先生刘文简公文集》 …………… 217
　　一度被盗的宋刊本《东坡先生和陶渊明诗》 …………… 219
　　稿本《雪樵文集》 …………… 222
　　书种轩缩临元本《白虎》《风俗》二通 …………… 224
张舜徽在陇初期交游略考 …………… 227
《冷社诗集》札记 …………… 246
《同声月刊》的价值管窥
　　——以赵熙诗为例 …………… 256
林茂春《文选·赋》简端记 …………… 272
后记 …………… 301

曹子建文集卷第一

魏陳思王曹植撰

東征賦 并序

建安十九年王師東征吳冠余典禁兵衛官省然神武一舉東吳必克想見振旅之盛故作賦一篇

登城隅之飛觀兮望六師之所營旌

新中国成立以来新编古籍丛书出版综述

丛书是按一定的目的，在一个总名之下，将两种及两种以上著作汇编于一体的一种集群式图书，又称丛刊、丛刻或汇刻等。丛书的出现，一般以南宋《儒学警悟》为鼻祖，明清之际，此风尤盛。上海图书馆主编《中国丛书综录》著录历代丛书2797种，施廷镛《中国丛书综录续编》著录1100余种，阳海清主编《中国丛书广录》著录3279种①。丛书将相关著作汇刻，为读者提供了搜集资料的便利，同时也保存下来了大量不见单行的著述。随着印刷技术的革新，影印成为真实再现古籍原貌的最佳方式，近代著名出版家张元济先生出版的《四部丛刊》堪称影印古籍丛书的典范。

新中国成立以来，新编古籍丛书成为一种重要的整理古籍的形式，在60余年的古籍整理工作中占有极其重要的地位。据笔者的不完全统计，我国1949—2010年间（2011年已撰专文，不再收入）正式出版新编古籍丛书450余种，囊括各类典籍近50000种，这在同期古籍整理中所占比重是相当大的。大量新编影印古籍丛书入藏各地的图书馆，为学者研究使用提供了巨大方便，也为各地图书馆古籍的保护起到了重要作用，其价值无须赘言。这些丛书或是综合性大型丛书，常常在书名冠

---

① 三个数据分别来源于《中国丛书综录》（上海古籍出版社1982年新1版）、《中国丛书综录续编》（北京图书馆出版社2003年出版）和《中国丛书广录》（湖北人民出版社1999年出版）前言。

以"中国""历代"等字眼,包罗内容广泛;或是以新的学科划分的专题资料丛书,收录内容具体。我们将其分为"传记文献""史籍史料""书目版本""金石文献""方志地理""哲学宗教""文学艺术""综合文献"八类,以便分别叙述。下面从建国初期、改革开放和新世纪十年三个阶段具体梳理一下新编古籍丛书的出版情况,以期为人们利用提供些许线索。

一、建国初期——艰难跋涉

新中国成立之初,国民经济尚处于恢复时期。1954年以后,文学古籍刊行社(北京)、古籍出版社(北京)、古典文学出版社(上海)相继成立,专门从事古籍整理和传统文化普及读物的出版工作。1958年国务院科学规划委员会成立了古籍整理出版规划小组,文化部副部长齐燕铭同志任组长,主持制定了《三至八年(1960—1967)整理和出版古籍的重点规划(草案)》。但是,这段时间的古籍整理以点校出版和重印为主,新编古籍丛书寥寥可数,最有名的当属郑振铎先生等主持的《古本戏曲丛刊》初集、二集、三集、四集、九集的出版,这是一部空前绝后的戏曲丛书。郑振铎在《初集》的序言里提出了这部《丛刊》编辑的宗旨和设想,他说:"初集收《西厢记》及元、明两代戏文、传奇100种;二集收明代传奇100种;三集收明、清之际传奇100种。此皆拟目已定。四、五集以下,则收清人传奇,或更将继之以六、七、八集,收元、明、清三代杂剧,并及曲选、曲谱、曲目、曲话等有关著作。若有余力,当更搜集若干重要的地方古剧,编成一、二集印出。期之三四年,当可有1000种以上的古代戏曲,供给我们作为研究之资，或更可作为'推陈出新'的一助。"① 在第四集付印后，主持人郑振铎先生不幸于1958年10月罹难，致使项目停滞。1961年，在吴晓铃主持下，将第九集出版。这五集《丛刊》共收历代戏曲传奇作品的善本600余种，为古代文学尤其是戏曲艺术的研究提供了丰富的一手资料。此外，郑振铎主编的《中国古代版画丛刊》第一辑收录古代版画图书16种，为古代版画艺术的欣赏和研究提供了重要资料。廖鹭芬选编的《天一阁藏明代方志选刊》也是这段时期的一部重要丛书，其先后出版了百余种天一阁珍藏的明代方志，为地方志专题丛书的开发奠定了基础。建国初期，文字改革工作陆续开展，由倪海曙先生主编的《拼音文字史料丛书》，先后影印了历代拼音文字文献20余种，产生了很大的影响。从数据上看，这一时期编纂出版的影印古籍丛书不过10多部，在整个新中国出版业中似乎不值一提。但是，这些丛书的编纂，是在继承古人编纂丛书经验的基础上，做了新的突破，实现了"推陈出新"。它的策划更专业，规划更细致，体现了现代丛书为学术研究服务的初衷，为后来新编影印丛书提供了有益的参考。

二、改革开放——稳步发展

1978年，党的十一届三中全会召开，中国进入改革开放的新时代，古籍整理出版工作也出现了新的转机。1981年9月17日，中共中央发出了《关于整理我国古籍的指示》的37号文件，明确指出："整理古籍，把祖国宝贵的文化遗产继承下来，是一项十分重要的、关系到子孙后代的工作。""整理

---

① 郑振铎主编：《古本戏曲丛刊初集序》，北京：商务印书馆1954年。

古籍是一件大事，得搞上百年。"① 随后，国务院决定恢复古籍整理出版规划小组。1982年8月《古籍整理出版规划（1982—1990）》经国务院批准颁布实施，并拨专款用作古籍出版补贴。1983年2月，教育部召开全国高等院校古籍整理研究规划会议。同年9月，全国高等院校古籍整理研究工作委员会成立。这段时间，全国部分省市及部委单位陆续成立古籍专业出版社，全国古籍整理出版工作在组织规划、人才培养和出版等方面都得到了进一步的加强，出现了前所未有的繁荣局面，新编影印古籍丛书也迎来了新的发展机遇，在各个专业领域都出现了传承优秀文化的精品之作。正如吴格先生说："20世纪80年代以来，古籍影印出现前所未有的持续繁荣，数以万计的中国古代典籍因'化身千百'而获保存并流传。"②

在传记文献类，巴蜀书社1995年出版的《中华族谱集成》（全100册）收录李、王、张、刘、陈五姓族谱共93种，是国家重点古籍规划项目；北京图书馆出版社1999年的《北京图书馆藏珍本年谱丛刊》（全200册）则收北京图书馆所藏中国历代人物的线装年谱，计1212种，谱主1018人，是我国第一部涵盖时间最长、收入历代年谱最多、规模最宏大、版本最完备的年谱资料汇编。二者堪称代表力作。在史籍史料类，先后出现了侧重军事方面的《孙子集成》（全24册，齐鲁书社1993年）、《中国兵书集成》（全50册，解放军出版社1993年），补益正史的《二十五史三编》（全9册，齐鲁书社1994年）、《二十四史订补》（全15册，北京图书馆出版社1996

---

① 转引自杨牧之《谈建国以来古籍出版情况》，《光明日报》2002年11月21日。

② 吴格主编：《四库系列丛书目录·索引》，上海：上海古籍出版社2007年。

年),以及搜罗历朝野史 1200 余种的《中国野史集成》正续编(全 80 册,巴蜀书社 1993、2000 年)。《孙子集成》由谢祥皓、刘申宁编,共收录历代关于《孙子》著述 80 种,是研究《孙子兵法》不可或缺的珍贵资料;由刘鲁民、苏德祥主编的《中国兵书集成》则将历代兵书和兵法资料汇为一编。《二十五史三编》由张舜徽先生主编,其序言称:"续成《补编》未竟之业……计搜罗之未刊稿与稀见书,凡一百五十余种,汇印成书,蔚然大观。"① 徐蜀主编的《二十四史订补》则汇集北京图书馆收藏的有关二十四史考证、补逸、正误等方面的善本古籍 100 余种,较全面地反映了历代学者对二十四史的考订成果,受到学者好评。目录类丛书,这一时期以中华书局 1990—1995 年间陆续出版的《清人书目题跋丛刊》为代表,收录清代目录题跋著作 30 种,有清一代之名家考藏基本在列。书目文献出版社的《明代书目题跋丛刊》则收录 30 种明代公私书目题跋,成为研究明代藏书的重要文献。在文学艺术类,收录小说为特色的《古本小说丛刊》(全 205 册,中华书局 1987—1991 年)、《古本小说集成》(全 693 册,上海古籍出版社 1994 年)、《大连图书馆藏孤稀本明清小说丛刊》(线装 296 册,收书 55 种,大连出版社 2000 年),网罗断代别集为特色的《清人别集丛刊》《宋蜀刻本唐人集丛刊》(均为上海古籍出版社 1979 年始陆续出版),反映古代版画艺术的《中国古代版画丛刊二编》(全 10 册,上海古籍出版社 1994 年)中国古画谱集成(全 22 册,山东美术出版社 2000 年),等等,堪称代表。《古本小说丛刊》共四十一辑,刘世德、陈庆浩、石昌渝主编。此书是郑振铎生前倡议编集,与《古本

---

① 张舜徽主编:《二十五史三编序》,长沙:岳麓书社 1994 年。

戏曲丛刊》作为姊妹篇，曾列入国务院1982—1990《古籍整理出版规划》。1988年影印出版第一辑，共5册。1989年，又将流传海外而国内不存或稀见的明清小说孤本、善本汇总，从中精选出170余种，编为第二辑至第四十一辑，于1991年出版。《古本小说集成》则是国家教育委员会全国高校古籍整理研究工作委员会重点项目，收书550余种。以通俗小说为主，个别文言小说酌收，立足于系统、稀见、完足、存真；宋、元、明和清初小说基本全收，清乾嘉小说选取精品，兼顾稀见，晚清小说则选其影响较大者；多有孤本，如《三教开迷归正演义》等，为研究者提供可靠的资料。每种小说撰有前言，全面而简约地介绍了该书的版本、作者、源流、社会背景等，展示最新研究成果。方志类丛书发展较快，《天一阁藏明代方志选刊》正续编（上海书店1981、1990年，收书200余种）、《日本藏中国罕见地方志丛刊》（全34册收书60余种，书目文献出版社1986—1991年）、《稀见中国地方志汇刊》（全50册收书200余种，中国书店1992年）之外，江苏古籍出版社、上海书店、巴蜀书社合作出版的《中国地方志集成》先后出版了江苏、上海、西藏、四川、江西、安徽、台湾、福建、浙江等9省区市的府县志辑和乡镇志专辑，为人们开发和利用方志资料提供着越来越多的便利。江苏古籍出版社的《中国佛寺志丛刊》（正续编）和《中国道观志丛刊》（正续编）对佛、道二教的历史文献揭示，也颇具特色。哲学宗教类，则有《道藏要籍选刊》《续百子全书》《中国历代算学集成》《诸子集成》续补新三编、《中国灯录全书》《回族和中国伊斯兰教古籍资料汇》等的出版。《续百子全书》由钟兆鹏选编历代珍本子书百余种，汇编成书；《回族和中国伊斯兰教古籍资料汇》则开拓了佛、道二教之外的宗教文献整理思路。

金石文献，江苏古籍出版社的《历代碑志丛书》（全25册，1998年）选录历代石刻碑志文献85种，基本勾勒出了我国碑志资料的脉络。北京图书馆出版社的《甲骨文研究文献汇编》（2000年）收录《铁云藏龟》等甲骨文发现早期（多为1949年以前）学术价值较高、影响较大的图录及研究著作等50种，对甲骨学、古文字学及相关历史学的研究多有裨益。综合文献类，《丛书集成续编》（全180册收书3200余种，上海书店1994年）的编纂、《四库全书存目丛书》（全1200册收书4508种，齐鲁书社1997年）等四库系列的先后影印出版，汇集群书于一编，让深闺秘籍化身千百，厥功甚伟。《中国西北文献丛书》（201册）则开始了以大区域为线索的文献汇编方式。

不难看出，从1978—2000年前后，各个学术领域的新编影印古籍丛书均有了较大的发展，专业古籍出版社成为从事此项出版工作的代表。这些影印的新编古籍丛书被海内外数百家图书馆收藏，已成为研习中国传统文化的基本读本。

三、新世纪十年——突飞猛进

随着国家对弘扬传统文化的重视，对挖掘和传承特色文化、增强国家文化软实力的要求的提出，加之《国家古籍整理出版"十五"（2001—2005）重点规划》《国家古籍整理出版"十一五"（2006—2010）重点规划》的颁布实施，新世纪的古籍整理事业呈现出蒸蒸日上之态势，尤其是新编古籍丛书的出版，可为遍地开花，精品连连。虽然仅仅过了10年时间，但是新编丛书的种数却已经超过了1949—2000年间同类图书的总和，用突飞猛进来形容其发展速度，恰如其分。这十年间，各个专业领域均出现了堪称精品的新编古籍丛书，择要叙述如下。

传记文献方面，北京图书馆出版社的《地方志人物传记资料丛刊》（已出《华北卷》66册、《西北卷》20册、《东北卷》12册、《华东卷上编》80册）辑出散布在方志中的人物传记资料，分地区编辑影印出版，并且为每卷编制了详细的人名索引，受到文史学者的青睐；其《宋代传记资料丛刊》（全49册）、《辽金元传记资料丛刊》（全22册）、《明代传记资料丛刊》（第一辑全40册）则将宋、元、明三人物传记资料断代汇集一编，为各阶段历史研究提供一手资料。线装书局的《中国国家图书馆藏早期稀见家谱丛刊》（线装365册）收录各种刻本、活字本、稿钞本家谱65种；《中华历史人物别传集》（全90册）则利用国家图书馆所藏历代传记类书籍，经认真遴选编排，收录1326位传主的1591种传记。广陵书社的《清代地方人物传记丛刊》是清史项目，收传记资料90多种，人物超过25000多，几乎涵盖全国各省市，后附人名索引和字号索引，方便查索。北京燕山出版社《清代民国名人家谱选刊》正续编（全154册）先后披露80余种清代民国时期的名人家谱，涉及人物上千个，是难得的传记史料。齐鲁书社《三十三种清代人物传记资料汇编》（全45册）则以《三十三种清代人物传记资料索引》为线索，将这33种文献悉数影印，亦是这一专业的代表之作。

在史籍史料一类，出现了《清代方略全书》（全200册，北京图书馆出版社）、《明清赋役全书》（第一编60册，国家图书馆出版社）、《明清法制史料辑刊》（第一辑37册，国家图书馆出版社）、《稀见明清经济史料丛刊》（第一辑46册，国家图书馆出版社）、《中国古代地方法律文献》甲乙编（全25册，世界图书出版公司）、《中国律学文献》一至五辑（黑龙江人民出版社）等政治经济法律史料辑刊，也出现了《〈汉书〉研究文献辑刊》《〈战国策〉研究文献辑刊》《〈竹书纪年〉研究文献辑刊》（国家图书馆出版社）等以专书为线索的文献汇编。《清代方略全书》收录记载清代200多年军政大事尤其是历次平定边乱事件始末的官修实录文献24种，计康熙朝4种，乾隆朝11种，嘉庆朝3种，道光朝1种，同治朝2种，光绪朝3种，内容涉及开国、康乾平定边疆数乱、陕甘云贵等地回族起义、太平天国、捻军等重大历史事件，其史料价值自不待言。《明清赋役全书》收录涉及明清直隶、江南、山东、河南、山西、陕西、甘肃、浙江、江西、湖广、四川、福建、广东、广西、云南、四川、贵州等南北各省的赋役档案，为清朝内阁大库所存，后由国家图书馆珍藏，以清初顺、康、雍、乾四朝为多，共计古籍善本64种近3000册。作为国家赋税征收的依据，赋役全书是详列了各州县田亩类别、地丁原额、逃亡丁数、征收钱粮漕米之额数、以及赋役的实征数及留存等内容，是研究国家田赋收入的最重要文献。对考察明清的赋役制度，对研究明清经济史、财政史和明清基层社会等，有重要史料意义。《中国律学文献》陆续出版5辑，汇编了历代律学史料文献，为古代法律研究和考证提供了专业的一手资料。《〈战国策〉研究文献辑刊》系《先秦典籍研究文献丛刊》系列之一，将历代名家对《战国策》的考证、订补等研究文献汇为一编，多为较有影响之作，共11种。

书目版本类成功斐然，如北京图书馆出版社的《国家图书馆藏古籍题跋丛刊》（全30册）、《日本藏汉籍善本书志书目集成》（全10册）、《中国近代古籍出版发行史料丛刊》（正续编52册）、《地方志·书目文献丛刊》（全40册）、《地方经籍志汇编》（全46册）、《明清以来公藏书目汇刊》（全66

册)、《清代私家藏书目录题跋丛刊》(全18册),中华书局的《宋元明清书目题跋丛刊》(全19册),中国书店的《海王村古籍书目题跋丛刊》(全8册)、学苑出版社的《古书题跋丛刊》(全34册)等等。《国家图书馆藏古籍题跋丛刊》收录国家图书馆藏题跋类古籍67种,多为明、清及民国时期著名藏书家、目录学家或学者的著作。本书所影印版本包括大量的刻本以及少数的钞本和稿本。书后附《题跋篇名索引》,便于查阅。对于研究古代文献、古籍版刻源流及书籍校勘具有重要的文献价值。《中国近代古籍出版发行史料丛刊》正续编揭示清代、民国时期官办书局、民办书局、书坊、书店的古籍、方志、学术机关刊物等的出版发行目录、征订样本200余种,为研究晚清民国的图书出版和发行汇集了重要文献。《地方经籍志汇编》系"地方专志系列"之一,收录地方经籍专志50余种,并做了专门索引,查索便利;《明清以来公藏书目汇刊》汇集明清以来公藏书目近200种,包括明清两代内府等机构,民国时期教育、外交、内政各部,及明清以来书院、公立图书馆等机构藏书目,尤以近代图书馆藏书目为多,涉及古籍近10万种及近代出版的各类图书数十万种,其中不少是清代、民国时期的钞本、油印、石印、朱印本,是研究明清以来藏书史和图书版本、目录不可或缺的参考工具。《海王村古籍书目题跋丛刊》收入清朝、民国时期著名藏书家的30余种古籍书目题跋,并新编索引,方便使用,为中国古籍的版本学、目录学提供了很好的研究资料,较受读者欢迎。《古书题跋丛刊》由著名藏书家韦力主编,专收历代题跋之作,是汇录历代官私所纂古籍题跋著作最多的一部专题书目文献丛书,为考察历代古籍题跋著作的编纂情况,历代古籍传承和流布情况,揭示传世古籍的基本内容提供了珍贵文献。

文学艺术类，有广西师范大学出版社的《日本所藏稀见中国戏曲文献丛刊》（全18册）、《北京师范大学图书馆藏稀见清人别集丛刊》（全33册）、《南开大学图书馆藏稀见清人别集丛刊》（全32册），国家图书馆出版社的《红楼梦评点本系列》《潮州歌册卷》（全70册）、《国家图书馆藏古籍艺术类编》（全38册）、《中国诗话珍本丛刊》（全22册）、《历代书画录辑刊》（正续编36册）、《郑振铎藏古吴莲勺庐钞本戏曲百种》（全25册）、《国家图书馆藏钞稿本乾嘉名人别集丛刊》（全38册），上海古籍出版社的《清代诗文集汇编》（全800册），线装书局的《宋集珍本丛刊》（全108册），学苑出版社的《绥中吴氏钞本稿本戏曲丛刊》（全48册）、《诗经要籍集成》（全42册）等等，可谓大放异彩。其中《北京师范大学图书馆藏稀见清人别集丛刊》收录了北京师范大学图书馆藏稀见清人别集138种，皆为首次披露，其学术价值弥足珍贵；《南开大学图书馆藏稀见清人别集丛刊》则从南开大学馆藏清人别集数百种中择其稀见者选录161种；《国家图书馆藏钞稿本乾嘉名人别集丛刊》选辑了乾嘉时期62家著名学者的别集89种，洵称难得；《清代诗文集汇编》更是汇编有清一代3400余人的诗文集共计4000余种，蔚为大观，为清代文学研究奠定了坚实的文献基础。《郑振铎藏古吴莲勺庐钞本戏曲百种》一书收录国家图书馆所藏的97种古吴莲勺庐钞本戏曲，又将莲勺庐主人张玉森为282种戏曲传奇所撰写的提要——《传奇提纲》八卷也收集完备，列于卷首，并编制了提纲目录和索引目录，成为方便检索的珍贵戏曲资料。

方志地理类，由巴蜀书社、上海书店、凤凰出版社三家出版的《中国地方志集成》陆续制作完成了湖北、湖南、山东、天津、山西、贵州、河北、黑龙江、吉林、辽宁、陕西、甘肃、宁夏、青海、云南等15个省区市的府县志近700册，并已经开始出版《省志辑》；由国家图书馆出版社策划的著名图书馆稀见方志系列，则先后出版了《华东师范大学图书馆藏稀见方志丛刊》《陕西省图书馆藏稀见方志丛刊》《北京师范大学图书馆藏稀见方志丛刊》《福建师范大学图书馆藏稀见方志丛刊》《复旦大学图书馆藏稀见方志丛刊》《广东省立中山图书馆藏稀见方志丛刊》6种200册，收录各馆稀见地方志205种，大大方便了人们对地方文献查阅的要求。广陵书社的《中国风土志丛刊》（全62册，2003年）汇辑大陆地区所藏历代风土志书100余种，包括风土总论、各省市地方风土著作和风土诗等，内容涉及郡县沿革、山川改易、古迹存亡、风俗演变、气候变迁、鄙事俚语、人情掌故、城坊旧闻；《中国祠墓志丛刊》（全61册，2004年）则辑录有关儒家文庙、旧时祠堂、帝王陵墓等内容文献100多种，二者皆颇具新意。

哲学宗教类，黄山书社出版的《中国宗教历史文献集成》（全120册）是国内第一部汇集国内存在的各主要宗教的历史文献的大型影印古籍丛书，分为《藏外佛经》《三洞拾遗》《清真大典》《东传福音》和《民间宝卷》五编，涵盖了佛教、道教、伊斯兰教、基督教等各教经典典籍千余种；北京燕山出版社的《术藏》（全100册）是第一部关于术数的大型丛书，将中国数千年来有关于术数学的各种经典及相关著作统统汇集一编，网罗宏富；国家图书馆出版社的《墨子大全》（全100册），将古今中外《墨子》版本和研究文献几近搜罗完备，共计200多种。

金石文献类，则有国家图书馆出版社的《国家图书馆藏金文研究资料丛刊》（全22册）、《历代陶文研究资料选刊》（正续编全6册）、《国家图书馆藏古籀文献汇编》（全32册）

等丛书。其中《国家图书馆藏金文研究资料丛刊》精选国家图书馆收藏的北宋至近代的30余位学者整理编撰的金文著作四十余种，内容多涉及祀典、锡命、征伐、契约等，史料价值极高，是研究先秦尤其是商周历史的重要文献。《历代陶文研究资料选刊》正续编搜罗清代民国时期著名学者编撰的有关陶文、砖文、瓦文研究资料共计28种，是该领域文献的首次集中展示。

综合性丛书发展迅猛，有常规四部汇编，如《故宫珍本丛刊》（全731册，海南出版社）、《续修四库全书》（1200册，上海古籍出版社）系列、《中华再造善本》（正续编，国家图书馆出版社）、《四部文明》（全200册，陕西人民出版社）、《清代稿钞本》（三编150册，广东人民出版社）；有地方文献的集大成者，如山东大学出版社的《山东文献集成》出版了三编150册，广州出版社的《广州大典·丛部》出版了83册，九州出版社的《台湾文献汇刊》出版了100册，中华书局的《绍兴丛书》（全22册）、广陵古籍的《福建丛书》、兰州大学出版社的《中国西南文献丛书》（201册）、学苑出版社的《中国华东文献丛书》（201册）等等；也有海外文献的回归，如人民出版社的《日本宫内厅书陵部藏宋元版汉籍影印丛书》（全118册）、《域外汉籍珍本文库第一辑》（全22册）、广西师范大学出版社的《美国哈佛大学哈佛燕京图书馆藏中文善本汇刊》（全37册）、中医古籍出版社的《海外回归中医古籍善本集粹》（全24册）等；更有集少数民族汉文古籍大成的《中国少数民族古籍集成·汉文版》（全100册）。《续修四库全书》是经国家新闻出版署和国家古籍整理出版规划小组批准的国家重点出版工程，收书5213种，比《四库全书》增加51%。在编纂、出版过程中，曾向国家图书馆、上海图书馆等 82 家藏书单位商借底本,每种入选图书,均选取最佳版本影印,其中大量的宋元刻本、名家稿本,为四库馆臣所未见,是学者信赖的参考文献。《中华再造善本》是文化部、财政部等政府部门,经过长期深入的调查研究,为保护古籍善本、同时为学术界提供更方便地利用善本机会而实施的重要文化建设工程。其一期共计出版唐宋编、金元编 787 种,装帧取传统的线装形式,封皮用仿库磁青纸,正文用纸采用两种:大部分用国产宣纸,铺色黑白印刷;少数用瑞典进口蒙肯纸,全书彩印。这近 9000 册再造善本陆续藏入了 30 多家公共图书馆和 100 余所高校图书馆,已经成为各地学者钟爱的参考文献。《山东文献集成》网罗历代山东人的著述以及外省人关于山东的著述千余种,汇编为齐鲁文化的标志性文献,成为近年地方文献编纂之冠。几种海外善本丛书的出版,则陆续拉开了海外珍本汉籍回归的序幕,大规模的海外中文善本文献回归和出版正在走向高潮。

从上面叙述可以看出,新编古籍丛书主要集中在国家图书馆出版社。其他古籍社如广陵书社、凤凰出版社、学苑出版社和线装书局也出版了数量可观的古籍丛书。除了这些古籍专业社,在一些地方出版社也出现了数量可观的新编丛书,基本形成了专业品牌集中发展,各家齐鸣竞争的良好市场氛围。与此同时,据几家较大图书进出口公司的统计数据显示,新编丛书在我国图书出口上占据的优势愈发明显,这无疑对文化走出去战略的实施具有重大意义。

新编影印本古籍丛书能够补充一般图书馆的缺藏品种及版本,填补古籍收藏基础薄弱的图书馆文献资源空白,还能起到保护原本古籍善本的重要作用,方便图书馆解决好藏与用的矛盾,更方便不同地区读者对文献的共享。综观 60 多年来的新编古籍丛书，绝大部分是邀请相关学科的专家参与编纂，跟踪学术研究前沿，其立足于服务学术研究的理念逐步深入人心。当然，也有一些书商不顾读者利益，东拼西凑、不辨版本、胡乱组合的不良现象，造成了严重的负面影响，需要得到严格的规范。

（原载《出版史料》2012 年第 3 期）

2011年新编古籍丛书出版综述

新编古籍丛书（下简称新编丛书）是将古籍以类相从，按照今天学术分科特点重新组合，以影印方式出版的丛书。随着国家经济实力的不断提升，传统文化典籍的整理出版发展越发迅速。除了普通读者较为熟悉的点校本等古籍整理方法，新编丛书已经成为当今古籍整理的重要方式，越来越多的出版单位开始重视这项工作。据笔者粗略统计，2011年全国共计出版新编丛书近40种，涵盖古籍子目3000余种①，占本年古籍整理出版的比重相当大，为文史学界提供了大量可靠的参考文献，功不可没。下面我们按照当下学术分科特点，将其厘为史籍史料、传记文献、书目版本、文学艺术、方志地理、哲学宗教、金石文献和综合文献八类，分别梳理介绍，以供读者参考。

史籍史料类丛书，贾贵荣、耿素丽选编的《历代帝王纪年研究资料汇编》（全8册，国家图书馆出版社）遴选历代帝王纪年研究资料26种，如钟渊映《历代建元考》、李兆洛《纪元编》等。"特别值得一提的是罗氏《校增纪元编》一书。罗氏在编纂此书时，在传统研究方法的基础上，更据金石刻辞及敦煌所出古卷轴与海外诸史籍，补正了诸如高昌麴氏诸年号……可以说，'新史料'的运用，为该项学术研究另辟新径，

---

① 此数据主要来源为《古籍新书报》和《社科新书目》本年度的征订目录、主要古籍出版社的年度订单和相关出版社网站等。

取得了可喜的进展。"① 这些都是研究古代史不可或缺的参考。高柯立选编的《稀见唐代天文史料三种》（全3册，国家图书馆出版社）则收录唐代李凤撰《天文要录》、萨守真撰《天地瑞祥志》、濮阳夏撰《谯子五行志》三种典籍，前二种为京都大学人文科学研究所藏昭和七年（1932）钞本，后一种为清钞本。《天文要录》存25卷，主要记唐前各家占条，采列书目达60种；《天地瑞祥志》存9卷，记星占、自然现象、动植物、住宅、祭祀等。《谯子五行志》5卷，杂采李淳风《乙巳占》、京房占辞及《五行志》，体例上以五行分领各卷，该书对于中古思想史、社会史相关研究大有帮助。此外，沈岩、方宝川主编的《船政奏议全编》（全5册，国家图书馆出版社），也为研究福建船政文化提供了基本史料。

传记文献类丛书，比较有代表性的是江庆柏主编的《江苏人物传记丛刊》（全50册，广陵书社），收录江苏省下各地区古代人物传记资料25种，以及部分含有江苏人物传记的著作中相关部分，"另编姓名字号综合索引，收录本丛刊所有立目的人物姓名，以及传记中出现的所有人物字号"②，便于使用者检索。另外，国家图书馆出版社出版的《宋元方志人物传记资料丛刊》（全10册），根据《宋元方志传记索引》从现存宋元方志中辑录出有关人物传记资料汇为一编，虽为节录，但也有参考价值。

书目文献类丛书，2011年较有代表性的是李万健、邓咏秋选编的《清代私家藏书目录题跋丛刊》（全18册，国家图

---

① 贾贵荣、耿素丽：《历代帝王纪年研究资料汇编·出版说明》，北京：国家图书馆出版社2011年版。

② 江庆柏：《江苏人物传记丛刊·凡例》，扬州：广陵书社2011年版。

书馆出版社)。清代是我国古代私家藏书事业最鼎盛的时期。该书系统地收录清代私家藏书目录和题跋如管庭芬《花近楼丛书序跋记》、王韬《弢园藏书志》、陆心源《吴郡陆氏藏书目录》、盛宣怀《盛氏图书馆善本书目》、杨守敬《邻苏老人手书题跋》、金武祥《木兰书屋藏书目》、徐乃昌《积学斋藏书记》等58种,大多国家图书馆善本和珍贵稿本,同时避开此前已经出版者,是各图书馆和文献学研究的重要参考资料。诚如李万健在序中所言:"清代私家藏书保存、传播、承递和发展着祖国优秀传统文化,是个巨大的宝库。而清代私家藏书目录,则是整理、使用这些宝库典籍的不可或缺的工具。"[1]

文学艺术类丛书,国家图书馆出版社辑刊了《古本西厢记汇集》初集(全9册)和二集(全20册)。《西厢记》是古代戏曲文学的不朽杰作之一。明清以来,批点、鉴赏、笺注、翻刻《西厢记》者众多,迄今为止,已经形成研究《西厢记》的专门之学。科学地探讨《西厢记》的原始面貌,总结艺术经验,了解《西厢记》的传播接受,都必须建立在这些文献的基础之上,而这些重要版本大都属于善本古籍,一般人不易见到。我们可以看到,《初集》收录明清较有代表性的本子17种;《二集》则后来居上,题名《国家图书馆藏〈西厢记〉善本丛刊》,悉数收录国家图书馆所藏的《西厢记》善本35种,如容与堂本、玩虎轩本、文秀堂本、天章阁本、笔峒山房、萧腾鸿师俭堂等等,全部为明刊及清初珍稀刊本,绝大多数为首次影印,是《西厢记》的文学和版本研究的最重要的文献资料。这些珍本多经郑振铎、吴梅、李一氓等名家所藏,并且版画众多,刻工精良细腻,具有极大的文献参考和艺术欣赏价

---

[1] 李万健:《清代私家藏书目录题跋丛刊序》,北京:国家图书馆出版社2011年版。

值。王耀华、方宝川主编的《中国古代音乐文献集成》（第一辑，全14册，国家图书馆出版社）则是教育部哲学社会科学研究重大课题攻关项目《中国艺术学文献整理与研究》的子课题，辑录二十六史中的乐志和律志，"十通"中有关音乐文献和音乐制度的内容，虽是节选，却也拓展了新编丛书的领域。

方志地理类丛书，精品颇多。国家图书馆出版社的"著名图书馆藏稀见方志丛刊"系列今年先后推出了《上海图书馆藏稀见方志丛刊》（全240册）、《河北大学图书馆藏稀见方志丛刊》（全20册）、《浙江省图书馆藏稀见方志丛刊》（全62册）、《首都图书馆藏稀见方志丛刊》（全30册）、《中国人民大学图书馆藏稀见方志丛刊》（全38册）5种共计390册，涵盖五家图书馆的389种稀见地方志①。尤其是《上海图书馆藏稀见方志丛刊》，收录上海图书馆藏稀见方志246种，其中孤本100余种，以精善的底本和优良的图书出版质量赢得了业内学者的好评。《中国地方志集成·省志辑》（凤凰出版社）则陆续推出安徽、江苏、山西、陕西、福建几个省区的省志，继续丰富"方志集成"阵列。学苑出版社推出《中国稀见地方史料集成·第二集》（全80册），则搜集全国各地区社会民间散遗的地方文献150种，以续增前集。另外，耿素丽选编的《周秦汉唐历史地理研究资料汇编》（全6册，国家图书馆出版社），辑录历代有关周秦汉唐历史地理研究资料20种，数种稿本为首次披露，也受到学者的欢迎。

宗教哲学类丛书，华东师范大学"985"项目——《子藏》首批成果即道家部《庄子卷》（方勇总编纂，全162册，

---

① 此数据系根据国家图书馆出版社网站（www.nlcpress.com）相关图书子目计算得出。

国家图书馆出版社）问世。该书收录庄子历代注释、研究专著302种，比此前严灵峰的《无求备斋庄子集成》多出130种，且全部选择目前存世最佳版本为底本。其求全而精的底本选择和典雅的印制装帧，赢得了哲学界、宗教学界、文献学界专家学者的一致赞赏。齐鲁书社的《清经解三编》（刘晓东、杜泽逊编，全12册），也是今年哲学类丛书的代表之作。清代是"经学"集大成的时代，正、续《清经解》比较充分地体现了这一时代的伟大成就。然而，由于种种原因，此两部《经解》并未完备地包涵所有的重要著作，山东大学刘晓东、杜泽逊二先生在两《经解》编纂旨趣的基础上，更加广泛完备地搜采其所未收的经学著作65种，旨在弥补这一缺憾，使研究者更为方便地研阅。此外，释传印主编的《中国佛教护国文献集成》（全8册，国家图书馆出版社）和吴平先生选编的《孝经文献集成》（全30册，广陵书社），也颇具特色，满足了两个相关领域专家的需求。

金石文献类丛书，国家图书馆出版社辑印了《地方金石志汇编》（全80册），这是继该社《地方经籍志汇编》之后，推出的《地方专志丛书》之第二种。此书共收录独立的各地金石志目130多种，涉及的区域囊括了北京、天津、河北、山西、山东、辽宁、陕西、甘肃、新疆、江苏、浙江、江西、福建、河南、湖北、湖南、广东、广西、四川、重庆、贵州、云南等，是旧本金石类专志的首次汇编。其中收录数十种从未披露过的稿钞本，如《河东道属碑目》《冀宁道属碑目》《雁门道属碑目》《关中金石略》《扶风县石刻记》《兴平县金石志》《西域考古录》《东莱北魏石刻》《贵池石刻记》《潜江贞石记》《楚南金石录》《楚南金石考》《陇西县金石辑存》《天水县金石录》《敦煌金石文字存佚考略》《虎邱访碑偶记》《丽水金石志》《潮州石刻考》《滇东金石记》《跋楚雄新出土南宋高公墓志》等，还有油印本《罗布淖尔专册》《闽中古物集萃》等，具有重要的学术研究和文献参考价值。

综合文献类丛书，《中华再造善本》续编工程（国家图书馆出版社）继续稳步推进，今年陆续出版59种，其仿真程度，堪称下真迹一等，深受各界青睐。国家出版基金资助项目《原国立北平图书馆藏甲库善本丛书》（国家图书馆出版社）也全面启动。国家"十一五"文化发展规划重大出版规划工程《域外汉籍珍本文库》第二辑（全90册，人民出版社、西南大学出版社）在经历两年多的编纂后，今年也读者见面，使得域外珍本汉籍289种回到国内学者视线。随着各地对区域文化的重视，汇编地方综合性丛书的热潮，逐渐兴起。今年9月，韩寓群主编的《山东文献集成》第四辑（全50册，山东大学出版社）面世，为这一工程画上了圆满句号。第四辑收录山东先贤著述350种，相当部分为钞稿本，流传稀少。加上前三辑，"集成"共计收书1375种，对保存山东古代文献做出了贡献，也为学术研究提供了方便。另外，计划全面收录无锡地方文献的《无锡文库》（王立人主编，全100册，凤凰出版社）今年完成过半；而由甘肃省古籍文献整理编译中心主编的《中国华北文献丛书》（全201册，学苑出版社），则收录现行界定的北京、天津、河北、山西、内蒙古等五个地区，以及周边甘肃、宁夏、陕西、河南、山东、辽宁、吉林、黑龙江等省区的部分地区的文献资料近500种。

通过对这些新编丛书的初步梳理不难看出，其主要出版力量仍旧是以国家图书馆出版社、学苑出版社等"古联体"成员，但辐射范围在日益扩大，从事这项事业的出版单位在不断增多。从丛书汇编方式上看，在注重国内外善本再造和回归的同时，更注重所选文献的史料价值和实用性，即依靠现有学科的研究方向，策划相关选题，使文献以类相从，凸显"新编"优势，让原本分散的资料变得方便查找。从出书品种上说，国家图书馆出版社出版近20种，涵盖了新编丛书的各个类别，囊括各类古籍子目1500余种。无论是图书品种、类别还是子目数量，无疑都占据着绝对的领军地位。另外，笔者翻阅这些新编丛书的过程中，觉得绝大多数都底本优良，编纂规范，印装上乘，为各界学者的科研提供了重要参考资料。但是，同时也发现有个别丛书存在编纂方法不当、目录编制粗糙、底本选择随意、印刷模糊不清等严重问题，需要从事新编丛书编辑出版事业的单位和编辑多加改进，才能防止不必要的重复浪费和不负责的粗制滥造，打造出更多的传世精品。

（原载《中国图书评论》2012年第5期）

中国旧志整理与出版概况

中国的地方志源远流长,其踪迹可溯至上古。据史籍记载:周置五史,专司典籍及记事之职,列国诸侯亦有记事之史。其典守的地理书与记注的志乘、春秋之类,均藏于周官。小史掌邦国之志,外文掌四方之志,职方掌天下之图。故马光祖等人以为方志之书起源于周官所掌①。随着历史的演进,编修地方志成为我国民族文化中一个优良的传统,历代统治者对这种地方性著作都很重视,故每个朝代都有明确规定,各个地方政府都必须按时编写,及时呈送。自隋唐以来,直到清代从未中断。《中国地方志联合目录》著录自宋以来的旧志8200多种。这是一个庞大的数字,是一个巨大的历史文献宝库,为我们研究祖国的各地历史、地理、物产资源、风俗民情、农业生产、自然灾害、教育思想等提供很多宝贵的资料。其中有不少内容还可补正史记载之不足。如各地设置的机构,正史等著作往往缺载,而在地方志中却往往都有记载。宋元以来,由于各国商人到我国来经商日益增多,因而在上海、杭州、宁波、温州等地都曾先后设立过市舶司,可是正史都不曾记载,而在有关方志中却有记载,因此,研究我国古代对外贸易及中外交通的历史,地方志自是不可缺少。如今,政府更是加大了各地新方志的编纂和旧志的整理。

---

① 见(宋)马光祖:《[景定]建康志》(原序第1页),清嘉庆六年(1801)刻本。

粗略来讲，旧志整理可以分为"目录编纂""影印出版""点校"和"数据库"四种形式。下面我系统谈一下近几十年这四种形式下的旧志整理的代表，供大家参考。

一、目录编纂——统计方志家底

（一）方志目录的基础——民国时期方志书目

刘刚先生《汇千年之成果 集百家之典藏——方志书目概述》① 一文对我国方志目录的编纂进行了系统梳理，本文在此基础上，又增补了其遗漏的一些以及近二十年出版的方志书目，不一一标明，特此说明。清末民国时期，专题的"方志书目"开始出现，缪荃孙编纂的《清学部图书馆方志目录》堪为肇始，其他如《故宫方志目》《故宫方志目续编》《国立北平图书馆方志目录》《国立北平图书馆方志目录二编》《九峰旧庐方志目》《天一阁方志目》《金陵大学图书馆方志目》《广西省志书概况》《天春园方志目》《来薰阁书店方志目》《国立北京大学图书馆方志目录》《松筠阁方志目》《国立武汉大学图书馆方志目录》《国立中央研究院历史语言研究所图书室方志目》《重庆各图书馆所藏四川方志联合目录》等等，1935 年朱士嘉编纂的《中国地方志综录》著录方志 5832 种，书后附 17 种方志统计表、15 幅方志统计图、《民国所修方志简目》《上海东方图书馆所藏孤本方志录》《国外图书馆所藏明代孤本方志录》和书名索引，是第一部方志联合目录，意义非凡。1957 年，朱士嘉先生又根据全国 41 家图书馆的馆藏方志对原书进行了修订，著录全国 28 家图书馆的方志 7413 种。

---

① 见《广西地方志》1996 年第 3 期，第 14—18 页。

（二）新中国方志目录的编纂——体系完备

1. 馆藏目录

新中国成立后，为揭示馆藏和新修方志，不少图书馆编制了方志书目。主要有：《华西大学图书馆四川方志目录》《全国地方志目录及物产提要》（旅大图书馆）、《温州市立图书馆中国方志书目稿》《中南图书馆方志目录》《广东人民图书馆入藏广东省方志目录》《天津市人民图书馆藏方志目录》《浙江省嘉兴市图书馆方志目录》《四川省图书馆馆藏方志目录》《陕西省方志目录》《［甘肃省图书馆］馆藏全国方志书目》《山东省图书馆馆藏山东省方志目录》《福建省厦门市图书馆藏地方志目录初稿》《广东省中山图书馆藏全国方志目录》《华南师范学院图书馆方志目录》《北京图书馆方志目录三编》《［吉林师范大学图书馆］馆藏地方志目录》《新疆维吾尔自治区图书馆馆藏地方文献目录》（第一辑）、《广东省中山图书馆藏广东方志目录》《河南省图书馆现藏地志书目》《湖南省中山图书馆馆藏地方志目录》《中国科学院图书馆馆藏地方志目录》《浙江图书馆藏方志目录》《大连图书馆地方志目录》《四川大学图书馆馆藏四川省方志简目》《天一阁藏明代地方志考录》《保定市图书馆地方志书目》《安徽师范大学图书馆藏方志目录》《甘肃省图书馆藏地方志目录》《河北大学图书馆地方志书目》《河南大学图书馆馆藏地方志目录》《湖南师范学院图书馆馆藏方志目录》《吉林省图书馆馆藏方志目录》《开封师范学院图书馆馆藏地方志目录》《内蒙古大学图书馆馆藏地方志目录》《清华大学图书馆馆藏地方志目录》《厦门大学图书馆馆藏地方志目录》《无锡市图书馆馆藏地方志目录》《浙江图书馆藏本省方志目录》《重庆市北碚图书馆馆藏地方志简目》《上海图书馆馆藏书目·方志类》《上海图书馆地方志目录》《中央民族学院图书馆馆藏地方志目录》《中国人民大学图书馆地方志目录》《四川大学图书馆馆藏地方志目录》《安徽大学图书馆馆藏地方志目录》《北京图书馆普通古籍总目·地方志门》等等。

2. 区域联合目录

随着各省市方志办工作的开展，很多省市编纂了本地区的旧志联合目录或提要，逐步摸清区域方志家底。如《河北省地方志综录（初编）》《河北方志提要》《河南地方志综录》《河南地方志佚书目录》《河南地方志提要》《山西地方志综录》《陕西省地方志联合目录》《湖北省地方志目录（初稿）》《湖北省历代旧方志目录》《江西省地方志综合目录》《湖南省地方志综合目录》《安徽省地方志综合目录》《福建省地方志普查综目》《江苏旧方志提要》《苏州地方志综录》《四川省地方志联合目录》《广东方志要录》《广西地方志目录》《山东省地方志联合目录》《四川省地方志目录》《四川历代旧志目录》《四川历代旧志提要》《吉林旧志目录》《安徽省地方志综录》《普洱地方志综录》《吴江历代旧志辑考》等等，这尚不包括各地编纂的综合性"地方文献目录"。此外，王德毅编制的《台湾地区公藏方志目录》收录台湾地区12家图书馆的馆藏方志4600余种，全面反映了台湾地区现存方志的情况。

3. 全国性方志目录、提要

自民国时期，瞿宣颖《方志考稿》（1930）朱士嘉《中国地方志综录》（1935）开始，全国性的地方志联合目录或提要不断完善。1957年，朱士嘉的《中国地方志综录》（增订本）出版，著录全国28家图书馆的方志7413种，成为新中国第一部全国性的方志联合目录，比原书规模增加近40%。1985年中国科学院北京天文台编的《中国地方志联合目录》收则全国 190 个图书馆、档案馆等单位藏 1949 年以前各时代编纂刊行的通志、府志、州志、厅志、县志、乡土志、里镇志、卫所志、关志、岛屿志等 8264 种。书后附有索引。直到目前，它仍是反映方志藏书单位最多、收录方志最多的一部工具书，也是目前了解全国方志不可缺少的工具书。目前，此书的增订工作正由天津图书馆主持，相信不久的将来，我们可以看到更为完备的方志《联合目录》。此外，张国淦《中国古方志考》(1962)、陈光贻《稀见地方志提要》(1987)、金恩辉《中国地方志总目提要》、林平、张纪亮《明代方志考》(2001)、诸葛计《稀见著录方志过眼录》(2016) 等书，也是全国性地方志考证或提要的重要参考书。

4. 海外方志目录

由于历史原因，我国旧方志大量流失国外。美、日、英、法、澳等国对其所藏我国旧方志陆续进行了整理，编辑出版了一些方志书目或"稀见方志丛刊"。主要有：《东洋文库地方志目录》(1935 年)、《美国国会图书馆藏中国方志目录》(1942 年)、《续编》，《中文地志目录》(1955 年)、《欧洲图书馆藏中国方志目录》(1957 年)、《唐宋地方志目录及资料考证》(1958 年)、《国立国会图书馆藏中国地方志综录稿》(1964 年)、《中国方志目录》(1967 年)、《日本现存明代地方志目录》(1967 年)、《日本主要图书馆、研究所藏中国地方志综合目录》(1969 年)、《英国各图书馆所藏中国地方志总目录》(1979 年) 等等。近年来，国内开始联合国外重要收藏机构，进行方志目录编纂和重要方志的影印回归。2015 年，国家图书馆出版社出版了《哈佛燕京图书馆藏稀见方志丛刊》(40 册)，2016 年又出版了《美国哈佛大学哈佛燕京图书馆藏善本方志书志》。

二、影印出版

(一)《中国方志丛书》及台湾旧志出版

讲到旧志整理,《中国方志丛书》作为早期集大成者,占有重要位置。《中国方志丛书》是由台湾成文出版社编辑的,1966 到 1985 年,历时二十年,一共影印旧志 2052 种 5359 册。它按照 A 华中(01 江苏、02 浙江、03 安徽、04 江西、05 湖南、06 湖北、07 四川)、B 华北(08 山东、09 山西、10 河南、11 河北、12 陕西、13 甘肃)、C 华南(14 广东、15 广西、16 福建、17 云南、18 贵州)、D 西部(19 新疆、20 西康、21 青海、22 西藏)、E 塞北(23 宁夏、24 绥远、25 热河、26 察哈尔、27 蒙古)、F 东北(28 辽宁、29 安东、30 辽北、31 黑龙江、32 兴安、33 吉林、34 合江、35 松江、36 嫩江)、G 台湾(37 台湾)七大片区归类,与大陆地区的省市划分有较大区别。

表1:《中国方志丛书》所收各地区方志数量

地区	收志数量	地区	收志数量
江苏	177	西康	6
浙江	216	青海	7
安徽	167	西藏	3
江西	47	宁夏	8
湖南	46	绥远	8
湖北	52	热河	1
四川	30	察哈尔	19
山东	113	蒙古	6
山西	62	辽宁	14
河南	92	安东	6
河北	133	辽北	4

地区	收志数量	地区	收志数量
陕西	118	黑龙江	7
甘肃	46	兴安	1
广东	85	吉林	2
广西	55	合江	2
福建	63	松江	4
云南	61	嫩江	1
贵州	23	台湾	345
新疆	22	共计	2052

从各省方志数量来看，台湾最多，但是这里面所收，并非全部是传统意义上的方志，而是将台湾地区的一些地方史料一股脑收进来，包括日据时期的一些概况资料和后来各地新编的类方志材料。这个当然是由于地域原因造成的，其他省份方志，均以当地馆藏为主，可获取资料不尽全面，而台湾地区则求全。

此外，台湾出版的《四明方志丛刊》《中国省志汇编》《新修方志丛刊》以及《中国史学丛书》所收旧志，也有300多种。

（二）《中国地方志集成》

20世纪80年代后期，江苏古籍出版社（今凤凰出版社）、上海书店和巴蜀书社三家出版社启动《中国地方志集成》项目，后来主要由凤凰出版社主持，至今已出版府县志辑31辑，省志辑22辑，乡镇志专辑1辑，共计收录方志3042种，成书1351册，省志、府县志以省市行政区划分卷，又配以"专志"，有横有纵，成为我国覆盖区域最广的一套旧志影印丛书。

表2：《中国地方志集成》所收各地府县志、省志数量

（截止到2016年底，以行政区划为序）

省市	府县志	成书册数	省志	成书册数
北京	17	7		
天津	8	6		
河北	164	73	2	15
山西	173	70	2	7
内蒙古	33	17		
辽宁	55	23	1	2
吉林	52	10	1	2
黑龙江	32	10	1	2
上海	23	10		
江苏	109	68	2	6
浙江	123	68	2	8
安徽	88	63	1	5
福建	79	40	3	15
江西	100	87	2	7
山东	180	95	2	9
河南	159	70	1	2
湖北	113	67	2	7
湖南	110	86	2	12
广东	109	51	2	10
广西	155	79	2	7
海南	18	7		
四川	207	70	1	8
贵州	126	50	1	1
云南	105	83	2	8
西藏	19	1	2	1
陕西	173	57	2	9
甘肃	104	49	2	6
青海	16	5	0	1

省市	府县志	成书册数	省志	成书册数
宁夏	13	9		
新疆	68	12	2	1
台湾	17	5		
乡镇志	254	32		
小计	3002	1380	40	151

（三）以收藏机构命名的方志丛书

以收藏机构命名方志丛书之名，始自《天一阁藏明代方志选刊》，其后又有续编、补编；而最成系统的，是"著名图书馆藏稀见方志丛刊"。该系列从2005年开始，十多年来，陆续出版了海内外25家藏书机构的稀见方志1400多种，列表如下：

表3：《著名图书馆藏稀见方志丛刊》收录各馆方志数量

（截止到2016年底，以出版先后为序）

序号	图书馆	志书种数	成书册数
1	华东师范大学图书馆	20	20
2	陕西省图书馆	46	16
3	北京师范大学图书馆	28	22
4	福建师范大学图书馆	28	40
5	复旦大学图书馆	41	56
6	广东省立中山图书馆	33	46
7	河北大学图书馆	20	20
8	上海图书馆	246	240
9	浙江图书馆	43	62
10	首都图书馆	34	30
11	中国人民大学图书馆	31	38
12	辽宁省图书馆	47	18
13	保定市图书馆	6	6

序号	图书馆	志书种数	成书册数
14	南京图书馆	140	170
15	北京大学图书馆	276	330
16	吉林大学图书馆	31	25
17	重庆图书馆	64	40
18	南京大学图书馆	68	70
19	湖南图书馆	31	68
20	中国科学院情报中心	89	100
21	安庆市图书馆	6	6
22	清华大学图书馆	20	36
23	哈佛燕京图书馆	30	40
24	武汉大学图书馆	10	18
25	河南大学图书馆	14	32
小计		1402	1549

其他机构方志丛书：《天一阁藏明代方志选刊》68册107种，《天一阁藏明代方志选刊续编》72册108种，《天一阁藏明代方志补刊》268种；《日本藏中国罕见地方志丛刊》45种，《日本藏中国罕见地方志丛刊续编》16种；《四川大学图书馆藏珍稀方志丛刊》39种，《四川大学图书馆藏珍稀方志丛刊续编》27种；《北京师范大学图书馆藏稀见方志丛刊续编》32种；《天津图书馆藏稀见方志丛刊》9种（线装）；《南京图书馆孤本善本丛刊第一辑·明代孤本方志专辑》8种（线装）；《天春园藏善本方志选编》100册73种；《稀见中国地方志汇刊》收203种；《清代孤本方志选》（国家图书馆）76种；《孤本旧方志选编》（国家图书馆）33种；《乡土志钞稿本选编》（国家图书馆）89种；《故宫博物院藏稀见方志丛刊》120种；《国家图书馆藏地方志珍本丛刊》800册727种等等。这些加在一起，有近2000种。此外《故宫珍本丛刊》收方志

409种,《北京图书馆藏古籍珍本丛刊》收方志50种,《原国立北平图书馆藏甲库善本丛书》收明代方志270多种,又是700多种。以此而论,机构命名的方志丛书所揭示的方志,总数在4000种以上。当然,由于出版单位不同,这其中有明显的重复,但这些"稀见"方志大多不见于《中国地方志集成》,所以其价值为各收藏机构所重视。

(四)新编区域或地方丛书,方志相当比重

1. 甘肃省古籍文献整理编译中心和缩微中心所出方志

甘肃省古籍文献整理编译中心,成立于1994年,是少数省级古籍整理出版规划机构,先后编辑出版了几十种影印文献丛书。类似的机构安徽也有一个,叫安徽省古籍整理出版规划委员会,一直在点校出版《安徽古籍丛书》,我们见到的黄山书社出版的此系列丛书,就是这个机构实际操作。甘肃中心侧重于文献汇编影印,比较成系统的是《中国西北文献丛书》正续编(111,含方志种数,下同)、《中国西南文献丛书》正续编(104)、《中国华东文献丛书》(88)、《中国华北文献丛书》(105)、《中国中南文献丛书》(未见)。以所见前四种计算,收方志400多种,每书内设"××稀见方志文献"类目,但所收方志基本上为比较常见的,"稀见"品种微乎其微。毕竟不是专门的"方志类"丛书,也无须求全责备。此外,全国图书馆文献缩微复制中心也曾对重要方志做过复制出版,先后有《中国西北稀见方志》《续集》《崇祯东莞志》《民国广东通志稿两种》等。

2. 各地政府编纂地方丛书

中国编纂地方丛书,有优良的传统,始自明代天启年间《盐邑志林》,清代以来,此风尤盛。仅以《中国丛书综录》来看,其郡邑类丛书有75种之多,省级如《畿辅丛书》《山右丛书》《关陇丛书》《安徽丛书》《湖北丛书》《湖南丛书》《豫章丛书》《广东丛书》《黔南丛书》《云南丛书》等,府级如《金陵丛书》《武林掌故丛书》《金华丛书》等等,县级有《江阴丛书》等层级完整,内容丰富。这些丛书,有的得到重新地翻印,如《畿辅丛书》《辽海丛书》《山右丛书初编》《云南丛书》《四明丛书》等。近些年,随着各地政府对地方文化的重视,新的地方丛书编纂蔚然成风,颇有点没有自己的地方丛书,就跟不上时代的感觉。各省都在陆续动作,如《江苏全书》《巴蜀全书》《两浙文丛》《中州文献集成》等等,但以已经出版的而论,《山东文献集成》由地方领导挂帅,山东大学承担编纂任务,系统收录大量山东地方著述稿钞本,无论从学术性还是印刷质量,堪称代表制作,至今未发现出其右者;地市级丛书数量更为可观,除了江浙地区的《金华丛书》《无锡文库》《衢州文献集成》《宁海丛书》《绍兴丛书》等,贵州遵义是西部地区走在前列的地区,《遵义丛书》已经启动一年多,由国家图书馆出版社和上海古籍出版社合作出版。这其中,大多会将本地区重要方志搜罗进来,尤其是《绍兴丛书》,将方志单列为第一辑,收绍兴方志21种。《金陵全书》方志类收府县志49种。这些丛书里面的旧方志,比《中国地方志集成》和"著名图书馆藏稀见方志系列"收罗更为全面,值得注意。

3. 方志办系统清理旧志

修志更是我国一个传统,由中直组统领,各省市县,都有专门的"方志办",他们既负责每一轮新志的纂修,也承担着当地旧志的整理。新中国成立以来,为了修好新的方志,收藏、整理旧志用于参考和汲取历史资料,便成为各方志办的首要任务。当然,此前由于人才匮乏、资金不足等因素,他们的主要精力放在新志修纂，对旧志只有零敲碎打，不成系统。近几年，各方志办陆续修建方志馆，开始对旧志系统整理。最先出来的是《广东历代方志集成》，收广东旧志433种，比《广东府县志辑》多出322种，几乎是其4倍之多。当然，这套书将现在海南省的方志也收进去了。以《中国地方志联合目录》著录，广东（含海南）现存旧志445种，而《集成》接近完备。继之而起的四川、江苏、黑龙江、福建、河南等地，纷纷动手，进行旧志汇编影印。这两年动作较快的是四川，已出版3辑250多种，预计先出5辑，总共近400种。以质量而论，《四川历代方志集成》显然后来居上。那这些貌似穷尽的数字的出现，是不是说随着各地旧志整理工作的开展，基本上就会将存世旧志全部重出一遍呢？答案是否定的，以四川而论，方志办经过数年调查，认为四川存世旧志为400种左右，用几年时间，就可以出版完成。但是，仅据《中国地方志联合目录》著录，就有672种（含重庆），加上未见著录的《重修四川通志稿》等，总数超过700种。这样一对比，旧志整理工作显然没有想象中的容易，可谓长路漫漫，任重道远。

（五）专志丛刊和分类辑编

1. 专志丛刊

专志与地方志中的门类有一定的区别，其鲜明特点有三。首先，专志是一个独立个体，它不是地方志的一个部分。其次，专志之编纂章法自成体系，不必像分志那样要受到所从属方志的体例约束，能够有更多的发挥。第三，专志资料更丰富，内容更翔实，专业性更强，篇幅更灵活，形式也更加多样。这方面有代表性的丛书是《中国名山胜迹志丛刊》《中国佛寺志丛刊》《山水风情丛书》《中国道观志丛刊》《中国风土志丛刊》《中国水利志丛刊》《中国祠墓志丛刊》《中国园林名胜志丛刊》《地方经籍志汇编》《地方金石志汇编》《中华山水志丛刊》《历代地理志汇编》等等。

2. 分类辑编

《地方志人物传记资料丛刊》是国家图书馆出版社精心策划组织、编辑出版的迄今为止搜集资料最全面、最充分、最丰富的大型人物传记资料汇编。其选编内容包括方志中各类人物传记，如名宦、乡贤、乡宦、仕进、孝友、节烈、耆旧、寿民、方技等，以及与人物有关的各类表志和艺文志、金石志中的墓志、碑记、传诔等，举凡与人物有关的内容，尽数囊括其中；所收人物传记资料的时限远及上古，下迄民国。《丛刊》全书按全国行政区划分为西北、东北、华北、华东、中南、西南、华南七大卷，网罗方志三千多种，而在编辑过程中参照的方志更多达六千种，涉及人物数十万。目前，《西北卷》《东北卷》《华北卷》《华东卷》《西南卷》《中南卷》《华南卷》全部出版。本《丛刊》虽卷帙浩大，但检索方便。每卷均编有总目，每一册编有细目。又专家为每卷编制《人物姓名拼音索引》和《人物姓名笔画索引》，与每册细目相互补充，以目录统类、以索引统人，构成相对完整、极其方便的人物传记资料检索系统。此外，《地方志·书目文献丛刊》《地方志·灾异资料丛刊》《中国地方志佛道教文献汇纂·人物卷》《寺观卷》《诗文碑刻卷》也很有价值。

（六）大型综合文献里面的方志

《续修四库全书》收旧志72种，《四库未收书辑刊》没有严格意义的方志，《四库禁毁书丛刊》收《云间志略》1种，《四库全书存目丛书》收旧志87种。这不是综合性大丛书的重点，所以所占比重并不是很大。

（七）其他类型旧志影印

1. 断代类

《宋元方志丛刊》收录现在存世的完整和较为完整的宋元方志 43 种，对于考察所记载的该地区古代的政治、经济、军事、文化、社会风情、物产资源、地理沿革等，以及研究文化史，都具有宝贵的价值。台湾《宋元地方志丛书》和《续编》收宋元方志 49 种。缩微中心《明代孤本方志选》收 23 种；上面提及的《清代孤本方志选》收 76 种。凤凰出版社 2011 年开始出版《民国方志集成》，与《中国地方志集成》互为补益。

2. 单种仿真制作

刚开始，一些地区用影印或油印方式，出版单种旧志颇为常见。后来，一些地方政府开始把旧志作为地方文化的象征，仿真影印出版，用于地方政府与其他地区乃至国外交往的礼品。此类如《澳门纪略》《[道光]重庆府志》《[万历]金华府志》等等，不在少数。这些都印制讲究，除了研究，还有较大的收藏价值。

3. 俞冰主编的《中国稀见地方史料集成》收稀见方志 100 多种；边疆地理类丛书如《中国边疆丛书》《历代边事资料辑刊》等；专题汇编类《周秦汉唐历史地理研究资料汇编》《汉唐地理书钞》等，也是难得的早期地方史料。新近出版的《中国省别全志》则是日本特务机构对中国各地的详细调查记录，值得重视。

三、点校旧方志

对旧志进行点校，经过数十年的积累，各地都有一些零星的成果，如《北京旧志汇刊》《天津区县旧志点校》《福建旧方志丛书》《宁夏珍稀方志丛刊》等等，渐成规模。但由于工程浩大，能够将本地区全部系统点校的，尚不是很多。下面举

例介绍三种比较有特点的:

《成都旧志》,成都市地方志编纂委员会和四川大学历史地理研究所联合整理,成都市重点文化工程项目,成都时代出版社2007年12月正式出版,收录了有关成都市区和原所属成都县和华阳县的历代旧方志30种。但翻检其内容,却并非传统意义上的"旧志"。该书分为专志、杂志、通志三大类。其中"专志类"有十余部,主要包括五个方面:一是人物志,如民国林思进等纂《华阳人物志》。二是食货志,如民国修《成都县食货志》。三是名胜古迹志,如清代何明礼纂《浣花草堂志》、民国吴鼎南编《工部浣花草堂考》等。四是寺庙志,包括清释中恂修、罗用霖纂《重修昭觉寺志》,清潘时彤纂辑《昭烈忠武陵庙志》。五是书院志,如清张之洞撰《四川省城尊经书院记》、清李承熙撰《锦江书院纪略》、民国修《石室纪事》等。"杂志类"有《成都文类》《成都通览》《氏族谱》《岁华纪丽谱》《蜀锦谱》等成都九谱、《成都导游》《成都市市政年鉴》等等。这两类虽然涉及成都社会政治、经济、文化等各方面的内容,但不能算是严格意义上的旧方志。

《上海府县旧志丛书》,海市地方志办公室主编,2009年10月出版第一种《奉贤县卷》,收录《［乾隆］奉贤县志》《［光绪］重修奉贤县志》《［民国］奉贤县政概况》《［民国］奉贤县志稿》等四种,并附录《［宣统］(奉贤)乡土地理》《(奉贤)乡土历史》《奉贤县乡土志》三种。2015年11月,《上海县卷》出版,丛书顺利收官。全套11卷,36册,辑有59种于1949年前修纂的上海地区府县卫厅志书,并附录20种府县级方志资料。

以上两种共同点,是区域内旧志总数不是太多,所以能够集中一定学术力量,完成点校。以省为名的,则往往因为项目过大，基本还没有全部完成的。

四、方志数据库

旧方志类数据库按照服务方式划分，大致有公益型和收费型两种。公益型方志库主要是由政府出资支持，旧志收藏机构或方志办研发而成，供读者免费使用；收费型方志库则主要是由出版商投资进行旧志资源整合，向方志收藏机构出售，进而由收藏机构面向读者服务。目前所见，上海、北京等地方志办都在积极研发本地区旧志数据库，但尚未见到发布。

国家图书馆多年来致力于旧志的数字化，目前已经将6千多种方志入库①，供读者免费阅读、打印和下载，是国内公益性免费旧方志数据库的代表。该库的图片资源全部是国家图书馆珍藏的旧志原书扫描而来，所以图片清晰，整体品质较高。收费型商业化运作的，爱如生公司制作的"中国方志库"和国家图书馆出版社发行的"中国数字方志库"堪称旧志方志数据库的集大成者。前者收录汉魏至民国的历代地方志类著作1万种，计全文超过20亿字，图片超过1000万页，但必须安装软件才能阅读。"中国数字方志库"收录1949年以前地志类文献12000种，总册数超过15万册，影像数据超千万页，全库实现了网页形式阅读。

（原载《中国地方志》2017年第12期）

---

① 数据库网址：http://mylib.nlc.cn/web/guest/shuzifangzhi

改革开放40年来的古籍影印出版

古籍是中国优秀传统文化的主要载体，传承着五千年的中华文明。古籍出版既是文史学界科研状况的最新展示途径，也是深入传统学术研究的基础和前提。在古籍出版中，影印古籍是一种非常重要的方式。影印古籍忠实于文献原貌，使文献的真实性、完整性、原生态性得到高效、充分的揭示，对整理出版传统文化典籍起着不可替代的作用，是对古籍进行再生性保护的重要手段。新中国成立以后，尤其是改革开放以来，影印古籍在我国古籍整理出版工作中占据着较大的比重，这归功于科学的规划和引导，也由于影印相较于点校注释等整理方式具有效率高的优势。

2010年年初，笔者在国家图书馆出版社原总编辑贾贵荣老师的指导下编纂《新中国古籍影印丛书总目》，收集整理新中国成立以来的新编古籍影印丛书。通过3年的搜集，共收录1949年至2010年60余年间的新编丛书443种，涉及子目近5万条。该书于2016年7月出版，全书200多万字，按史籍史料、传记文献、书目版刻、文学艺术、方志舆地、哲学宗教、金石文献、中医科技和综合文献等9类编排，分目录和索引两大部分，较为全面地反映了新中国成立以来新编丛书的成果。

在编纂《新中国古籍影印丛书总目》的过程中，我形成了对行业发展全面关注的习惯，非常注意每年新出的同类图书，持续跟踪分析相关出版情况①。粗略估计，改革开放40年来，我国先后影印出版古籍丛书（按一种计算）、经典著作、类书、工具书等一千余种，涉及古籍子目近6万种，为学术界提供了大量可靠的参考文献。借此改革开放40周年之际，不揣浅陋，从古籍影印出版的复苏和全面发展，古籍影印当下的特点和趋势，当下古籍影印的问题和策略，影印理念的发展变化等几个方面进行总结，挂一漏万，以期存古籍影印出版史料，把握影印古籍出版工作的新趋势。

一、影印古籍出版的复苏、发展和突飞猛进

1978年，党的十一届三中全会召开，中国进入改革开放的新时代，古籍整理出版工作也出现了新的转机。古籍影印事业的发展始终跟随着古籍整理出版工作的步伐前进。伴随国家对古籍整理工作的重视和科学规划，影印古籍工作也经历了几个阶段：1982—1990年，是我国影印古籍出版事业的复苏阶段；1991—2000年可以算作发展阶段；而新世纪以来的18年，则是影印古籍事业的突飞猛进阶段。

（一）复苏阶段

1. 政策的落实和规划领导机构的成立

1981年4月，陈云同志就古籍整理出版工作发表了重要指示②。同年9月，中共中央下发了《关于整理我国古籍的指示》（中发［1981］37号文件），提出：整理古籍，把祖国的

---

① 先后撰写了《影印古籍丛书编辑和著录问题值得关注》（《中国新闻出版报》2011年11月）、《2011年新编古籍丛书出版综述》（《中国图书评论》2012年第5期）、《新中国成立以来新编古籍丛书出版综述》（《出版史料》2012年第3期）等文章。

② 李格：《陈云与古籍整理》，《史学史研究》2005年第4期，第3页。

宝贵文化遗产继承下来，是一项十分重要的、关系到子孙后代的工作。12月，国务院恢复了"古籍整理出版规划小组"，直接隶属于国务院，由李一氓担任组长①。1982年8月，《古籍整理出版规划（1982—1990）》经国务院批准发布实施，并拨出专款用于古籍出版补贴。1983年，教育部又成立了"全国高等院校古籍整理研究工作委员会"，负责全国高校古籍整理出版的组织协调工作。之后，部分省市（如安徽省等）及农业部、卫生部和国家民委也陆续组建古籍整理规划机构。继北京大学之后，南京大学等高校也相继设置了古典文献学专业，并建立了一批古籍整理专业或研究机构。全国古籍整理出版工作在组织规划、人才培养和出版等方面焕发了勃勃生机。

2. 专业古籍出版社队伍的形成

除了成立较早的中华书局、上海古籍出版社、文物出版社等，现有的30多家专业古籍社，一半以上成立于1978—1990年之间。1978年扬州成立了广陵古籍刻印社，1979年北京出版社析出北京古籍出版社。同年，北京图书馆（今国家图书馆）成立书目文献出版社（今国家图书馆出版社，下文所引出版图书均用今名，其他出版社同），山东成立齐鲁书社，河南设立中州古籍出版社。1980年，中医古籍出版社成立。1982年，湖南创办岳麓书社。1983年，四川成立巴蜀书社，天津成立天津古籍出版社，辽宁成立辽海书社，浙江成立了浙江古籍出版社。1984年，陕西的三秦出版社、江苏的江苏古籍出版社（今凤凰出版社）、安徽的黄山书社相继成立。1985年，吉林成立吉林文史出版社。1988年，中国书店出版社和上海书店出版社成立。这些先后设立的专业古籍出版社，都或

---

① 陈云：《陈云文选》第3卷，人民出版社1995年，第291页。

多或少从事过影印古籍的工作。

值得一提的是，这一时期，有一批城市古籍书店，也以"复制"之名，出版了为数不少的影印古籍。如成都古籍书店、兰州古籍书店、福州古籍书店、杭州古籍书店、沈阳古籍书店、长春市古籍书店、南京古籍书店、武汉市古籍书店等等，尤以成都古籍书店为著。它利用自家藏品，除了像其他兄弟古籍书店一样，复制出版了一批碑帖、书画工具书，还陆续影印了《经籍籑诂》《说文解字段注》《康熙字典》等工具书，《周易集解》《庄子集解》《玉台新咏》《词林纪事》等文史经典，至今仍是很多学者的案头之物。可惜的是，随着20世纪90年代末到21世纪初各地古籍书店的关张，古籍书店为古籍出版做出的贡献，也基本画上了句号。

3. 初见成效

在中央和地方各级政府的大力扶持下，在各新老出版单位的努力下，从改革开放之初到1990年，我国古籍出版工作取得了初步进展，据1992年6月25日颁布的《中国古籍整理出版十年规划和"八五"计划》不完全统计，9年中规划内外共出版古籍4000余种（其中规划内900余种），成倍超出新中国成立后前32年出版古籍的总和。与此同步，古籍影印工作实现了基本复苏。《古籍整理出版规划（1982—1990）》规划古籍3119种，其中影印的有100种左右，虽然所占比重较小，但计划影印的都是部头比较大的资料书。规划指出："出版方式，除排印书以外，还列入不少影印书，已在各项之后分别注明。准备影印的书大体包括两类：一类是卷帙浩繁的资料书、工具书，如《全唐文》《清实录》《佩文韵府》等。这些书或只供查考之用，或只供进行学术研究作为参考，没有必要和文史哲名著一样，逐字逐句地校勘、标点。而且如果点校排印，花费时间过长，势必旷日持久，三五年内难于完成，因此只能采取影印办法。另一类是古籍中的善本、孤本。1981年中共中央《关于整理我国古籍的指示》第五项指出，'现在有些古籍的孤本、善本，要采取保护和抢救的措施'，散失在国外的古籍资料，也要设法复制，'同时要有系统地翻印一批孤本、善本'。根据这一精神，在规划中列入了《古逸丛书三编》《古籍善本丛书》等几套丛书。这些书的编印，主要在于保存版本，使一些不可多得的宋、元本古籍和明刊善本，得以广为流传。"这段文字，不但指出了当时急于影印古籍的类型，更简明扼要地阐述了"影印"的原因。

在这个规划的指导下，首先是重印了一些大书，如上海书店出版社重印精装本《四部丛刊》《道藏》《天一阁藏明代方志选刊》等，巴蜀书社和中华书局联合影印了《古今图书集成》，中华书局影印或重印了《全唐文》《明实录》《清实录》《明文海》《册府元龟》《四部备要》《永乐大典》《丛书集成》等，上海古籍出版社缩印了《文渊阁四库全书》，重印了《中国古代版画丛刊》等等。这些大部头影印古籍，成为各大图书馆、科研院所的基本藏书，为读者查阅和研究提供了很大的便利。

除了重印，一些新编的丛书也陆续出版，如中华书局开始影印《古逸丛书三编》《琴曲集成》《宋人著录金文丛刊》《宋元方志丛刊》《古本小说丛刊》《中国历代书目丛刊》《清人书目题跋丛刊》，上海古籍出版社出版了《瓜蒂庵藏明清掌故丛刊》《古本戏曲丛刊五集》《中国古代版画丛刊二编》《清人别集丛刊》《宋蜀刻本唐人文集丛刊》《唐五十家诗集》《善本丛书》《玉函山房辑佚书续编三种》《诸子百家丛书》《道藏要籍选刊》《天一阁藏明代方志选刊续编》，上海书店出版社开始编印《中国历代印谱丛书》《清代历史资料丛刊》，天津古籍出版社陆续出版《北京大学图书馆馆藏稿本丛书》，国家图书馆出版社开始编印《北京图书馆古籍珍本丛刊》《日本藏中国罕见地方志丛刊》，山东友谊出版社开始出版《孔子文化大全》，中国书店出版社开始编印《海王村古籍丛刊》《中医基础丛书》，兰州古籍书店出版了《中国西北文献丛书》，中医古籍出版社开始出版《中医诊本丛书》《北京大学图书馆馆藏善本医书》《中国科学院图书馆馆藏善本医书》，上海科学技术出版社出版了《中国医学珍本丛书》《明清中医珍善孤本精选》，上海三联书店出版了《历代中医珍本集成》，文物出版社出版了《宋刻算学六种》《明成化说唱词话丛刊》，农业出版社出版了《中国农学珍本丛刊》等等。

从罗列的这些出版社和图书可以看出这段时期古籍影印的一些特点。一是专业出版群体的形成大大加快了古籍影印出版的步伐，是古籍影印出版的主体承担者；二是除了重印历史上的知名工具书、资料书和大型丛书，新编丛书渐成规模，收藏机构、出版社是这个时期策划和编纂丛书的主要力量。这些都为之后古籍影印的发展，奠定了坚实的基础。

（二）发展阶段

1. 政策的调整和加强

如上所言，古籍出版规划的实施，取得了很大的成果。1991年7月，国务院任命匡亚明同志为新一届古籍整理出版规划小组组长。1992年6月25日，《中国古籍整理出版十年规划和"八五"计划》经批准颁布。《规划》指出："今后十年内古籍整理出版工作尤应注意者，一是关于今人新编的总集、丛书，这是当代古籍整理投入力量较多的重大工程，希望各负责单位能在人力物力上精心筹划，保证质量，按时完工。

二是善本、珍本和孤本的影印工作,这是对某些古籍进行抢救的一种有效措施。"这里仍然强调善本、珍本和孤本的影印工作是对古籍进行抢救的一种有效措施,对古籍影印功能和作用的导向,影响着古籍影印的具体内容和工作思路,为十年间的古籍影印工作奠定了理论基础。1993 年,国务院古籍整理出版规划小组改名为国家古籍整理出版规划小组。1996 年 8 月,颁布实施《中国古籍整理出版"九五"重点规划》,细化和调整了 1996—2000 年间古籍整理的规划情况。

2. 古籍出版队伍的壮大和"古联体"的成立

20 世纪 90 年代,又有几家专业古籍出版社相继成立。1992 年,山西古籍出版社(今三晋出版社)成立。1993 年,中国出版协会成立线装书局。与此同时,一些人民社、教育社和文化公司逐步加入到古籍出版队伍,使古籍出版机构阵营得到进一步壮大,从业人员不断增加。1999 年 8 月,"全国古籍出版社联合会"成立,俗称"古联体",包括当时的 19 家专业古籍出版社,隶属于中国出版工作者协会。这个组织的成立,将此前较为松散的古籍出版机构形成了一股合力,"古联体"一起到各地办书展、古籍订货会等,并致力于向海外推广中华优秀传统文化,积极参加海外大型书展,是国内图书出口的重要力量。

3. 成就斐然

在《中国古籍整理出版十年规划和"八五"计划》和《中国古籍整理出版"九五"重点规划》的引导下,出版机构的主观能动性得到充分调动。这段时期影印出版的古籍,相对于前一个阶段,呈翻倍增长,此前启动的综合性的新编丛书项目基本完成,80 年代开始出版的《古逸丛书三编》《北京大学图书馆馆藏稿本丛书》《北京图书馆古籍珍本丛刊》《海王村古籍丛刊》等陆续出齐。下面举其重要者，略可归纳出这段时期的出版特点。

首先，特大型新编综合丛书出现，开启新编大型丛书的热潮。上海书店出版社1994年出版的《丛书集成续编》踵继商务印书馆的《丛书集成初编》，选取明清及民国时期的丛书180部，删除各丛书相重复以及与《丛书集成初编》相重复的书，共收古籍3200余种，按经、史、子、集分类编排。1997年齐鲁书社出版的《四库全书存目丛书》1200册，收录散藏于国内外116家图书馆、博物馆及少数私人藏书家的四库存目书4508部，其中宋刻本15种，宋写本1种，元刻本21种，明刻本2152种，明钞本127种，清刻本1634种，清钞本330种、稿本22种，有三成以上为孤本或稀见本。同年，北京出版社推出的《四库禁毁书丛刊》分为十辑，收书644种，《四库未收书辑刊》收录典籍近2000种，也是分十辑影印。由此，加上之前重印的《文渊阁四库全书》，俗称的"四库系列"构架基本形成。

其次，旧方志的影印占有极为重要一席之地。1992年，中国书店出版社影印《稀见中国地方志汇刊》出版，收录珍本方志203种。早于该书启动，由巴蜀书社、上海书店出版社和凤凰出版社联合打造的新中国最大方志丛书《中国地方志集成》，在这段时间推出了江苏、上海、四川、西藏、江西、安徽、台湾、福建、浙江等9个地区的"府县志"共计765种，乡镇志专辑254种，总数超过1000种①，为整个项目顺利进展奠定了坚实的基础，也为人们利用方志材料提供了很多便利。此外，专业志书如《中国历代书院志》（赵所生、薛正

---

① 详表见南江涛：《中国旧志整理与出版概况》，《中国地方志》2017年第12期。

兴主编)、《中国佛寺志丛刊》（白化文、张智主编)、《中国道观志丛刊》（高小健主编）等也规模化得到影印。

第三，对出土文献尤其是存世敦煌遗书的影印渐成规模。上海古籍出版社在此领域耕耘颇为用心，推出了域外的《俄藏敦煌文献》17卷、《法藏敦煌西域文献》，国内的《天津艺术博物馆藏敦煌文献》7卷、《北京大学藏敦煌文献》2卷、《上海图书馆藏敦煌吐鲁番文献》2卷、《上海博物馆藏敦煌吐鲁番文献》2卷等等。此外，四川人民出版社的《英藏敦煌文献》（汉文佛经以外部分）陆续出版了14卷；甘肃人民出版社出版了《甘肃藏敦煌文献》6卷；浙江教育出版社出版了《浙藏敦煌文献》1卷；文物出版社出版了《吐鲁番文书》4卷等。

第四，重视年谱、家谱等传记文献和传统史籍史料的汇编。巴蜀书社先后推出《中国野史集成》正续编、《中华族谱集成》。北京图书馆出版社出版了《北京图书馆藏珍本年谱丛刊》《北京图书馆藏家谱丛刊·闽粤（侨乡）卷》《二十四史订补》（徐蜀编）。岳麓书社出版《二十五史三编》（张舜徽主编）。天津古籍出版社出版《二十四史外编》（吴树平编）。其中《北京图书馆藏珍本年谱丛刊》为收书最多者，共收1212种年谱。而《二十四史订补》收书160多种，其编选原则极为科学：一，凡与二十四史有关之订补著作，1949年以前编撰或出版的稿本、钞本、刻本、影印本等均在选择的范围之内；二，为免重复，《二十五史补编》已收之书，本书不再选入；三，所收之书以影印的方式制版，在内容和文字上未作任何改动；四，所收之书的底本，侧重稿本、钞本、初刻本与足本。

第五，文学艺术类图书尤其是明清小说的影印渐成规模。

中华书局的《古本小说丛刊》全部出齐；上海古籍出版社的《古本小说集成》也陆续推出，两者交相辉映，将藏于海内外的古代小说珍本大多网罗于此。以收藏小说为特色的大连图书馆，联合当地的大连出版社，出版了《大连图书馆藏孤稀本明清小说丛刊》。这几套丛书，很大程度上推动了学界对明清小说的深入研读。

第六，哲学宗教类专题丛书和大型文献成绩突出。这段时期，传统子部书的汇编影印出现了一个小高潮，如四川大学古籍所编的《诸子集成续编》《诸子集成补编》《诸子集成新编》，钟肇鹏选编的《续百子全书》，刘永明辑《增补四库全书未收术数类大全》，谢祥皓、刘申宁辑《孙子集成》，解放军出版社、辽海出版社编《中国兵书集成》等等，都是在这几年出版的。宗教类大型文献更是成果丰硕。早在1982年，《中华大藏经》（汉文部分）由任继愈先生主持，立项起步，到1994年，编辑工作完成。历时三年，中华书局出版107册。《中华大藏经》采用重编影印的形式，与排印本相比，更忠实于底本，起到反应刻本风貌的功用；与单纯影印相比，又吸收了排印本校勘的优势，把历代主要藏经汇校，使读者得一本而能览全局。与此同时，巴蜀书社影印了《藏外道书》，荟萃了明代正统和万历年间编成的《道藏》和《续道藏》未收的道书，以及自明万历以后至1949年以前的各种道书991种。由胡道静等名家主编，分为古佚道书类、经典类、教理教义类、摄养类、戒律善书类、仪范类、传记神仙类、宫观地志类、文艺类、目录类、其他等十一类，是《正统道藏》之后编辑刊行的规模最大的一种道教丛书，其中所收有的是海内孤本，从未刊行，文献参考价值很高。

（三）突飞猛进阶段

1. 规划的调整与资助经费的增加

2000年7月，新闻出版总署与古籍小组联合颁布实施《国家古籍整理出版"十五"（2001—2005年）重点规划》。2006年2月，颁布实施《国家古籍整理出版"十一五"（2006—2010年）重点规划》，立项196项，其中影印类30项。2011年4月，实施《"十二五"时期（2011—2015年）国家重点图书、音像、电子出版物出版规划》，其中子规划398项，"古籍整理规划专项"85项，还有一些影印项目分散在重大出版工程等，总数超过50项。2012年7月，《2011—2020年国家古籍整理出版规划》，立项491个，其中影印类70多项。"规划"越来越具有科学性，成为一个动态出版工程，为了确保"规划"项目的质量和进度，总局建立淘汰机制，以保证"规划"的国家水平。每年定期检查"规划"的执行情况，对不能按时完成或质量达不到要求的项目予以撤销，并适时增补新的项目。这期间，古籍整理出版专项资助经费也不断提高，"'十一五'时期，新闻出版业的大改革大发展推动了我国古籍整理出版事业蓬勃发展。5年中政府专项资金共资助508个项目，资助金额8344万元，实现了规划项目全覆盖，推出了一系列优秀成果。"①"十二五"期间，每年的专项经费增长到2000多万，近几年，则已经增长至3000万。这还不包括"国家出版基金""文化产业专项基金"等给予的一些古籍整理项目的支持。

2. 加强专业人才培养和"古工委"的成立

为了加强专业古籍编辑人才的培养，从2001年开始，古

---

① 庄建：《国家古籍整理出版五大工程确定加速推进数字化》，《光明日报》2011年3月30日。

籍办举办"全国古籍整理出版编辑培训班"。通过十多年的坚持,到2017年,举办了16届,培训专业古籍编辑1000余人。"目前,全国专业古籍出版社共有员工近1700人,全国专业古籍编辑有近700人。全国有5家高校设立了古典文献专业,89所高校设立了古籍研究机构,全国古籍整理研究人员近2000人。"①

随着古籍整理事业的发展,全国古籍出版社联合会不断壮大。2008年9月22日经民政部正式批准,"古联体"更名为"中国出版协会古籍出版工作委员会"(简称"古工委"),成为中国出版协会下属的二级组织。截至2017年底,共有理事单位38家。这些理事单位及其编辑,成为目前从事古籍影印工作的中坚力量。

3. 巨大的成就

随着国家规划的科学引导,古籍整理出版队伍的不断重大,新世纪18年产生了一大批重要的古籍影印成果,尤其以下几个方面,非常突出。

第一,一大批集大成的综合性丛书项目面世。2001年齐鲁书社出版《四库全书存目丛书补编》;2002年上海古籍出版社出版了1800册的《续修四库全书》;2008年北京出版社推出《四库禁毁书丛刊补编》,至此,"四库系列"收书超过一万种,成为国内外图书馆基本的古籍收藏资料。2005年商务印书馆重印《文津阁四库全书》;2012年北京出版社又出版《四库提要著录丛书》;2015年杭州出版社重印《文澜阁四库全书》,继续丰富着"四库"家族。近些年,除了"四库系列",还有两套大书值得记录。一是国家重点文化工程——

---

① 刘蓓蓓:《第15期全国古籍整理出版编辑培训班开班吴尚之动员》,《中国新闻出版广电报》2016年8月17日。

《中华再造善本》，自唐迄清，分为《唐宋编》《金元编》《明代编》《清代编》《少数民族文字文献编》，每编下以经、史、子、集、丛编次。从2002年至2014年，历时12年，由国家图书馆出版社用传统线装方式，影印重要善本典籍1300多种，是新中国规模最大的一套线装书。另一个是国家图书馆出版社2014年的《原国立北平图书馆藏甲库善本丛书》，收录原国立北平图书馆甲库善本藏书2621种，其中美国国会图书馆20世纪40年代拍摄的原国立北平图书馆甲库善本缩微胶卷2600种，现藏于国家图书馆的原甲库善本20种，合璧者1种。这套"三合一"而成的丛书不仅数量庞大，不乏存世孤本，都是极富学术研究价值的珍贵资料。此外，由国家清史编纂委员会主持的《档案丛刊》陆续推出了数千册的清代档案、珍稀文献和诗文集等，蔚为大观。

第二，方志影印和地方丛书编纂大放异彩。截至2017年底，《中国地方志集成》陆续出版府县志辑、省志辑、专志辑等60辑，共计收录方志4000种左右。与之相补充的是"著名图书馆藏稀见方志丛刊"，2005年以来陆续出版25家机构的1400多种珍稀方志。其他以收藏机构命名规模较大的尚有《国家图书馆藏地方志珍本丛刊》800册727种，《天一阁藏历代方志汇刊》850册515种，等等。这些加在一起，也超过了2000种。各方志办也是汇编影印旧志的重要力量，以穷尽的方式广为搜罗。如《广东历代方志集成》，收广东旧志433种，比《广东府县志辑》多出322种，几乎是其4倍之多。继之而起的四川、江苏、黑龙江、福建、河南等地也纷纷动手，近几年陆续规模面世。编纂地方丛书，在我国有优良的传统，清代以降，此风尤盛。仅以《中国丛书综录》来看，其郡邑类丛书有75种之多，省级如《畿辅丛书》《山右丛书》等，府级如《金陵丛书》等，县级有《江阴丛书》等，层级完整，内容丰富。近些年，随着各地政府对地方文化的重视和资金扶持力度的加大，新的地方丛书编纂蔚然成风，颇有点没有自己的地方丛书，就跟不上时代的感觉。各省都在陆续动作，如《江苏文脉》《广州大典》《巴蜀全书》《中州文献集成》《云南丛书续编》等等。就已经出版的而论，《山东文献集成》由地方领导挂帅，山东大学承担编纂任务，系统收录大量山东地方著述稿钞本，无论从学术性还是印刷质量，堪称代表制作，至今未发现出其右者；地市级丛书数量更为可观，除了江浙地区的《金华丛书》《无锡文库》《衢州文献集成》《宁海丛书》《绍兴丛书》等，贵州遵义是西部地区走在前列的地区，《遵义丛书》已经启动两年多，由国家图书馆出版社和上海古籍出版社合作出版。

第三，域外中文善本的影印回归成为新趋势。以学术组织而言，先后出现了高校古委会、中国社会科学院中国历史研究所和中国人民大学国学院、山东大学"全球汉籍合璧工程"、北京外国语大学等。与此同时，一些出版社尤其是专业古籍出版社则主动承担起更重的责任，组织力量先后出版了大量的海外中文古籍文献，略举几例。中华书局2008年出完《古本小说丛刊》，包含了大量海外珍本，2014年出版《法兰西学院汉学研究所藏清代殿试卷》，2015年出版《柏克莱加州大学东亚图书馆藏宋元珍本丛刊》，2017年则出版了《海外中医珍善本古籍丛刊》等。广西师范大学出版社在近年海外文献出版中占有重要地位，中文古籍类出版有《日本所藏稀见中国戏曲文献丛刊》《美国哈佛大学哈佛燕京图书馆藏明清妇女著述汇刊》《美国哈佛大学哈佛燕京图书馆藏中文善本汇刊》等。2013年又出版了方广锠教授编的《英国国家图书馆藏敦煌遗书》。近两年又出版了乐怡编《美国哈佛大学哈佛燕京图书馆藏稿钞校本汇刊·经部》和《史部》等。国家图书馆出版社则配合国家古籍保护中心的工作，规划海外中文古籍书目书志丛刊，出版《文求堂书目》等多种海外中文古籍目录；对海外《永乐大典》进行仿真影印：已完成美国哈佛燕京图书馆、普林斯顿大学东亚图书馆、汉庭顿图书馆、英国牛津大学博德利图书馆、阿伯丁大学图书馆、大英图书馆、德国柏林国家图书馆等7家收藏的《永乐大典》51册；与哈佛燕京图书馆合作出版了《哈佛燕京图书馆藏齐如山小说戏曲文献汇刊》《哈佛燕京图书馆藏韩南捐赠文学文献汇刊》《哈佛燕京图书馆藏稀见方志丛刊》《哈佛燕京图书馆藏古籍珍本丛刊·经部》等项目。

　　第四，文学类专题丛书渐入佳境，三个类别比较集中。一是别集方面：2010年上海古籍出版社出版《清代诗文集汇编》，收录清人诗文集4000多种；于此前后，广西师范大学出版社陆续推出北京师范大学图书馆、天津图书馆、南开大学图书馆等机构的"清人别集丛刊"；2013—2017年，黄山书社陆续出版《明别集丛刊》，收录明人别集1800多种；2017年国家图书馆出版社出版国家图书馆所藏《清代诗文集珍本丛刊》，收录清人诗文集1300多种，均为首次影印。二是总集方面：国家图书馆出版社先后出版了《清代家集丛刊》正续编402册，《历代地方诗文总集汇编》500册，与别集形成资料的互补。三是戏曲方面：《古本戏曲丛刊六集》《七集》的顺利出版，标志着一度停顿的《古本戏曲丛刊》即将画上句号。与此同时，在"规划"中我们能看到更多剧种的文献正在被系统清理。以收藏机构或人物为题的戏曲文献丛书络绎不绝：《绥中吴氏钞本稿本戏曲丛刊》《日本所藏稀见中国戏曲文献丛刊》《郑振铎藏古吴莲勺庐钞本戏曲百种》《富连成藏戏曲文献汇刊》《北京大学图书馆藏程砚秋玉霜簃戏曲珍本丛刊》《明清孤本戏曲选本丛刊》等等。

二、数字时代古籍影印的趋势与特点

当下数字化如火如荼，各个古籍收藏机构积极进行古籍的数字化工作，国家图书馆推出了公益性的"方志库""中华古籍资源库"等多个资源库，其中后者已经入库23000多种善本古籍，囊括了国家图书馆所藏善本的80%强。美国哈佛燕京图书馆上线4200多种中文古籍，免费向全球读者开放。同时，市场上出现了几个大的古籍数据库产品，如爱如生公司的"中国基本古籍库"，收录古籍一万多种，并细分系列的专题库。国家图书馆出版社与国家古籍保护中心合作，打造"国家古籍资源库"，一期工程入库10万种古籍，将免费赠送180多家图书馆。这些数据库的建成，极大地便利了广大读者，可以足不出户，翻阅善本古籍。在这样的新形势下，古籍影印工作出现了新的特点，时代也对传统的古籍影印工作提出了更高的要求。

首先，古籍普查工作的进行对海内外古籍存藏进一步摸清家底，也发现了为数不少的珍品，为进一步的古籍影印奠定了切实基础。国家古籍保护中心正在进行的古籍普查工作，推出一系列新的成果，刷新着此前我们对古籍存藏品种和数量的认识。随着国家对古籍保护工作的重视，主动影印刊布馆藏古籍不再是几家大图书馆的独角戏，一大批中小型图书馆、专业图书馆积极加入到古籍影印工作的编纂队伍，进一步加强了古籍影印的人才力量。

其次，除了收藏机构的积极参与，越来越多一线学者的主动参与，对专题化丛书的编纂和影印起到推动作用。新中国成立以来，历次古籍整理规划都非常重视"古籍影印"，因为专家们明白，一是不是所有的古籍都需要点校注释，有些比较专业的资料，只有相关学者研究才看，影印成为最佳方式；二是影印能够反映底本原貌，使用文献比较放心。但相当长一段时间，很多学者乃至古籍编辑，对影印古籍有或多或少的抵触。认为影印是一项简单粗暴的工作，没有学术含量。这当然与我国高校的科研考评机制也有一丝联系，学者编影印丛书，不算科研工作量。随着近年来各界对文献的重视，尤其是国家社科基金重大项目中，有相当比重的选题就是做大型文献集成，人们开始对影印有了更为深入的了解。很多一线学者加入到编纂专题丛书的队伍，利用他们数十年的研究成果，变出了具有高学术含量的影印丛书。目前，有些高校已经开始承认汇编影印书的科研工作，并给予相应的奖励和鼓励，这对古籍影印事业是一个很大的福音。

第三，影印领域和下限的进一步拓展。古籍，传统是指我国 1912 年以前产生的典籍。除了成册的典籍，不难发现，近年有相当多的影印项目是出土文献，包括甲骨文、钟鼎铭文、简帛、敦煌遗书、吐鲁番文献、碑志、官方档案、民间契约文书等等，这些资料一直以来是影印图书的重点对象，近年来得到更大程度的关注。随着时间的流淌，近现代以来的图书、期刊、报纸、档案、日记、信札等各种资料越来越多进入学者的研究视野，而汇编影印近代民国时期的文献也成为近年来的热点。例如大象出版社的《民国史料丛刊》，国家图书馆出版社的《民国期刊资料分类汇编》《民国文献类编》等等。由此，古籍影印已经不能概括影印出版的全部，如果用"历史文献影印"表达，可能更为贴切。

第四，高端仿真古籍和善本经典的普及是重要趋势。随着数字化的发展，相当数量的古籍将陆续成为数据库里面的电子书，检索使用都很方便，简单的汇编影印图书的优势会逐渐被削弱。但是这不预示古籍影印事业的终结。相反，这对古籍影印工作提出了更高的要求，我认为高端仿真影印和善本经典的普及化是两个重要方向。随着国家对传统文化的重视，人们对传统典籍了解的需求就会产生几个层次。有些读者在看完了注释本之后，想看一看"宋本"是什么样子，"敦煌卷子"有多么迷人。随着经济发展，这个方面的需求在不断增加。近几年市面上的高仿古籍逐渐增多，从侧面证明了这个趋势。另一方面，传统经典的善本，在20世纪80年代曾经火热过一段时间，动辄印数几万册。经过几十年的沉寂，近几年出现了新的发展。如浙江大学出版社的《四部要籍选刊》，国家图书馆出版社的《国学基本典籍丛刊》等，都受到了广大读者的欢迎，成为社会效益和经济效益统一的"双效产品"。

三、当下影印图书存在的问题和对策

近几年，随着更多出版社和文化公司的加入，影印书市场出现"井喷式"发展。从选题内容和数量上看，目前古籍影印出版可谓百花齐放，一线学者争相参与，一些学界急需的重要古籍，正以影印丛书的方式呈现出来，与古籍保护和古籍数字化相辅相成，推动了学术的发展。但是，繁荣的背后也存在一些隐忧。当前，一些非专业古籍出版社和文化公司看中了古籍影印出版的"蛋糕"，跑马圈地，竞相争抢。从弘扬传统文化的角度来看，这是一件好事，从侧面反映出传统文化热的实际状况。但是，在具体的项目看来，却并不能尽如人意。大致说来，主要存在以下两方面问题：

1. 选题重复混乱，跟风钞袭严重

选题是古籍影印丛书的灵魂。一个好的选题必须站在学术前沿，对相关重要古籍文献进行整理、编辑而形成的。这需要策划者既熟悉相关专业的学术动态和研究热点，又要清楚所需文献的收藏情况，此外极其重要的一点，就是还要了解同类图书的出版情况，避免重复。据笔者不完全统计，新中国成立以来影印出版的古籍丛书已超过500种，子目数量在6万种左右。这意味影印古籍的选题需要认真查核，尽量避免重复。在实际工作中，可以借助吴格教授编《四库系列丛书目录索引》、笔者编《新中国古籍影印丛书总目》以及国家图书馆出版社推出的"中国古籍影印丛书查询数据库"等工具做好查重工作，完全可以避免重复出版问题。

2. 底本来源不正，印刷质量较差

图书质量是出版的良心。选取最佳的底本，高清扫描或拍摄，是做好古籍影印的前提。如果仅仅靠网络上的古籍文献资源，将只够阅读水平的电子资源进行整合，"拿来"就印，往往会出现文字笔画不清、缺页漏卷的情况。这样的古籍影印出版，搅乱了古籍市场，影响着古籍影印的总体质量。正如许逸民先生所说："这种体例驳杂的影印本，既不可能成为保存古籍版本提供更多的助益，也不可能为学术研究形成羽翼，其混乱与低劣只会消解新版古籍影印本的学术品味，延缓古籍整理出版走向标准化、网络化的前进步伐。"①

（二）解决问题的对策

一是提高出版水平。无论是哪家出版社，都应该坚持把传承传统文化、做好良心图书作为从业之本。应特别重视古籍影

---

① 许逸民：《古籍影印出版的规范问题》，《古籍整理释例》（增订本），中华书局2014年版，第311—312页。

印人才队伍建设，重视对编辑素养和文化情怀的培养。要做好市场调研、了解读者需求，沟通收藏、学界和出版三方，借助专家力量，善用工具书，做好选题的策划工作。即使与地方政府合作的选题，也要请相关专家学者参与论证决策，把控质量。

二是制定影印图书标准。古籍办应当尽快参照相关出版标准，结合影印工作实践，在选题策划、底本扫描、修图制版、印刷装订、质量检测等方面统一规范，出台古籍影印行业标准。这方面，已经有前辈学者做了一些探索，如许逸民先生的《古籍影印释例》①，可供参考。

影印传布古籍是一项宏伟的事业，如果仅仅追逐经济利益，不能择善本，印清楚，则是令人遗憾的巨大浪费。希望出版人都能够承担应有的历史责任，从源头把关，出版出更多良心古籍、放心古籍，为传承和弘扬中华优秀传统文化做出更大的贡献。一位同行深有体会地总结道："影印古籍并不是一件容易的事，需要出版机构用心去经营。随着国家公共文化服务体系建设的发展，未来的影印古籍出版市场，将会有更多的出版机构加入，各方在选题内容、品牌特色、海外出版资源、编辑人才队伍、宣传营销等方面展开激烈竞争，这将会促进影印古籍出版的发展，也为学术的发展提供越来越丰富的资源。"②

四、余论：影印理念的发展——修还是不修？

从近代影印技术产生以来，工作理念在不同时期有着不同

---

① 许逸民：《古籍整理释例》（增订本），中华书局2014年版，第101页。

② 陈其伟：《影印古籍，看似简单还真不简单——〈时事画报〉编辑手记》，《出版参考》2016年第2期，第49页。

的变化。20世纪80年代以前，描润作为一个必要的步骤，影响着影印出版。张元济先生先后有《记百衲本二十四史影印描润始末》《修润古书程序》《修润要则》《填粉程序》等专文，影响了几代古籍影印出版工作者。黄永年在《古籍整理概论》一书也有专节论及描润。许逸民先生认为："我们现在所提倡的描润只要剔除溢墨、搭痕、双影、黑眼就可以了，无须描涂文字笔画，以免不必要的误认成错。"① 以上几位先生的总体意见，还是要做适当的描润。描润与传真，其实是一对矛盾。比勘发现，描润是造成影印图书出现错误失去真面目的一条重要原因，黄永年先生的论述中已经有例证，不再赘述。原国家图书馆出版社总编辑徐蜀先生在《古籍影印的理念与实践》一文阐述了另外一种观点，他认为应该尽量少地人为干预，尤其是现在电脑和相机技术发展很快，"有些操作者为了弥补过度去灰而造成的文字缺损，会用软件的'画笔'进行修补，由于计算机的操作者多数不懂古籍，描修错误也就在所难免了"，进而提出："时代较早的善本古籍，应尽可能按照古籍的现存状态，彩色仿真印制；再下一等，也可以采用灰度图的方式，其保存信息的效果也很不错，一定不要做出'黑纸白字'的所谓仿真影印。"② 经过数年的影印图书编辑切身体会，从发展的眼光看，我个人比较认同徐蜀先生的观点，应该尽量少地干预底本，不影响阅读的，尽量不"修"，普通学术资料保留真灰印制，仿真类原色彩印，这样才真正达到了传本扬学的目的。

---

① 许逸民：《古籍影印出版的规范问题》，《古籍整理释例》（增订本），中华书局2014年版，第319页。
② 全国古籍整理出版规划领导小组办公室：《古籍影印出版丛谈》，天津古籍出版社2006年版，第42—43页。

当然，在我们编辑工作中，也经常有读者质疑"灰度影印"，很多读者看习惯了白纸黑字的图书，见到灰度印刷的图书，第一反应是——丑、脏、差。一些专家学者往往对此也不理解，如曹凤祥先生在文章中指出："我翻阅一些影印的古籍后发现他们扫描古籍的图像有些带着底色，有浓浓的阴影。经过研究发现，出现这种情况的原因与古籍纸张颜色深浅不一样，也和古籍年代久远有关，和有关专家探讨认为，也离不开影印技术问题。通过了解后，我才知道影印人员和编辑采用灰度扫描古籍纸页之后，再把扫描的古籍纸页转为黑白图像，这时，图像往往带着底色和浓浓的阴影。"① 归根结底，这也是多数人无法见到原书造成的误会，善本古籍流传至今，千百年风霜，缺页、污损比较常见，模糊邋遢也不足为奇。但普通读者见不到原书，即便看过展览，展示的也一般是品相较好的书页。于是，人们会认为这是出版社印刷质量不高导致。退底色反白影印确实干干净净，但是其中丢失的元素，读者更是难以想象。保留灰底的好处至少有：第一，书品不好的叶子和缺笔断画的字迹能够完整呈现，比较容易辨认出来，相反，褪底之后，有些字画就没有了，完全无法辨认。第二，书籍流传过程中的历史痕迹（包括纸张纤维、印章、批校符号、污渍、损坏、修复痕迹）能够基本保留，能够看到原书更多的信息；相反，褪底之后一些颜色较淡的印章模糊不清，句读点画基本消失殆尽。其实，这样的误会和不理解，通过黑白影印和灰度影印同一页书的不同图片，即可涣然冰释。最后奉上两张对比图片，灰度的优势是不是更明显呢！

---

① 曹凤祥：《我国古籍影印出版突出问题的研究和对策》，《出版参考》2015年6月下，第11页。

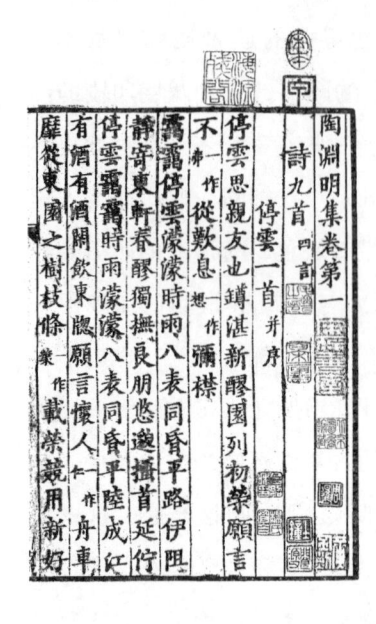

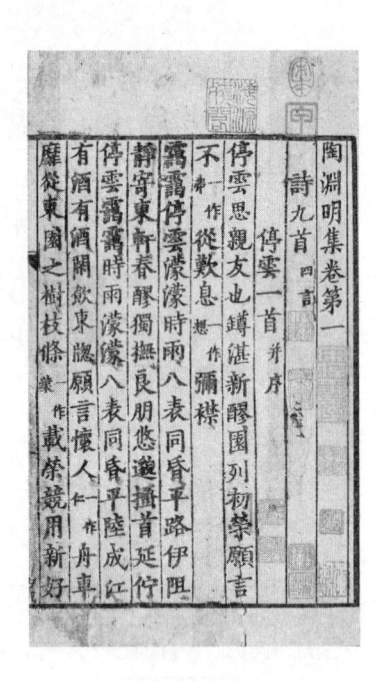

宋刻陶渊明集（位图）　　　　宋刻陶渊明集（灰度图）

（原载《中国出版史研究》2018 年第 1 期）

论郑振铎对戏曲文献整理出版的贡献

郑振铎（1898—1958）是我国现代著名的作家、学者、评论家、翻译家、收藏家，对我国文化学术事业做出了多方面的重大贡献。同时，他是一位贡献非常突出的编辑出版家，十年商务印书馆的编辑生涯，奠定了他对图书出版的热爱、熟练、关注和支持。他策划主持的《古本戏曲丛刊》《清人杂剧》等大型丛书，影响甚巨，沾溉学林数十年。朱伟明《郑振铎与20世纪戏曲研究格局的形成》、苗怀明《中国文化界最值得尊敬的人——论郑振铎和他的戏曲研究》、李占鹏《论郑振铎戏曲典籍整理的学术成就与文献价值》、余蕙静《郑振铎戏剧论著与活动述评》等文章和撰著，对郑振铎对戏曲文献整理和研究方面做了不同程度的考察。今年是郑振铎先生诞辰120周年，又是其逝世60周年，为了表达对他的敬仰之情，本文在参考此前学者研究成果基础上，以《郑振铎日记》《郑振铎年谱》等为基本资料线索，从郑振铎戏曲文献的收藏和目录索引编纂、戏曲理论的建构、戏曲文献整理出版实践、深远影响四个方面，简要论述郑振铎对我国戏曲文献整理出版做出的贡献。借此总结其相关选题策划的规律，把握戏曲文献整理出版的方向，为进一步研究郑振铎的出版理论和我国戏曲文献整理思路提供有益参考。

一、戏曲文献的收藏和目录索引编纂

郑振铎是一位藏书家，节衣缩食，购藏中外典籍一万五千

多种，十余万册，这其中，有古籍7740种①，戏曲类文献是极为重要的特色，也占据着相当的比重。郑振铎的戏曲研究和文献整理，始终与其戏曲文献收藏相随相伴。正如苗怀明先生所言："其戏曲研究也往往可以看作是其戏曲文献搜集、整理工作的一种生动记录。戏曲文献新发现对戏曲研究的积极推动作用，在其文章中较为鲜明地体现了出来。"② 1921年5月，郑振铎进入商务印书馆，这大概也是他藏书、编书生涯的开始。在戏曲文献收藏方面，郑振铎有几个明显的特点。首先他非常熟悉戏曲文献，嗅觉敏感，精于鉴定，先后通过访查、购买收藏了不少稀见戏曲珍本。如1926年4月27日，《王伯祥日记》载："……渠（郑振铎）又新购明刻传奇二种，予与圣陶观之皆叹赏云。"（251）1931年11月13日，朱自清日记载：铎出示《还魂记》《牡丹亭》及《琵琶记》佳本。（475）11月19日，郑振铎举办《西厢记》展览会，展出《西厢记》珍贵版本27种（476）。1933年5月10日，到四马路某书店查资料，于来青阁见到一书单，知在苏州有新出现的传奇与杂剧。次日赶到苏州，发现与购得百十种传奇和杂剧的钞本，兴奋异常。12日王伯祥日记也记载了此事："振铎昨日未到馆，今晨特来予舍，告予昨日到苏仓街张氏购得钞本传奇杂剧百种，多未刻及失传之本，甚矜喜。费金八百，雨中往来甚辛苦，彼真有勇矣，宜其独得佳书也！"（431）1937年4月某日早晨，他从某书肆（主人汪氏）处得到八册《邹式金杂剧新编》，极为兴奋，"发现了这部明末遗民们的悲愤的作品，这

---

① 此数据据北京图书馆编《西谛书目》，北京图书馆出版社2004年影印本。

② 苗怀明：《中国文化界最值得尊敬的人——论郑振铎和他的戏曲研究》，《中国政法大学学报》2011年第6期，第79页。

部包含近四十种明清之际的杂剧集子。这是文学史上的一个重要的发现，戏曲史上的几篇新页的补充。""这部《新编》的发现，其意义较之《盛明杂剧》初、二集的出现，更为重大。"（662）1943年2月24日，他到来薰阁，遇到朱遂翔，彼云，在徽州，有明刻本《珍珠记》及《樱桃记》出现。嘱其设法。森玉云："此二传奇予皆未有……高文举《珍珠记》，北平图书馆有文林格刊本，恐人间无第二刊本也。"（887）3月29日，又至来薰阁，见李卓吾评《西厢记》，首有图，颇佳，即拟购之（899）。5月30日，赴传新。先取《绣襦记》四本归。灯下，细阅《绣襦记》。一月间，既得《千金记》，复获此书，诚是奇缘也（918）。等等。

其次，借钞是他收藏戏曲秘本文献的重要方式。1930年8月中旬，他与赵万里去宁波，住在马廉家。他先是钞录了马廉所藏有关小说戏曲史料，又于冯梦颙处钞得姚梅伯《今乐府选》全目。后于孙祥熊处见到明钞本《玉簪记》《录鬼簿》等，便与赵万里、马廉三个人一起，连夜钞录《录鬼簿》一遍（439-441）。他从涵芬楼刊印的《奢摩他室曲丛》全本过录十一卷本《盛世新声》和十卷本的《词林摘艳》，后来涵芬楼藏书化为灰烬，他过录的这两部曲选成为不可多得的秘籍珍本。后来，他获睹福州龚氏大通楼所藏《万花集》二卷的《盛世新声》残本，即不惜整日之力过录，使《盛世新声》最终成为完璧。

郑振铎在收藏和研究戏曲文献的过程中，非常重视戏曲文献索引和目录的编制，为我们留下了丰富的戏曲目录史料。如1926年12月5日，他在《文学周报》第253期发表《缀白裘索引》；12日，在第254期上续载《缀白裘索引》完毕（273），为研究中国戏曲的人提供了方便。1930年1—4月，他一直撰写发表《元曲叙录》。1933年5月，所编《清人杂剧初集》影印出版，为"西谛所刊杂剧传奇第一种"，收入9家40种。书末附有《西谛影印元明清本散曲目录》《西谛所印杂剧传奇目录》。《脉望馆钞校本古今杂剧》长篇跋文，罗列了缺失的101种剧目，还将242种所存目录也不厌其烦地记录下来。又如上文提到的，他还在姚梅伯"今乐府选"分散之前，钞录了其全目并发表，于我们今天配齐现存的《复庄今乐府》，是个绝佳的指引。另外，《元曲叙录》也值得格外注意。叙录在《小说月报》杂志连载，共著录了近69部元代杂剧。郑振铎一改以往的著录方式，除介绍作者、版本等基本情况外，还以折、楔子为单位，增加剧情、登场人物、宫调、题目及正名等著录项，为读者提供更为丰富、详细的信息。

据资料显示，郑振铎编制有《元明以来杂剧总录》一书。该书分杂剧总集及杂剧选、元代杂剧（上、下）、明代杂剧和清代杂剧五卷。在编排上，以"作者为纲，体别为纬；先及杂剧，后著戏文及地方戏"。每个剧目著录项包括剧名、作者、版本、剧情梗概、存佚，并摘录相关的序跋凡例及资料。此书还对王国维的《曲录》进行订补："于《曲录》所误，必一一为之辩正，亦并采入中敏先生之说。"① 1934年12月16日，他在《文学季刊》第一卷第4期上发表《元明以来杂剧总录》部分文字。但令人遗憾的是，其他部分一直没有公开，不知道尚存人间否。

最值得一提的，是郑振铎还亲自编制刻印了两部自藏戏曲专题目录——《西谛所藏善本戏曲目录》和《西谛所藏散曲目录》。郑振铎的戏曲文献收藏，以1939年为节点，可以分为

---

① 郑振铎：《元明以来杂剧总录》序，《郑振铎古典文学论文集》，上海：上海古籍出版社1984年版，第925—927页。

两个时期。1939年秋末，因生活困难和兵燹频仍，他忍痛将历年所藏善本戏曲一部分让归北平图书馆。分两次出让，计84种262册①。而在此之前，他亲自编纂的这两部专题目录就有了非常重要的文献价值。1937年8月24日，他为所编《西谛所藏善本戏曲目录》作跋。这个目录内容包含杂剧、传奇、戏曲、曲谱、曲话曲目。除了著录刘龙田本《西厢记》、玩虎轩本《琵琶记》等珍本秘籍，从徽州、苏州、扬州、浙东等地流传到上海的杂剧传奇中的精华，十之六七都归了郑振铎，而其中版式精美、插画精致的明刻本，也是这部目录罗列的重点。该目由郑振铎手写后木刻，线装1册，自印本，只印了红印蓝印各20册（674）。此目后见收于《中国著名藏书家书目汇刊》第39册。同年8月31日，他为所编《西谛所藏散曲目录》作跋。该目录也是手写木刻，线装一册，有自印本，另有打印本，是我们了解西谛前期所藏散曲的直接资料（676）。

郑振铎罹难后，藏书捐给北京图书馆。北图所编《西谛书目》（1963年文物出版社出版，2004年北京图书馆出版社影印）是郑振铎藏古籍的较为完整的目录，其中著录戏曲文献667种，如果加上1939年转让给北京图书馆的84种，总数至少在751种。这些文献奠定了国家图书馆戏曲文献收藏的坚实基础。

二、戏曲理论和戏曲史的建构

郑振铎利用自己的收藏和其他能够借阅、过眼的公私所藏戏曲文献，很早就开始了对戏曲的批评研究，并逐步形成了自己的理论，建构了比较完备的戏曲史框架。他对戏曲理论的探

---

① 见《北平图书馆入藏郑振铎所藏善本戏曲书籍》，《燕京学报》第27期（1940年6月），第737页。

索，建立在对具体每部戏曲深入研读校勘的基础之上，大致可以分为以下几个方面：

第一，视野广阔，关注海内外的戏曲收藏，着力在相应的期刊报纸上推介重要和稀见的戏曲文献，令大量戏曲作品进入学界关注的范畴。1923年4月10日，他发表读书杂记《中国戏曲集》（138）。1925年1月10日在《小说月报》十六卷一号发表《文学大纲》第15章《中国戏曲的第一期》（195），1926年3月10日，在《小说月报》十七卷三期发表《文学大纲》第25章《中国戏曲的第二期》（244）。1925年8月9日，在《文学周报》第185期上发表《叙拳乱的两部传奇》，评论了林琴南的《蜀鹃啼》和陈季衡的《武陵春》，后收入《中国文学论集》（1934年3月开明书店）。1984上海古籍《郑振铎古典文学论文集》改题《叙义和团事变的两部传奇》（218）。1927年6月，他主编的《小说月报》第17卷号外《中国文学研究》上下两册由商务印书馆出版，发表《中国戏曲的选本》等。关于这个号外，郑振铎后来总结：“第一个《中国文学研究专号》成就相当的好。最重要的是，把小说、戏曲、弹词、宝卷等那些向来被视为'不登大雅之堂'的民间文学，抬出来和周秦诸子，两汉文章，唐诗、宋词，同样的作为研究的对象。"（305）其中《中国戏曲的选本》一文，论述"选录一部戏曲的完整一出或一出以上至书本"，分为两类：一类是专供唱曲者之用的，注出音谱，审订周详，俾于学者可以按谱而唱；一类则不注音谱，不仅供伶工或"票友"之用，且是给一般人以戏曲的精华，而使之尝一鼎脔的。他指出，这些选本，在中国戏曲研究上是有很大的价值的，对于一般读者也有好处。第一，他们保存了戏剧研究的重要原料；第二，在实际演唱方面，有极大的影响；第三，即抛开专门的研究来说，对于一般读者,也有好处。中国戏曲结构太相同,毫无变化。在选本,则把精华的地方选取出来,不觉的使我们精神为之一振(306)。这里出了推介了16种戏曲选本,还提出了"戏曲选本"的概念,对此后的戏曲选本研究和出版选题,都有着直接的影响,下文将有详述。除了推介自己收藏和国内戏曲文献,郑振铎还利用到欧洲的机会,阅读了巴黎国家图书馆几乎全部的小说戏曲,白天阅读,晚上撰稿,夜以继日,写成长文《巴黎国家图书馆中之中国小说与戏曲》,最后署8月15日,发表于11月10日《小说月报》第18卷第11期(318)。对于这篇文字,郑振铎很有自信,在8月12日日记中写道:"续写《巴黎国家图书馆中的中国小说与戏曲》一文,至午夜一时方毕,总算将五十天以来在巴黎所孜孜搜读的东西,作一个结束,作一个报告。其中颇有些重要的材料在内,虽然文章写得质朴无华,而其内容则甚可注意。预料发表后,当可引起许多人的研究与讨论。"确实如他预期,文章一经发表,即引起了戏曲研究学界的广泛关注。1933年5月18日,他作《钞本百种传奇的发现》,说道:"(这)百十种的传奇与杂剧的钞本是并不易得的。其中有许多从来不曾有过刻本。有的连名目也是初次见到。更可喜者,沈璟之作有三种,汪廷讷之作有二种,朱素臣之作有五种,张大复之作有三种,毕万侯、朱佐朝之作各有二种……是诚大可惊奇的发现!"文章后发表于6月15日《编辑者》第1期。

第二,注重对戏曲作品的题跋工作,通过提要勾选,揭示相关戏曲的内容和价值。对戏曲作品进行题跋,在其日记、年谱中尚有零星记录:1933年9月27日,在天津《大公报·文艺副刊》发表《跋传奇十种》(505)。10月14日,在天津《大公报·文艺副刊》发表《跋重刻元本题评音释西厢记》

(509)。1937年5月13日,作《邹式金杂剧新编跋》,后发表于5月24日《国立暨南大学图书馆馆报》第2期(662)。1943年6月10日,以"纫秋馆主"为王鑨《秋虎丘传奇》作跋(921)。12月10日,为所藏《李卓吾先生批评绣襦记传奇》题跋,此书今藏台湾"国家图书馆"(944)。1945年5月13日,以"纫秋"化名为所藏明刊《玉茗堂批评异梦记》作题跋二则(992)。8月15日,化名为《清晖阁批点玉茗堂还魂记》题跋;为《精选点板昆调十部集乐府先春》《东郭记》《新刻找状元三错认红梨记》等题跋(1004)等等。现在我们能够看到的,对郑振铎题跋收集最全的是吴晓铃整理的《西谛书跋》(文物出版社1998年版)。在该书中,杂剧传奇列为单独的第七卷,收录120篇题跋,涵盖了杂剧总集、杂剧别集、传奇总集、传奇别集、曲律、曲谱、曲目等种类,此外,在第六卷还有《刘知远传诸宫调》等三种诸宫调的跋文。这些跋文,短则数十字,略述作者情况、图书品相或购藏经历等,要言不烦;长则三万多字,如《跋脉望馆钞校本古今杂剧》,详叙了他搜求这部稀世珍籍艰曲折辛的过程,并且列出该书先后缺失的101种剧目,还将242种存世杂剧的总目录不厌其烦地过录,与《元刊杂剧三十种》《元曲选》《古名家杂剧》等书的目录比勘,让这套书独有的剧作一目了然。

  第三,重视对关键节点、重要作家、重点戏文体裁的持续关注和深入研究,形成一系列重要成果。1927年11月到12月,他在大英博物馆先后读了99种元曲,期间除了之作剧作家人名索引,最重要的就是撰成了《论北剧的楔子》一文。1928年1月1日,他誊完了论文。文后附言说:"本文匆匆写成,且在这里找参考书极难。有一部分应行加入的材料,因此也只好暂缺了。本文只能算是一种'初稿'。"后来此文发表于水火《留英学报》第 2 期（334）。这当然是他的自谦之语。1931 年 6 月 11 日，他写完长篇论文《宋金元诸宫调考》，后发表于 7 月燕京大学国文学会《文学年报》创刊号。他在附记中说："本文的草成，为力颇勚。文中各表，皆不是几天工夫所能写就的。诸宫调的研究，除王国维氏引其端外，今代尚未有他人着手。本文或足为后来研究者的一个比较有用的参考物罢。"（466）1935 年 10 月 15 日徐兆玮日记高度评价道："至中新书局，购郑振铎《痀偻集》二册。郑氏长于考证传奇小说，如《西厢记》《金瓶梅词话》《西游记》诸篇，皆精心结撰之作。《宋元明诸宫调考》更详备，可补王国维《宋元戏曲史》所未备。"（615）郑振铎除了为剧作家们做索引，还对关汉卿这样的大家进行了持续的关注和研究，成果丰硕。早在 1929 年 1 月 10 日，他在《小说月报》第 20 卷第 1 期就发表了《关汉卿绯衣梦的发见》。到 1958 年 2 月 24 日，他开始撰写《关汉卿》，后发表于 3 月 31 日《戏剧报》第 6 期上，又作为 4 月中国戏剧出版社出版的《关汉卿戏曲集》的代序（2041）。5 月 4 日，写《纪念关汉卿》。6—10 日，撰写《论关汉卿的戏曲》（2062）。21 日，写《人民的戏曲家关汉卿》（2074）。25 日，在《文学研究》第 2 期发表《论关汉卿的杂剧》（2075）。28 日，故宫参加关汉卿展览会开幕，作《中国人民的戏剧家关汉卿》的报告（2076）。据陈福康先生揭示，在郑振铎存世的手稿中，尚有《关汉卿，中国十三世纪的一个伟大戏曲家》《纪念中国元代大戏曲家关汉卿》《中国伟大的戏曲家关汉卿》《关汉卿传略》[①] 等等。由此可见，郑振铎围绕 1958 年的关汉卿展览会，写了一系列的文章，来研究和

---

① 陈福康著：《郑振铎年谱》（修订本），上海：上海外语教育出版社 2017 年版，第 2269 页。

纪念这位伟大的戏曲家。

第四，利用系统讲学、撰写文学史等机会，形成比较完整的戏曲史框架。郑振铎有意识地积累戏曲史材料，当始于1928年初。在其《残存的海外日记》中可以见到零星的明确文字记载："一月二十五日……夜，剪贴戏曲史材料。一月二十六日……夜，剪贴戏曲史材料。一月二十七日，全日在家剪贴戏曲史材料。"① 从单篇的论文，到《中国文学研究》专号第三卷的"戏曲研究"，再到对元代戏剧的集中研究和《文学大纲》中的专门章节，郑振铎的戏曲史架构初具雏形。到1932年，他撰写出版了《插图本中国文学史》，其中关于戏曲的部分，占了相当的比重。在中卷的专章有：第三十八章：鼓子词与诸宫调；第四十章：戏文的起来；第四十六章：杂剧的鼎盛；第四十七章：戏文的进展；第四十九章：散曲作家们；第五十二章：明初的戏曲作家们；第五十三章：散曲的进展。在下卷有：第五十七章：昆腔的起来；第五十八章：沈璟与汤显祖；第五十九章：南杂剧的出现；第六十三章：乾隆后的散曲作家们；第六十四章：阮大铖与李玉。除了专章文字论述，还附有40多幅珍贵的戏曲插图，对中国戏曲的发展演进轨迹进行了系统的描述，还对戏曲发展过程中存在的一些问题和现象比如中国戏曲为何产生最晚，戏文、杂剧的起源，中国戏曲与印度戏曲的渊源关系等进行了探讨，并提出自己的看法。如果将这些内容抽出，无论从结构还是体量，都堪称一部比较完备的"中国戏曲史"了。又，国家图书馆所藏郑振铎手稿中，有一部267页的稿子，存第一至三、五至六章共计五章，原稿

---

① 郑振铎著，陈福康整理：《郑振铎日记》，北京：商务印书馆2018年版，第107页。

没有标题，但根据内容，基本可以确定为《中国戏曲史》①，这部手稿的具体情况，有待进一步地研究。1956年12月12日，郑振铎在日记提到了《戏曲史》的出版问题，"二时许，哲民来，将《桂公塘》等交给他。细算一下，要编出来的旧作，已有十一种。如连同《戏曲史》等，则共有十五六种了。"（1885）这也是其确实撰有《戏曲史》的一则明证吧。

郑振铎撰写《中国戏曲史》还有其实际的讲义作用。1938年11月5日，中法剧艺学校成立，郑振铎担任主讲中国戏剧史（后来赵景深代课）（714）。1952年8月26日，在中央文学研究所讲授中国文学史第七讲《戏文、杂剧与小说》（1552）；9月2日，为中央文学研究所讲授中国文学史第八讲《明代的小说与戏曲》，后收入《古典文学论文集》（1553）。9月9日，在中央文学研究所讲授中国文学史第九讲《桃花扇和红楼梦》（1555）。私以为，这些讲课的活动，应该也是促使他将戏曲史从中国文学史中独立出来的一个原因。令人惋惜的是，他的突然离世，让我们无法见到郑振铎版完整的《中国戏曲史》。

三、戏曲文献整理出版实践

经郑振铎系统整理出版戏曲文献，既有重要剧作或剧目的单行本，也有大型的丛书。无论大小，皆因其重要性而被郑振铎慧眼识珠。他多方访求，积极出版刊布，主要是出于保存古代戏曲、为研究者提供方便的实际需要。这里我们按照编纂出版时间，罗列于下，略作介绍。

---

① 陈福康著：《郑振铎年谱》（修订本），上海：上海外语教育出版社2017年版，第2269页。

（一）《新编南九宫词》

1930年3月，郑振铎自费影印了明万历初年毗陵蒋孝三径草堂本《新编南九宫词》，该书作为"西谛景印元明本散曲"之一由北京大学出版组印行，其实际出版时间是当年5月以后（394）。

（二）《清人杂剧初集》《二集》

郑振铎编纂刊行《清人杂剧初集》《二集》，其日记、年谱等有很详细的记载：1930年12月18日，郑振铎为石韫玉《花间九奏杂剧》九种作跋，认为："以烧毁淫词小说之卫道士，而写杂剧，殊是异事……九作之中，惟《桃源渔父》《梅妃作赋》二剧，题材略见超脱，曲白间有隽语。其他胥落庸腐，无生动之意。"后载入《清人杂剧初集》第9册。次日，为张韬《续四声猿杂剧》四种作跋，后载入《清人杂剧初集》第6册。为严廷中《秋声谱杂剧》三种作跋，后载《清人杂剧初集》第10册（411）。12月，为所编《清人杂剧初集》作《例言》，再《清人杂剧初集》第一册卷首（413）。1931年1月18日，为清代桂馥《后四声猿杂剧》四种作跋品评，后载《清人杂剧初集》第7册。1月20日，为清代嵇永仁《续离骚杂剧》四种作跋，后载《清人杂剧初集》第2册。25日，又为清代裘琏《鸣翠湖亭四韵事杂剧》四种作跋，后载《清人杂剧初集》第5册；为《桃花吟杂剧》一种作跋，后载《清人杂剧初集》第8册（421）。1月30日，为清代曹锡黼《四色石杂剧》四种作跋，后载《清人杂剧初集》第8册（422）。2月10日，为清代尤侗《读离骚》等杂剧五种作跋，载《清人杂剧初集》第4册（423）。2月28日，为吴伟业《临春阁》《通天台》杂剧二种作跋，载《清人杂剧初集》第1册（425）。3月23日，为所编《清人杂剧初集》作跋，后载《清人杂剧初集》第10册末(427)。到1931年1月25日,他为所编《清人杂剧初集》作《序言》,指出:"盖六七百年来,杂剧一体,屡经蜕变。若由蚕而蛹而蛾,已造其极,弗复能化。同、光一期,杂剧成蛾将僵之时也。然僵而未死,间有生意。韵珊凌波,窈窕多姿……是杂剧之于清季,实亡而未亡也……操作虽猍,汇辑莫闻……十余年来,所聚清剧,不期乃逾二百数十本。于王氏《曲录》所载,已增三倍(《曲录》载清人杂剧仅八十四本)。因思论次结集,步晋叔、林宗后尘。所愧为力微薄,未能全刊。爰先以六之一为初集,俾流布焉。"将编纂《清人杂剧》的缘起、构想、进度等详细道出。5月,《初集》正式影印出版,为"西谛所刊杂剧传奇第一种",收吴伟业、嵇永仁、尤侗、裘琏、张韬、桂馥、曹锡黼、石韫玉、严廷中诸家杂剧共40种。初集告罄,二集即开始了具体工作。1931年7月29日,吴梅为郑振铎所编《清人杂剧二集》作序。1934年5月22日,郑振铎为所编《清人杂剧二集》作《题记》。该书共收杂剧40种,编印历时三年,艰苦备尝(541)。9月,《清人杂剧二集》影印成书,收13家40种,由吴梅作序,容庚题签(564—565)。本年11月23日《吴梅日记》评价该书云:"午间冀野来,携郑西谛《清剧二集》,有余一序,尚佳……此书确有可传之处。惜卷首西谛题记,文理欠通,他日当劝其重作。"(618)

《清人杂剧》的编纂影印原则,是对所收的作品一律照古刊本或钞本影印,原刊本中的序、跋、题词及评释文字均不加删削,力求保持原书原貌,为后人研究清代杂剧提供尽可能完备的资料。初集前有编者的序言,阐述中国金元以来杂剧发展的状况,尤其是对清代杂剧发展的分期,见解独到;如上所言,郑振铎为所选每一作家的作品均作了跋语,考索作家生平事迹及评议作品内容等。二集前的编者《题记》也对本集的作家作品作了简要介绍。可谓体例完备,考证严谨。按照二集书后《预告》介绍,原计划出版五集,选收作品 320 种,其中初集、二集、三集各收 40 种,四集、五集各收 100 种,同时还刊印元明杂剧初集 20 种。当然,由于条件的限制,只出版了两集。但这是开汇辑清人杂剧之先河的工作,对研究清代戏曲具有很大的推动作用。直到现在,此书仍是研究清代戏曲的必备书目。

(三)《博笑记》《修文记》

《博笑记》,明沈璟撰。沈璟历经嘉靖、隆庆、万历三朝,是明代万历剧坛上的一位重要作家。《博笑记》是其创作生涯中的最后一部作品,是一部凝聚作者艺术思考与艺术探索的集成之作,同时也体现了明代传奇、明代喜剧发展中的某些特点与趋势。该局共 28 出,由 10 个独立的戏剧组成,取材于当时市井的传闻异事。每剧二至四出,采用时调〔打枣竿〕一曲多次重复,以加强滑稽效果。剧作主旨在惩恶扬善,宣扬封建道德,人物描写单薄,情节简单,类似活报剧。《修文记》明屠隆撰。又名《仙子修文记》,48 出,是屠隆为其爱女湘灵撰写的追忆之作,写湘灵学道成仙,封"修文仙史",在她劝导下,一家潜心修道,共占仙班事。《磨忠记》,明范世彦撰。世彦字君澄,号闇甫,明末清初戏曲作家。该剧主要描写魏忠贤擅权专政的黑暗统治,通过魏忠贤之口,罗列了一个数量庞大的被陷害的忠臣名单:杨涟、魏大中、周顺昌、左光斗等等,批判了奸臣的罪恶。

据《年谱》载,1931 年 3 月 2 日,王伯祥来信,请郑振铎速作《修文记》《博笑记》影印序言并开示材料(459)。4月 3 日,郑振铎为明传奇《博笑记》作跋;4 日,为《修文记》作跋（462）。10月14日，上海《申报·本埠新闻》载《传真社之组织》："文学家郑振铎、陈乃乾等……专以选印三百年来绝无仅有未经翻刻之孤本为职志。不拘部类，每种暂印一百部为限。第一次出品为影印明刻绘图传奇三种（第一种为屠隆之《修文记》，第二种为范世彦之《磨忠记》，第三种为沈词隐之《博笑记》）。"（473）但《磨忠记》未见出版，后被收入《古本戏曲丛刊》二集中。

（四）《录鬼簿》

《录鬼簿》，元钟嗣成撰，两卷，记述了152位杂剧及散曲作家，大略以年代先后排列，著录剧目400多种。有生平简录、作品目录，甚至还带有自己思想痕迹的简评。1946年10月28日，郑振铎为购藏明钞本《录鬼簿》作跋，认为是"研究元明间文学史最重要之未发现史料"（1108）。影印《录鬼簿》，先后由两次，1938年，北大出版组影照石印出版郑振铎与、赵万里、马廉三人与1931年8月手录的明钞本《录鬼簿》（718）。1955年10月17日，王利器为人民文学出版社向郑振铎借去所藏明钞本《录鬼簿》（1781）。但此次并未出版，而是到1960年，才由中华书局影印出版。

（五）《孤本元明杂剧》

关于《脉望馆藏元明杂剧》的抢救情况，已有学者专文讨论，此不赘述。郑振铎对这批资料极为看重，他在《劫中得书记·新序》说："这个收获，不下于内阁大库的打开，不下于安阳甲骨文字的出现，不下于敦煌千佛洞钞本的发现。"由于时局混乱等外界原因，这批杂剧在商务印书馆的出版也颇费周折。先是说服教育部同意影印，但后来商务印书馆又改变了出版方式，1938年5月4日，张元济致信王云五，谈到"借印也是园元明杂剧，已向郑君振铎处领到半部。弟检查一过,恐只能排印。因原书校订之处甚为复杂,且行款尤为参差,钞笔亦欠工整,石印殊属不宜……"(730)郑振铎则就此事与张元济反复沟通。商务印书馆新出的《校订元明杂剧事往来信札》,收录上海图书馆所藏与《元明杂剧》出版事宜相关的信函档案,其中有先期郑振铎与张元济就影印出版《杂剧》事宜、契约等进行沟通的信札16通,现将目录钞录如下:1938年6月22日《郑振铎为购买摄印钞录出版也是园旧藏元明杂剧事致张元济函》、6月24日《郑振铎为再次申述摄印钞录出版也是园旧藏元明杂剧事致张元济函》、7月1日《郑振铎为摄照留存也是园旧藏元明杂剧事致张元济函》、7月2日《张元济为影印出版也是园旧藏元明杂剧事覆郑振铎函》、11月3日《郑振铎为由商务印书馆承印也是园旧藏元明杂剧已获教育部同意事致张元济函》、11月4日《张元济为商办影印也是园旧藏元明杂剧事覆郑振铎函》、12月27日《张元济为驻港办事处王云五允为承办影印也是园旧藏元明杂剧及应否订立正式契约事致郑振铎函》;1939年1月3日《郑振铎为出版权授与契约及录呈元明杂剧目录事致张元济函》、1月24日《张元济为影印元明杂剧契约及全目事致郑振铎函(录副)》、1月30日《郑振铎为拟签订契约并奉上元明杂剧全目及论刊印等事覆张元济函(录副)》、2月17日《教育部为洽办影印也是园旧藏元明杂剧契约补充意见事致郑振铎公函(录副)》、3月10日《张元济钞寄教育部原函并拟遣员商定移交元明杂剧全书等事致郑振铎函(录副)》、3月22日《商务印书馆总管理处驻沪办事处录呈遵办影印也是园旧藏元明杂剧契约补充意见覆教育部录副函事致郑振铎函(录副)》、6月21日《郑振铎为印行也是园旧藏元明杂剧应竭力保全原书面目事致张元济函》、6月26日《张元济为本月廿一日来函所论各项校勘问题事覆郑振铎函》；9月3日《郑振铎为契约寄渝候覆事致张元济函》。通过往返信件的沟通，郑振铎并没有说服商务印书馆，最终商务决定选出144种排印，请王季烈等负责校勘。对于此事，1940年9月15日《王伯祥日记》也提出了自己的看法："昨有多事可记：一，调孚示予英桂取到商务印《元曲》改窜底本。振铎所得脉望馆藏本，其未经流布者检付商务印行，张菊生属王君九、姜佐禹校之，逞肊点改，而菊生复加厉焉。将来刊出，谁其得原本对勘之，庐山真面恐终难睹矣。实一大憾事。"（783）对于此次的出版，郑振铎也是遗憾颇多的，所以他才在1958年将这批杂剧全部收入《古本戏曲丛刊》四集，影印出版，实现了二十多年的夙愿。关于此事，汪家熔《略叙郑振铎与脉望馆钞校本》① 一文也可供参阅。

（六）《长乐郑氏汇印传奇第一集》

《长乐郑氏汇印传奇》是郑振铎编印的一部明清传奇选集，收郑振铎本人所藏的六种传奇作品，原则上"以孤本流传之明传奇为先，汲古已刊者摒之，继以清初诸大家之作"（《序》）。按照他《序》所言，"先成第一集，集传奇六本，墨版行世。继之或将有二集、三集以至十集、廿集之印行，夫唯力是视耳，固不仅以续阅世道人之六十种自域也"。这个计划非常宏大，第一集也出版非常顺利，"自发愿经营至装帧成册，为时仅历二月，可谓速矣"。但由于各种限制，实际上只刊印了第一集。

（七）《古本戏曲丛刊》一至四集

1949年后，郑振铎先后任文化部副部长、文学所所长等职务，系统整理刊布戏曲文献，是他多年的愿望，新中国成

---

① 汪家熔：《略叙郑振铎与脉望馆钞校本》，《江苏图书馆学报》1998年第3期，第49—51页。

立，百废待兴，他所钟爱的戏曲影印事业也迎来了非常好的契机。1953年3月14日，郑振铎致徐森玉信，提及"近力促商务继续《四部丛刊》的工作，已可同意。第一批拟印出戏曲书一百余种，今年年底可出齐。"（1600）5月19日，张元济致丁英桂信："郑振铎先生托印《古本戏剧》已否商定一切办法？未知何时可以着手？"（1610）7月18日，史久芸日记："九时，到社管局，为影印《戏曲丛刊》事开会。"此前，郑振铎建议商务印书馆影印《古本戏曲丛刊》。他并与吴晓铃、赵万里、傅惜华等人组织了编刊委员会，开始编纂这一大型丛刊（1617—1618）。编辑出版工作则主要由丁英桂、史久芸等人具体负责。

1954年2月，《古本戏曲丛刊》初集由商务印书馆上海印刷厂影印出版。在《古本戏曲丛刊初集序》中，郑振铎提出宏伟构想："我们研究中国戏曲史的人老是想把古戏剧搜集起来，大规模的影印出来，作为研究的资料，却始终不曾有机会能够实现这个心愿……乃征集北京图书馆、北京大学图书馆等公私家所藏，并联合国内各大学、各图书馆、各戏剧团体和戏剧研究者们，集资影印这个《古本戏曲丛刊》六百部，作为内部参考资料。初集收《西厢记》及元、明二代戏文传奇一百种，二集收明代传奇一百种，三集收明、清之际传奇一百种，此皆拟目已定。四、五集以下则收清人传奇，或更将继之以六、七、八集收元明清三代杂剧，并及曲选、曲谱、曲目、曲话等有关著作。若有余力当更搜集若干重要的地方古剧，编成一二集印出。期之三四年，当可有一千种以上的古代戏曲供给我们作为研究之资，或更可作为推陈出新的一助。"（1657）

1955年7月，《古本戏曲丛刊》二集由商务印书馆上海印刷厂影印出版。郑振铎在《古本戏曲丛刊》二集序中提到，丛刊二集主要收晚明的剧本，大多为孤本。"不仅可助戏剧作家们的推陈出新之资，可供戏曲研究的专家们以大批的研讨的资料，而对于要论述明帝国没落期乃至中国封建社会的没落期的社会历史的历史学家们，也可提供出不少活泼真实的史料来。"二集影印过程中，还有几个底本的抽换，可见郑振铎对《丛刊》编纂严谨的态度。1954年11月28日，郑振铎致瞿凤起信，谈《古本戏曲丛刊》二集所收《琴心记》拟改用上海图书馆藏本（1707）。1955年5月3日，高等教育出版社上海办事处来信，请示有关《古本戏曲丛刊》二集影印《燕子笺》《四艳记》《冬青记》等事，郑振铎批"同意"。5月6日，他致瞿凤起信，谈《古本戏曲丛刊》拟收上海图书馆所藏《蝴蝶梦》《回春记》《三社记》等戏曲，希望立即告知作者、卷数、叶数等（1748）。

1956年4月28日，郑振铎看到了《古本戏曲丛刊》三集的第一批样本。但因纸张等关系，未能及时付印，一直到1957年2月，《古本戏曲丛刊》三集才由商务印书馆上海印刷厂影印出来。郑振铎在《序》中提到："又有些人，根本上对于这种影印的方法有了意见，感到这样的印刷方法是浪费。我们以为，这部丛刊本来是内部参考资料性质的图书。凡是参考资料，应该是要尽量地搜集更多的可能得到的一切资料，和供给一般读者们作为精读之用的选本或读本，基本上是不相同的。又这些参考资料，原来也可以用铅印、油印或钞写的方法流传的。但铅印费力太多、太大，绝对不适宜于只印行几百部的书籍，且排校费时费力，不知在何年何月才有出版的可能。油印和传钞，则浪费更大，错误更多，且极不方便。试想传钞或影钞或油印一部一百页左右的传奇，要浪费多少时间财力和人力呢？这种用照相石印的印刷方法，乃是用以替代钞胥之劳和油印本子的费多而不精的办法,且足以解除铅印工厂的紧张情况的比较最可能想到的最经济而且最省时省力的方法,似乎是应该坚持下去的。"可知当时郑振铎力排众议,坚持进行(1847)。并且,他在此提出了对影印古籍的看法,仍然值得我们今天认真体会和借鉴。

在郑振铎生前,马不停蹄地已经做好了《古本戏曲丛刊》四集的前期准备工作,并看到了印出的部分样书。据日记,1957年4月17日,将《古本戏曲丛刊四集》的目录,定好付印(1928)。6月2日日记载,商务印书馆戴孝侯、史久芸来谈。关于《戏曲丛刊》事,他们已允承印,则大可省却一番周折了(1945)。23日,丁英桂、史久芸、戴孝侯来谈。关于《曲丛》四集事,已谈妥(1953)。25日,致刘哲民信,介绍丁英桂联系印《古本戏曲丛刊》第四集事(1954)。30日,趁早凉做《古剧丛刊四集》的编目工作(1955)。7月31日,八时,到部办公。伊见思送《古本剧丛四集》的目录来(1966)。1958年1月12日,史久芸、丁英桂来谈《古本戏曲丛刊》四集事(2026)。4月28日,伊见思持商务已印出的毛边本《古本戏曲丛刊四集》样书16册来,甚为高兴(2060)。此外,郑振铎开始筹划古本戏曲丛刊外集事宜。如9月12日日记载,七时半许,到文学研究所。和吴晓铃、周妙中二同志谈《古本戏曲丛刊》外集事(2095)。

(八)《刘知远诸宫调》

《刘知远诸宫调》是我国宋、金时代的诸宫调作品。作者无考。残存42页。1907—1908年俄国一探险队在发掘古代西域黑水域(今甘肃境内)时发现,原存苏联列宁格勒图书馆,1958年归还中国,现存国家图书馆。《刘知远诸宫调》在艺术方面,风格遒劲浑厚,语言朴素自然。该刻本的发现,可见前期诸宫调这一曲艺门类的乐曲结构形式，为研究诸宫调的形式和发展以及李三娘、刘知远故事系列的发展轨迹，都提供了珍贵的史料。郑振铎很早就注意到了这个珍贵的戏曲文献。后来 1957 年 11 月 16 日，他出访列宁格勒，见到了《刘知远诸宫调》。1958 年 4 月，苏联将金刻本《刘知远诸宫调》送归中国。6 月 3 日，郑振铎看到送回的《刘知远诸宫调》。7 月 28 日，即撰写《刘知远诸宫调跋》，8 月交给文物出版社影印出版。

除了以上所述，郑振铎所编《玄览堂丛书》三集中有《旧编南九宫谱》《十三调南曲音节谱》等，也是其对戏曲文献的影印。

四、郑振铎戏曲文献整理出版和研究的深远影响

（一）直接影响——对戏曲研究的滋养

郑振铎编纂出版的戏曲文献，对我国现当代戏曲研究产生了积极的推动作用，滋养了几代戏曲研究者。仅就《古本戏曲丛刊》的价值，就有很多学者给出高度评价。2016 年的 8 月 22 日，《古本戏曲丛刊》六集出版座谈会在北京召开。座谈会上，不少老学者一说到郑振铎当年的工作，感情仍不能自已。程毅中先生说道："郑先生主持《古本戏曲丛刊》，对学术研究有很大的作用，'我深得它的好处。'"黄仕忠先生说："新中国成立之后，戏曲研究为什么能兴盛，就是因为有了《古本戏曲丛刊》"。卜键先生说："《古本戏曲丛刊》的编纂出版，是学术史上的一段佳话，几代研究者都受惠于此。"朱万曙先生说："我是学着《古本戏曲丛刊》长大的。"廖可斌先生认为："'丛刊'中的语言、文字资料极为丰富，是一座宝库，有很高的思想史、文化史的意义。"刘祯先生认为：

"'丛刊'奠定了戏曲史学研究的坚实基础。"① 苗怀明先生在其文章中将其总结为："其规模、其质量已远非古人能比，可谓前无古人，后无来者。其编印的目的并不仅仅是出于爱好和兴趣，而是有着更为明确的学术追求和目的，因而《古本戏曲丛刊》质量精良，具有更高的学术品位，和戏曲研究结合得更为紧密。全书的特点和文献价值据邓绍基的总结，主要有以下四点：第一，收录同一部作品的不同版本；第二，收录梨园传钞本；第三，辑印前代戏曲总集；第四，收录大量孤本和罕见剧本。除第四点，其他三点都是前代曲籍未能做到或忽略的，为研究者提供了更多的便利。"②

（二）直接影响二——《古本戏曲丛刊》的后续出版

《古本戏曲丛刊》九集、五集、六—八集的出版，是建立在郑振铎《古本戏曲丛刊》的总体构想和规划选目基础之上的，是其整理戏曲文献实践的具体接续。1958 年郑振铎不幸逝世后，在文学所举行的郑振铎追悼会上，何其芳就代表文学所表示，要继承郑振铎遗志，把编纂《古本戏曲丛刊》的工作继续下去，出齐这套书。同时，文学所决定，以后各卷不设主编，不设编委会，以保持郑振铎主编的地位。之后，在国务院古籍整理出版规划小组组长齐燕铭的积极支持和指导下，这项工作由吴晓铃接续主持，与赵万里、傅惜华、阿英、周贻白、周妙中等学者合作，于 1964 年先出版了第九集，收录宫廷大戏剧目十种。可惜，第五集还未出版，"文革"浩劫来袭，续编工作再度中断。1983 年，第二任古籍整理出版规划

---

① 豹挥：《古本新生——写于〈古本戏曲丛刊〉第六集出版之际》，《中华读书报》2017 年 1 月 18 日 05 版。
② 苗怀明：《中国文化界最值得尊敬的人——论郑振铎和他的戏曲研究》，《中国政法大学学报》2011 年第 6 期，第 83 页。

小组组长李一氓又抓紧了《古本戏曲丛刊》的续编工作。《古本戏曲丛刊》第五集于1985年由上海古籍出版社出版，收录明清传奇剧目八十五种附二种。由于个中缘由，第五集出版后，项目又一次中断，而且一断就是三十年。戏曲研究界对急需的文献望眼欲穿，多方奔走呼吁。

转机出现在2012年底，中央文史馆馆员、中华书局原编审程毅中上书国务院古籍整理出版规划领导小组，恳切建议完成《古本戏曲丛刊》。得到时任规划小组组长柳斌杰批复，并将《古本戏曲丛刊》列入《2011年—2020年国家古籍整理出版规划》。2013年，中国社会科学院文学研究所决定重新启动《古本戏曲丛刊》六、七、八集的编纂工作。文学研究所高度重视，所领导中，刘跃进就是研究古典文献出身，对《古本戏曲丛刊》巨大的学术文化价值当然非常清楚。所方积极与各方沟通联络，迅速组建由文学研究所牵头、有关老中青学者共同参与的"丛刊"六、七、八集编纂工作协调小组，具体负责组织工作。所里参与此项工作的学者则主要是古代文学研究室研究戏曲的李玫、李芳等人。与此同时，程毅中先生的建议，在2012年《古籍整理出版情况简报》上刊出，被国家图书馆出版殷梦霞看到了，她敏锐地意识到此事意义非同寻常。她迅速与各方联络，向国家古籍整理出版规划领导小组提出申请并上报出版计划，争取这一重要出版项目。国家古籍整理出版规划领导小组办公室对《丛刊》继续出版给予了大力支持，经过中国社科院文学所、吴书荫先生、国家图书馆出版社三方的密切合作，在众多收藏单位和专家的鼎力支持下，2016—2018年，第六集、第七集顺利出版。目前第八集也已经编好付印，即将出版；九集之外，编委会又增加了"十集"，底本工作也完成过半，预计在2020年前后出版。出齐这套书，几代学人的夙愿,看到了实现的希望。

(三)直接影响三——郑振铎藏曲的开发

1.《郑振铎藏古吴莲勺庐钞本戏曲百种》(全25册)。收有国家图书馆所藏的97种古吴莲勺庐钞本戏曲,并将莲勺庐主人张玉森为282种戏曲传奇所撰写的提要——《传奇提纲》八卷也收集完备,列于卷首,并编制了提纲目录和索引目录,方便使用者检索。

2.《苏州博物馆藏古吴莲勺庐戏曲钞本汇编》(全48册)。"古吴莲勺庐钞本"为清末民国苏州人张玉森(古吴莲勺庐主人)遍访大江南北,收藏、钞录历代戏曲(传奇、杂剧)数百种,20世纪30年代张氏藏书散出,郑振铎闻讯赶赴苏州,挑选其中百种。古吴莲勺庐钞本中多有失传已久的孤本、稀见本,为戏曲研究提供了不可多得的资料。郑振铎藏古吴莲勺庐钞本已经捐给国家图书馆。其余部分目前藏于苏州博物馆。此次本书影印出版是与前者合璧,将"古吴莲勺庐钞本"文献完全披露于世,为戏曲学界进行研究提供了宝贵的工作。

3.《国家图书馆藏〈西厢记〉善本丛刊》(全20册)。收录国家图书馆藏《西厢记》善本35种,如容与堂本、玩虎轩本、文秀堂本、天章阁本、笔峒山房、萧腾鸿师俭堂等等,全部为明刊及清初珍稀刊本,是西厢记的文学和版本研究的最重要的文献资料。这些珍本西厢记有3/4经郑振铎旧藏。

4.《郑振铎藏珍本戏曲文献丛刊》(全70册)。收录国家图书馆所收藏的郑振铎藏曲中善本、珍本部分合计108种辑录出版。这些戏曲绝大部分为元明清时期的传奇与杂剧善本,不少版本此前从未影印出版过。如清代《鹦鹉梦记》,《御炉香》稿本,《三星圆》刻本,《御香亭》清素堂本等,此次将这一批珍贵版本汇集出版，既反映了西谛藏曲的情况，也有助于学界对古代戏曲的深入研究。

（四）间接影响——戏曲文献的系统披露

1. 选本概念的衍生品——《明清孤本戏曲选本丛刊》

上文述及，郑振铎提出了"戏曲选本"的概念，并深入阐述了选本的价值。当代戏曲研究者陈志勇和程鲁洁按照郑振铎的这一概念，系统梳理明清两代的戏曲选本，策划了《明清孤本戏曲选本丛刊》，第一辑46册，收录明清时期孤本戏曲选本20多种，对明清戏曲史的研究、昆曲、花部艺术的传承和发展都具有重要的文献价值和现实意义。这一项目，也得到了国家古籍整理出版专项资助。期待第二辑、第三辑的陆续面世。

2. 以藏家或收藏机构或时代命名，成规模系统化地披露海内外戏曲文献

近年来，由学者、图书馆、出版社构成的三个主要群体，在吸收借鉴郑振铎戏曲文献整理经验和理论的基础上，发挥自身优势，陆续刊布了大量的海内外戏曲文献。如《日本所藏稀见中国戏曲文献丛刊》《哈佛燕京图书馆藏齐如山小说戏曲文献汇刊》《绥中吴氏钞本稿本戏曲丛刊》《明清钞本孤本戏曲丛刊》《不登大雅文库珍本戏曲丛刊》《富连成藏戏曲文献汇刊》《北京大学图书馆藏程砚秋玉霜簃戏曲珍本丛刊》等等。

（原载《戏曲艺术》2019年第2期）

履冰編

鹿臺田家印

《吴秋辉遗著》手稿札记

吴秋辉（1877—1927），原名吴桂华，自号佗傺生，是20世纪20年代我国卓越的史学家、语言文字学家。张默生等撰写的吴氏生平文字颇详，此不赘言。其一生虽短，却著述较多。但生前出版者仅为《学文溯源》等几种，故颇多散佚，而逝后70年，未刊部分著作方由后人整理为《佗傺轩文存》。最大部头的《说经》到2001年由我社影印出版。去岁吴氏后人将其遗稿除已出版的《说经》之外的部分，交由国家图书馆出版社，即将汇刊为《吴秋辉遗著》。我有幸将遗稿梳理一遍，略作札记如下。

《周易考略》，绿格稿本，线装一册，存《八卦之起源及其发生之顺序》一篇。封面题时间为"甲子（1924）仲秋"。

《渔古碎金》，红格稿本，线装一册，另一卷题"佗傺轩碎金"与《仪礼今古文考异》合订一册。《碎金》内容为考证文章，长则数千言，如《说三礼》《说尚书》等；短则不到两行，如《生气》。《仪礼今古文考异》则以郑玄注《仪礼》为基础，考异古今文字，使读者更易明了是非。

《檀弓纠谬》一卷，红格稿本，线装一册，封面署时间"庚申（1920）十月"，内容为《檀弓》古文考证。

《诗经正误》存卷一，绿格稿本，线装一册，半叶十行，字数不等，前二叶略有残缺。按《诗经正误》是吴氏所著《诗经通义》之一篇。

《中国文字正变源流考》二卷，绿格稿本，线装二册，半叶九行，字数不等。是稿从"结绳"记事讲起，按照时代发展，运用文字学、文献学等研究方法，展现了汉字起源及在夏商周时期的转化过程，对于汉字演变、训释先秦经典等方面的研究具有重要意义。可惜的是，这是一部未竟之作。封面题时间分别为甲子（1924）七月和中秋后五日。

《齐鲁方言存古》，素纸草稿本，线装一册；又红格定稿本，线装一册；又红格未竟稿本，线装一册。民国八年（1919）作于北京。草稿本前面有一篇《侘傺轩说金》，也作于民国八年，且注明了吴氏在北京的住址——绒线胡同。后面的《方言存古》共得齐鲁汉唐以前方言80余条，对研究唐前文献和理解现存古方言的来源多有益处。红格未竟稿本仅录数则方言，后面依次收入《诗学多识一览》《读庄漫志》等。

《古文字》线装五册，系吴氏手录甲骨文、金文等文献，并附释文。

《学文溯源》五卷，红格稿本，线装五册，保存较完整。《学文溯源》前三卷（按石印本不分卷）于1922年由济南滋文石印局石印出版，卷五载入栾调甫编《国学汇编》第一册，而手稿本第四卷在《侘傺轩文存》出版前并未发表刊布。内容多为说经中所不载者，上溯三代古文字，穷本溯源，矫正了后世说文的弊病。梁启超阅读后曾给予高度评价。石印本前除了吴氏自序，还有王乃昌和王泽同的序。王乃昌，字石朋，山东五莲人，清末举人，与吴氏交游密切。王泽同（1876—1933），字鲁生，光绪丁酉（1897）拔贡，日本弘文学院毕业。祖籍观城（今阳谷），因父亲为兖州教谕，遂家滋阳。一生从事教育，曾任山东大学教授，又创办过石印馆，出版画集字帖。

《学海绀珠》三十二卷存十六卷，线装十六册，用红格笔记本等写就，其中的《秦建国考》《左盂右盂考》《律吕考》《汋渭考》被抽出辑入《佗傺轩文存》，其余均未刊布，甚为珍贵。

《历代纪元考略》，素纸巾箱本，线装一册。前草书录茶人《菩萨蛮》一阕，《□□草谈》数则。《历代纪元考略》楷书写就，梳理考证汉代以来历朝纪元，为史家之工具。

《石刻之始考》，绿格稿本，线装一册。系《佗傺轩杂考》一种，封面署"丙寅（1926）重阳后六日"。

《姓氏名字号溢源流考、商代迁都始末考》，红格稿本，线装一册。半页十行，字数不定。封面署有"丙寅（1926）暮秋钞"。《商代迁都始末考》系否定汤封西商和殷即偃师之说，观点与王国维夏商错处河济间盖数百年之说暗合，但比王文要详尽得多。

《思旧录》，素纸巾箱本，线装一册。存《思旧录序》一篇，正文两行。序言时间署甲寅（1914）三月二十八日，正文残卷透露两个信息：出生时间——光绪三年（1877）丁丑八月初九，小名——大壮。从序言看，吴氏撰写《思旧录》，是为总结其三十九年来的事迹，以便后人了解其生平。今虽仅见残稿，却也有如此重要的信息，实属幸事。该册后面还有《中国文字源流考》的残稿数叶，内容与《中国文字正变源流考》无异，但题名次行多"第一编 文字发生之原因及其变化"，从框架构思看来，似更完备。

《东楼琐录》，绿格笔记本写就，线装一册，属札记考证性文章。

《破屋宾谈》，绿格笔记本写就，线装一册。破屋者，吴氏所居；宾，指彭玉华和王石朋。多三人挑灯闲谈，或时势、或昔游、或诗书、或评论，乃至奇闻逸事，街谈巷语，无所不及。

《楚辞正误》存卷一，红格稿本，线装一册。行书，半叶九行，字数不等。又一册：序用红格九行稿纸，行书；正文大部分为红方格稿纸，先楷书后行书；后半部分为红格十行稿纸，行书。序中言，民国六年（1917），先生始治《楚辞》，发现其中多有错误讹谬，即著《楚辞正误》以正视听。此书本四卷，后三卷现存其侄吴宝彝处（袁兆斌《侘僚轩文存》整理后记）。

《艺苑撷华》，绿格稿本，线装一册。前几叶为钞录前人诗歌，后面是吴氏考证性文章，有《犀比考》《说彝》《说觚》《说敨》等6篇，袁兆斌先生《侘僚轩文存》整理后记说道："冀蔚怀藏钞本《遗著书目》尚有……《说敨》……，有目无书。"由此稿本看来，此说法欠妥。又红格线装一册，前为摘录他人诗数首，后面是吴氏《上同乡诸大老请振兴经学书》《上大总统请修明经学书》；再后面是"侘僚轩读书杂记"等。

《艺苑杂述》，线装一册，前几叶为吴氏手录的前人诗歌，后面题"侘僚轩随笔"，系读书笔记，涉及诗歌韵律、戏曲等，内容广博。

《艺苑杂钞》，红格钞本，线装一册。系吴氏钞录的《檀弓》《诗小序》和《坊记》，间有眉批。

《侘僚轩诗剩》，稿本一册，题"临清吴桂华秋辉氏草"，绿丝栏。八行二十字。不分卷类，楷书写就。共收诗106首，其中友朋附和诗7首。是现存诗词稿钞本中比较完整的一册。

《侘僚轩诗剩》，王敦化楷书钞本，白纸毛装，六行十六字，天头地脚宽阔，版心小巧喜人。卷首钤"熙如""沂风堂""不求闻达"等印，卷末有"小红莲庵"印。按，王敦化（1901—

1991），书斋别署"小红莲庵""沂风堂"。篆刻家，生平喜收藏，精考订勘误。编有《古铜印谱书目》一卷、《印谱知见传本书目》二卷、《篆刻参考书佳本书目》一卷等。钞本按"五言""六言""七言"分类钞出。得五言16首（同一题目下数首按一首计算，下同）；六言1首；七言28首，共45首，其中王荆门合作3首，方平和作1首。与定稿本颇有文字异同，当系从草稿本钞出。卷末钞吴秋辉文一则——《题照像以作赞语》，不见于他本，非常珍贵。书内多校语浮签。

《诗词》，稿本，线装一册，前面部分系钞录王士禛诗，后面部分钞录陆机等人文章，唯中间部分，存吴秋辉诗词文数则，又有《具禀师范学堂优级理科三年班廪生》（曹学海、吴桂华、王士楷等敬禀），经查相关资料，曹和王均为吴的同班同学。系他们为保护古物、防止古物外流而上禀抚帅大人的文章，处处流露出青年学生的爱国情操。之后是两段残章断句。其后有词四阕。再后面是"别秋同先生"文一篇，接下来又有诗十余首。其中《送黑午桥赴日本》不见于他本。而从最后的"自序"可以得知，这是吴秋辉先生欲结集为"侘傺集"的部分诗词文稿，后面时间落款为"宣统元年"，当系作于1909年之前（包括1909年）。

《寄傲轩吟稿》，素纸巾箱本，线装一册。行书写定，笔迹俊朗。得诗50余首，与《诗剩》等互有重复，但也有不同，可以互为补充。

《秋日同张怡白游大明湖放歌》，红格作文簿写就，无封面，因首为《秋日同张怡白游大明湖放歌》，故题此名。共录诗词十余首。其中《秋日同张怡白游大明湖放歌》有言："此余二十年前作也。时方在日俄战后，故有吊辽东云云。拙作向不留稿，此事久忽忘之，故后来诸友多不及见。年前理旧书，忽于无意中检得，则怡白下世已数年矣。余与怡白同里，年相若，少日皆好南北词，每相逢辄以背诵曲词为乐……然怡白既沦为政客，余亦以老境颓唐，无复少年意绪，相见之时常甚少，见不复及此。自余游京师还，怡白墓已宿草矣。欲复昔日之乐，乌可得哉？乌可得哉！每批此稿，犹神往于当日湖中唱和时也。丙寅七巧后三日侘傺生漫志。"丙寅年乃1926年，吴秋辉先生在次年去世，而从这段小序，不难看出吴先生对老友的追思以及自己年老的慨叹。

《侘傺轩说鬼》，红格稿本，线装一册。九行二十四字。系吴氏说鬼故事，可看作短篇小说，有的故事叙述完毕，后接"侘傺生曰"，交代故事来源并作评述议论。《吴秋辉先生事略》有言："少长，性喜诗赋、小说。"未见吴氏有其他小说类作品，似指此《说鬼》而言。

《侘傺轩心影》，绿格笔记本誊钞，线装一册，封面署丙寅（1926）九月钞，含书信二篇，首篇为"梁仁公覆答书"，次篇为《再致梁任公书》。《齐鲁晚报》2007年6月8日登载了刘书龙先生的《现代学界怪杰吴秋辉》，认为吴秋辉发出向梁启超求助的信后后悔了，"对梁启超的信连复都不曾复"，但从这里的《再致梁任公书》一文看，事情并非如此简单。此信后署11月8日，当然，信写后是否发出，目前无法考证。但此信中有向梁任公索序的内容，并以皇甫谧和沈约喻梁启超。又提到希望梁启超有新著出版时惠赠，"以开茅塞"，最后说"数篇未脱稿，以后当源源就正也"。可见不能因为后来吴秋辉先生没有借助梁启超出版自己的著作，就简单的归结于其"生性狂怪"。

（原载《藏书报》2010年8月9日）

《民国期刊资料分类汇编·文选学研究》 出版说明

1917年，"五四"新文化运动的揭幕人之一钱玄同在《新青年》二卷六号发表《通信》一文，声援胡适，倡导文学革命，提出"选学妖孽、桐城谬种"的口号，将"选学"作为新文学革命的对象之一。这个革命口号在当时影响极大，所以传统的选学研究在其冲击下受到了冷落。但是，仍有一批像高步瀛、黄侃、骆鸿凯、刘盼遂、罗根泽等学识渊博的专家在维系着选学研究的火种，并做出了令人瞩目的成绩。除了专著如高步瀛《文选李注义疏》、骆鸿凯《文选学》、黄侃《文选评点》等，在这段时期，还有不少学者从不同角度发表了自己对《文选》的研究成果。其中有对《文选》的总体研究，也有对《文选》涉及作家作品的解读，接下来择要分类介绍一下。

一、《文选》总体研究

首先，这一时期在版本、校勘、注释方面发表了不少文章，用专题论文的方式彰显出传统治学方法在"文选学"上的应用成果。如刘盼遂的《文选校笺》《文选篇题考误》，祝文白的《文选六臣注订讹》等，就《文选》原文篇题、编辑体例以及六臣注的疏误进行批评，用力甚勤，创获颇丰。向宗鲁先生的《书陆善经事——题文选集注后》是其遗著《挥弦斋杂文》仅存的一篇，至为可贵。文章简短，却钩稽出陆氏的著述及其注释《文选》的事略，为研究陆氏其人及陆注《文选》提供了珍贵线索。缪钺先生的《文选赋笺》，对班固《两都赋》政治意义的阐发和潘岳《闲居赋》"以偏宕之笔，发愤慨之思"心态的描述，也发表了一家之言。刘文兴的《北宋本李善注文选校记》，利用家藏北宋天圣明道间残卷与胡刻本校雠相异者数十条，为李注《文选》的校勘提供了可贵的例证。

其次，从目录学、史料考证角度对《文选》及萧统的研究也蔚然成风。骆鸿凯先生的《选学书著录》、蒋镜寰先生的《文选书录述要》、普暄的《文选书目》等，即从目录学的角度，为治选学者扣扉问道指点门径。普暄的另一篇文章《胡克家〈文选考异〉叙例》，则对《文选考异》的著作权提出疑问，认为《考异》"实为彭兆荪独立撰著，顾千里或与参讨，而胡克家全为掠美者也。胡氏学行，今不多闻。即或为一收藏家，其学似亦无甚可称。而此书洪博精邃，绝非胡氏之力所能胜。"何融的《〈文选〉编撰时期及编者考略》初步确定了《文选》编撰"开始于普通中"，"完成于普通末年之后"，并率先提出"《文选》一书并非昭明太子一人所编撰"，"此时期中服职东宫之学士，皆可能为《文选》之主要编辑人"的观点，进而认为刘孝绰可能"为《文选》之主要编辑人"，刘孝绰与王筠参与编辑的"可能之成分尤高"。今天的学者对《文选》编撰者问题的讨论，认同较多的"萧统与刘孝绰共同编纂说"，无疑是对何氏论证的继承和发展。

第三，一些从崭新角度探索和研究文选学的文章逐渐出现。这些文章作者多经受新文化运动的熏陶，利用现代分析归纳方法，结合《文选》中的某一问题进行比较或综合，视野开阔，立论新颖。如郭绍虞、罗根泽、陈中凡、朱自清等对如何理解"沉思"和"翰藻"的含义及如何评价这种选文标准都提出了自己的看法。而王锡睿《萧梁文选及古文辞类纂编例之比观》等文则运用比较研究法对《文选》的选文标准、编撰体例提出了一些值得借鉴的看法。

二、《文选》作家作品研究

《文选》涉及萧梁以上作家129位、作品752篇，学界通常将研究这些作家和作品的论著和文章，也划归为文选学范畴。据统计，民国间学界研究涉及这个范围的论文在200篇以上，这里我们辑出120余篇，列于《文选》总论研究之后，供选学研究者和唐前文学研究者查索。下面从"作家研究"和"作品研究"两个类别择要介绍一下。

首先是作家研究。这期间对《文选》作家的研究，多为年谱、行年考实等，也有对其文学成就及思想的概括。如汤炳正先生《扬子云年谱》，前有《序论》，详考扬雄世系、生卒年及来京年、经学之派别、小学之传授、学术思想诸重要问题，探析深入，征引诸说，取舍公允。正文数据翔实，随文考辨，态度客观。手此一编，子云生平行迹大体备矣。

其次是作品研究。对《文选》涉及作品的研讨，有对具体作品的校释解读，也有对作家文学作品做整体的梳理，范围相当广泛。如叶渭清先生的《嵇康集校记》，可谓《嵇康集》校勘的集大成之作。当时鲁迅也在关注《嵇康集》，本次收有其《嵇康集序》一篇，但是鲁迅整理的《嵇康集》没有出校记，这点叶渭清显然要高出一筹。叶渭清（1886—1966），字左文，号竢庵，兰溪人。师事著名史学家陈黻宸。与马叙伦同门，并肄业于北京政法大学。曾任北平图书馆编纂部主任。好学成癖，博览群书，手不释卷。无意功名利禄，约于民国二十三年（1934）归隐衢州。生平潜心致力研究《宋史》，曾校勘《宋会要》全书，写有校勘记，见解精辟，颇多独到之处。1966年卒于衢州。其《嵇康集校记》价值虽大，流传却极少，未能发挥应有的影响，有些后来学者想借鉴却无从获取，此次辑入，当大有裨益。《古诗十九首》产生的时代有不同说法。认为产生较早的理由之一是《明月皎夜光》这首诗中，有"玉衡指孟冬"一句。"玉衡"是北斗七星中的第五颗星，第五颗星至第七颗星习称斗柄。斗柄所指方向不同，季节或时间也不同。李善注《文选》说这一句是指季节，用的是汉武帝太初改历前的历法。孟冬十月，是夏历的七月，这样此句才能与全诗所写秋景相合。于是，人们由此也认定此诗产生于西汉初年。但此编北大金克木教授写的文章《古诗"玉衡指孟冬"试解》，认为"孟冬"在这首诗中并不是指季节，而是指孟秋或仲秋下弦月夜半至天明之间的这段时间。联系五言诗的发展来看，这首诗不太可能产生于西汉。这篇文章的题目看上去虽然很小，但涉及的问题却很大，其研究思路值得参考。

总之，虽然这一时期的文选学研究处于逆境颓势，但仍有不少专家学者并未冷落之，而是在自己涉及的领域稳步地探索着。今天，除了个别名家的论文集出版，没有系统整理这些数据，有些期刊及其文章已经很不易找，给学者使用和研究带来诸多不便。

希望本次汇辑这些文章，能为文选学研究和古代文学的研究提供些许便利。

编选说明：

（一）由于条件所限，民国年间有关文选学研究的文章未能收集齐全，此次辑得180余篇，其余没找到的作为存目，附录于后，以便检索。另有个别文章因所载期刊缺期而不完整，特此说明。

（二）《文选》选有《诗经》和《楚辞》的若干篇章，但二书研究论文颇多，可以容后自成一书，故本辑不予收录。

（三）总论研究在前，以文章刊发时间先后排序；分论研究列后，以时代划分，下以发表时间先后排序。无法确定刊发时间的列于每组文章最后。

（四）本辑编选时参考了《中外学者文选学论著索引》一书，特此说明。

（原载《民国期刊资料分类汇编·文选学研究》）

钟琦及其两部随笔琐谈

——影印《皇朝琐屑录》《凭花馆琐笔》前言

一、钟琦其人

钟琦,字泊农,嘉州(今四川乐山)人。民国《乐山县志·人物志》小传记载:"钟琦,字泊农,祖籍江西,寄籍乐山。琦生而聪颖,喜词翰,工笔扎。应童试不售,学计然术。由是起家蓝、李之乱,奉宪札,总理军饷运谋筹画,卒赖敉平,以功保知县。年八十七卒,自为撰墓志铭。所撰《凭花馆随笔》《亦嚣嚣堂稿》《皇朝琐屑录》《丛书杂义》俱梓行。"①小传未载明钟琦生卒年,其《皇朝琐屑录》(下简称《琐屑录》)自序末言:"光绪丁酉夏钟琦自序于亦嚣嚣堂时年八十。"②光绪丁酉即光绪二十三年(1897),以此上推八十年,则钟琦生于嘉庆二十三年(1818)。又据"年八十七卒",可知其卒于光绪三十年(1904)。

钟琦长于辞章,得到了时人的认可。时任成绵道上的何亮清在《琐屑录序》中给予他极高评价:"语言富则文章杂,议论逞则事实失。凡沈雄工丽光怪陆离而句涉新奇意鲜惩劝,有识者弗尚也。若广搜博采阐扬幽光潜德,并悉谟烈相承垓埏化

---

① 唐受潘、黄镕、王畏严修纂:《乐山县志》卷九,民国二十三年(1934)成都美利利印刷公司铅印本。

② 钟琦辑:《皇朝琐屑录》,清光绪二十三年(1897)刻本。

洽之典故，有未可以稗官野乘例视者，惟钟君泊农庶乎近之。泊农天性真挚品高洁，诗文衍畅炳蔚，骆文忠（骆秉章）、丁文诚（丁宝桢）两公闻其名，奏办差务，以劳绩保知县，加运同衔。"① 何亮清，贵州贵筑人，生于道光八年（1828），咸丰十年（1860）进士，历任成都知县、嘉定知府、署成绵道②。据何亮清序言中称，二人相交于咸丰十一年（1861），到光绪十五年（1889）何亮清去世前，一直有来往。

上文《乐山县志》小传中提到钟琦的著作四种，并且说都已刊行，但《亦嚣嚣堂稿》和《丛书杂义》不见于他书著录，未知是否尚有传本在世。下面简单说一说现在能够见到的《琐屑录》和《凭花馆琐笔》（下简称《琐笔》）二种。

二、《琐屑录》的内容与价值

《琐屑录》一书传本稀少，曾先后被收入《近代中国史料丛刊》和《中华野史集成续编》影印出版。孙殿起《贩书偶记》卷八《史部·政书类·掌故》著录："《皇朝琐屑录》四十四卷，嘉州钟琦辑，光绪二十三年丁酉孟春刊。"③ 钟琦自序云："共计八十卷……自赭寇云扰，黄旗氛屯，予襄劳局务，奔走于关山戎马，其稿倩人分缮，散亡六七。"④ 由此可见，原稿本为八十卷，因为战乱，散佚颇多，最后付梓时厘为四十四卷。其中掌故十卷六百七十六则、轶事六卷二百三十四则、学校二卷八十七则、科第二卷六十三则、兵制二卷五十八则、武功二卷三十六则、忠义一卷二十九则、刚直一卷二十

---

① 钟琦辑：《皇朝琐屑录》，清光绪二十三年（1897）刻本。
② 何克勤：《真情绵绵无绝期——记何亮清、何麟书父子与李端棻》，《贵阳文史》2010年第五期，第32—34页。
③ 孙殿起著：《贩书偶记》，中华书局1959年版，第194页。
④ 钟琦辑：《皇朝琐屑录》，清光绪二十三年（1897）刻本。

则、征粮附杂赋一卷三十三则、权税附抽厘一卷二十一则、漕运附屯田一卷十八则、河防附工式一卷二十则、盐政附茶课一卷四十六则、钱法附矿务一卷二十二则、仓储附赈济十八则、国计附筹饷一卷三十三则、法例一卷二十四则、边陲一卷三十六则、驿站一卷六十九则、风俗一卷四十四则、祥异一卷五十三则、物产一卷一百则、外藩二卷五十八则、异域二卷一百二十三则，总共二十四类一千九百二十一则。这些内容涉及了清朝历史、社会、文化、经济、法律、军事、教育、边政的方方面面，其来源主要是正史文献，具有较高的可信度。钟琦自序说："惟阅国史、邸钞、皇朝通志、通考诸书以资消遣。凡治平之道、拊循之方、教养之政、柔远之术、功烈以及列祖之成宪、睿虑之周详，酝酿太和涵濡化美者，摘其要采其略而录之，一二年裒然成集。"① 除了提要钩玄、实事求是的摘钞，其间还有钟琦的考证或评语，反映出作者对待历史史料的严谨和对时务的观点态度。

编辑这部书的目的，钟琦在自序中也有说明："非妄臆传世，不过俾子孙开其心思、广其见闻耳。"② 可见，作者本意是让子孙阅读，增广见闻的。后来"因友朋谬奖，且代雇梓工"③，所以得以梓行于世。这当然是钟琦的谦虚之词。从涉及内容和后世学者诸多征引来看，其学术价值颇大，是一部难得的文献辑评著作。何亮清在序言中评价道："予读毕，喟然而叹曰，是诚琐屑也与哉？入元圃者，所见皆夜光；游蕊珠者，所遇皆火齐。得是而珍之，了然皇朝治平之源，根本之计，天威震乎遐荒，圣武超乎前代。噫！其文显，其旨微

---

① 钟琦辑：《皇朝琐屑录》，清光绪二十三年（1897）刻本。
② 同上。
③ 同上。

已……至于《琐屑录》以实事求是为主,并无支离渺茫,况其中所评又令人增智益慧发聩振聋,诚匡时之圭臬、济世之舟航也。虽欲不存,其可得乎!"① 具体说来,这部书的价值起码有以下两点。

第一,是浓缩了有清一代历史、文化、经济等方方面面的小百科全书,方便今人便捷全面地了解清代历史文化知识。钟琦是将《清实录》《邸钞》《皇朝续文献通考》《皇朝续通志》等正史类书中的零散芜杂的史料记载,选择有益于增广见闻的重要资料,按照官修史志的大致类别,分别辑录为二十四类。通过与征引文献原文的对照阅读,我们发现他注意到了材料的全面性可靠性,力求实事求是;同时又照顾到了文字的简洁性可读性,将一个个零珠碎玉窜在一起,毫无支离破碎之感。虽然《清实录》等官修文献具有不可替代的史料价值,但是以其部头硕大、内容繁冗使非清史专业读者望而生畏,不得门径;而这部《琐屑录》则堪称了解清代社会生活的绝佳文本。正如钟琦在《凡例》中所说:"夫骅骝騄駬,天下之骏乘也,而以之捕鼠,则不如狸鼪;璆琳琅玕,世间之珍贝也,而以之砺刃,则不如砥石。物有长短,惟以适用为贵。"②

第二,保存了不少已经消亡的文献资料,可以补史志之缺,有利于今人深入研究。作者在《凡例》中说:"于未刻传世者,遂编纂之,以期阐发幽潜。若书肆刷卖为人共见者,遂缺略之,以免灾梨祸枣耳!"又说:"驿站、风俗……《通典》《通志》曾经详记,兹择其要者异者录之。"③ 在这样的编纂思想下,钟琦在科第、武功、忠义、刚直、驿站、风俗、土产、

---

① 钟琦辑:《皇朝琐屑录》,清光绪二十三年(1897)刻本。
② 同上。
③ 同上。

祥异等卷次中，记载了很多珍稀文献资料，对相关领域的研究具有非常重要的利用价值。如卷三十八《风俗》："宣化在北口外，土人生子每针腕臂作字，或花型，涂以靛蓝，恐有离异，可为识也。其意甚古。"又"宣化以每岁季春出郭外万柳踏青，男女杂坐，席地饮酒，堕珥遗簪，日昳不禁。解裙挂于树杪曰挂红，遥望之红绿飞扬，殊有可观。又于五月十四至十六日，原为总戎晾甲之期，土人讹为晾脚会，故于此三日，无论贫富妇女，群坐于大门外，日必易著新鞋，其富厚者日凡四五易。游人指视赞其纤小，则以为荣，此俗尤陋。"① 前则又见于孙诗樵《余墨偶谈节录》，后则又见于王之春《椒生随笔》卷一。但是，清黄可润等纂修《宣化府志》（乾隆二十二年刻本）、清陈坦纂修《宣化县志》（乾隆刻本）、陈继增等纂修《宣化县新志》（民国十一年铅印本）和谢恩承纂修《宣化县乡土志》（民国十二年油印本）均未记载这几条。又如同卷中记载嘉州婚俗："嘉州新妇至门多以毡袋藉地，谓之传代。白香山《娶妇诗》'青衣捧毡褥，锦绣一条斜。'元陶宗仪《辍耕录》：'今新妇至门，则传席以入，弗令履地。'此礼自前代已行之。今则易以袋，取语吉尔。"② 清文良、陈尧采纂修《嘉定府志》（同治三年刻本）、民国《嘉定州志》（钞本）、清龚传黻纂修《乐山县志》（光绪十三年刻本）、唐受潘等纂修《乐山县志》（民国二十三年铅印本）均没有此条记录。这两处文字都可以为今人修志和地方文化史的研究提供难得的佐证。

---

① 钟琦辑：《皇朝琐屑录》，清光绪二十三年（1897）刻本。
② 同上。

三、关于《凭花馆琐笔》

《琐笔》现在传本极少，国家图书馆和四川省图书馆各藏有一部，此外未见其他著录，且至今未见重印。谢国桢《江浙访书记》中举例介绍了其内容和流传情况："《凭花馆琐笔》十六卷，清嘉州钟琦泊农撰。是书为读书笔记之体，杂以鸦片战争、太平天国军兴以来西南各地如川西蓝大顺、滇南杜文秀等农民起义及回族人民的起义，及清朝政府创设厘金，苛征暴敛，政治腐朽及外交失败的情况……书中曾记天南遁叟王韬，因事过渝，与之为友，则此书的著书立说，受其影响可知。他讽刺当时买办资产阶级所谓洋商发财致富者，借明初高青丘（启）赠某巨公诗：'贩盐多金买名倡，如何得似扬州商'的诗句，来讥笑他们的贪婪的情状。又赠资州刺史毛隆恩留别诗云：'杨柳绿千行，相见各一乡；愁生春雨细，恨别暮云长。失意倾杯酒，雄心拂剑霜；饯筵滋味苦，此日又新尝。'亦可以见其志矣……如此类书籍，在北京和上海书肆中，偶然可以遇到，可见这部书流传的绝少。"①

国家图书馆所藏《琐笔》六册，每半叶九行，行二十字，小字双行。扉页、自序红印，内文墨印，光绪二十六年三月百花生日（指阴历二月十二日）刻本。据钟琦自序可知，此书原有四十卷，遗失过半，性质与《琐屑录》相似，"朱墨勾稽，旋得旋录，不类不次，间附鄙论于后"②。翻阅每卷，果然是不类不次，没有按类分卷，各卷中内容杂糅，一仍笔录旧貌。细看内容，确实如谢国桢所言，十分丰富，除了上面提到

---

① 谢国桢著：《江浙访书记》，三联书店 1985 年版，第 287—288 页。
② 钟琦辑：《凭花馆琐笔》，清光绪二十六年（1900）刻本。

的一些例子，尚有不少有益于补充史志的资料。例如卷十四对于乐山当地数年间的一些祥异现象的记载，要比民国《乐山县志》所记翔实得多。又如卷十五对峨边丁长英贞烈事迹的描述，不见李宗锽、李仙根纂修《峨边县志》（民国四年［1915］大昌公司铅印本），可补其缺，其他如犍为李烈女、定远姜贞女等人的详细记录，均不见载于这些地方方志，这些都是宝贵的地方史料，值得我们重视。

通过对两部作品的解读可知，钟琦无疑在清末民初之际的乐山文坛占有较高地位，得到时人盛赞，但是后人对其生平和著作情况了解并不太多，至今尚无专门介绍他或他作品的文章。文献资料的查找困难，从很大程度上妨碍了人们对钟琦生平及其著作价值的研究。现在国家图书馆出版社要将这两部书影印初步，必将为清史和四川地方史的研究提供丰富的史料。故撰此小文，以期抛砖引玉。

（原载《编辑之友》2011 年第 10 期）

附记：小文发表后，蒙四川大学图书馆丁伟兄相告，钟氏《亦嚣嚣堂稿》《丛书杂义》今存川大图书馆，专此附记。

《汉语方言研究文献辑刊》 出版说明

汉语方言俗称地方话，只通行于一定的地域，它不是独立于民族语之外的另一种语言，而只是局部地区使用的语言。虽然只是在一定的地域中通行，但方言本身却也有一种完整的系统。方言都具有语音结构系统、词汇结构系统和语法结构系统，能够满足本地区社会交际的需要。我国幅员辽阔，人口较多，语言情况比较复杂，按照现代通俗的分法，现代汉语方言可分为七大方言区，即北方方言（官方方言）、吴方言、湘方言、客家方言、闽方言、粤方言、赣方言。汉语方言的研究，是当下语言学界的一个热点。

汉代扬雄《方言》一书，是我国汉语方言综合汇编和研究的肇始之作。自此而下，注释、补充、续作不断，绵延至今，比较常用的著述不下数十种。有清一代，朴学大盛，校勘注释扬雄《方言》者，更是代有人出。杭世骏、戴震均有《续方言》，程际盛、张慎仪等人也有不少创见。为《方言》作注者，当属戴震《方言疏证》。戴氏以《永乐大典》本及古书中所引《方言》与流行的明本对勘，逐条援引诸书，一一疏通证明，改正错字281个，补脱字27个，删衍字17个，使之得以恢复本来面目。他的疏证，从历史文献中寻找《方言》条目逐渐形成民族共同语的轨迹，其思路是把共时记录转变成历时语言的研究，转变成历史语言学。虽然后来相继有《方言》校本问世，对戴疏亦有所补充订正，但从总体上看，功力都没能超过戴氏。仅有王念孙撰《方言疏证补》，略可补戴氏之不足。本次选编，除了扬雄《方言》，择明清以至民国比较重要的研究、注释或续作21种，其中陈启彤《广新方言》一书，除了通行的铅印本，还收入了一个钞稿本——《续新方言》，供方言研究者参考。

清代以来，各地在修纂方志时，也比较注意梳理当地方言材料，有的还单独列为《方言志》，甚至单刻发行。如本书收录的《洛川方言谣谚志》《同官方言谣谚志》，即属此列。日本学者波多野太郎曾经辑刊《中国方志所录方言汇编》九辑，均从原书析出影印，并做了词语索引，便于使用。可惜的是，未能延续下来。这项工作是建设古代方言语料库的必经之路，工程巨大，耗时耗力，有待来日。

除了方志中的方言志，一些学者以所在府县为范围，通过实地调查和钩稽史料，编纂了一些地方方言专志或辞典，如《京语解》《吴下方言考》《闽方言考》《潮声十五音》等等。这些方言著作或汇集一地方言词汇，考其源流，保存一方史料；或与官话对比，列举实例，方便人们学习。此次汇编，我们选取七大方言区有代表性的此种著作28种，略以行政区划为序，希望能为方言研究提供些许便利。

（原载《汉语方言研究文献辑刊》）

《民国旧体诗词期刊三种》 出版说明

为了方便学界对民国时期旧体诗词和相关期刊的研究，我们选了以刊发旧体诗词为主并比较具有代表性的期刊三种：《诗经》《民族诗坛》和《雅言》。下面依次作简单介绍。

一、《诗经》

上海大夏诗社编辑，封面题字为马公愚集《尹宙碑》，创刊于1935年2月，至1936年4月共出版6期。大夏诗社是上海大夏大学的社团组织，由在校学生钟朗华发起创建，成立于1934年，《大夏周报》有相关的报道。主编钟朗华（1909—2006），四川自贡人。抗战时在五战区孙震部任少将文职。抗战胜利后返乡从事教育工作，后于蜀光中学退休。民革党员，自贡市政协原文史委委员。自贡市诗词学会顾问。著有《己生诗草》《泡沫存稿》等。

《诗经》杂志每期的《编后》，简单记录了诗社和社刊的基本情况。钟朗华发起诗社，"原想集合几个兴趣相近的朋友课余时互相研究"。刊物依靠"募股"的办法集资出版，认股者包括诗社中的学生，还有一些师长。在办到第三四期合刊时，大夏诗社宣告解散，但刊物仍继续刊行。诗社里比较热心的有李惩骄、王廷熙、袁愈荄、刘策华等大夏大学的学生。在创刊号的《编后》，编者认为，把新诗旧诗截然对立起来，并将新诗归为进步，把旧诗归为落后的做法存在偏见。他认为，

"诗本是生的灵动,灵的叫喊,真情流露的结晶品",只要用适当的章句,自然的音韵,丰富的情感,自然写出,则无论白话文言诗,都是完美的诗。编者由此宣称《诗经》要"捉住现实,歌唱新的意识",力图在"高深过于高深,通俗过于通俗"之中,"找出一条生路","无论是深奥的文言,通俗的白话,绅士们的吟咏,贩夫走卒的歌唱,都愿意虚心地去研究。"《诗经》虽然声称为双月刊,但并不是每期都能按时出版。

杂志大致分为文言诗、白话诗、词曲、歌谣、译诗几个栏目,其中文言诗和词曲每期占三分之二左右的版面,白话诗占六分之一左右的版面,译诗和歌谣很少。比较特殊的第二期,将白话诗排在了最前面。文言诗词曲多唱和之作;白话诗与歌谣则关注时局,关注下层民众的生活,关注女子和儿童的命运问题;译诗仅寥寥数篇,且并非每一期都有。从作者来看,除了社内师生,还有陈衍、赵熙、陈柱尊、黄侃、林思进、柳亚子、马公愚、王蘧常、夏敬观、龙榆生、江亢虎、冰心、田间、李劼人等等,可谓阵容强大。

二、《民族诗坛》

卢冀野主编,1938年5月创刊于武汉,独立出版社印行。创刊号出版以后,每月一册,到10月第六册为第一卷。此后仍然是六册为一卷,到1945年12月,共出版五卷29册,终告停刊。第一卷第五辑以前在武汉发行,1938年10月以改为重庆发行。杂志的支撑性人物是主编卢前。卢前(1905—1950),字冀野,江苏人。他是一位在词曲方面成绩斐然的学者。先后任教于金陵大学、成都大学、河南大学、中山大学、上海暨南大学等。

《民族诗坛》每期都将有关旧体诗的论文，或者随笔放在卷首，然后按诗（绝句，律诗等旧体诗）、词、散曲、新体诗（现代诗）的顺序刊登作品。以作者来看，出现频率较高的有江絜生、李元鼎、李仙根、林庚白、卢冀野、钱少华、王陆一、许崇灏、于右任、易君左等，这些人显然是该刊的核心作者。我们可以清楚地看到，这个杂志是以于右任为中心，以与于右任有关联的文化人、政客为主体的人群发表旧体诗的阵地。

《民族诗坛》的宗旨是"以韵体文字发扬民族精神激起抗战之情绪"，故而作品多以控诉日本侵略，表达国土遭受蹂躏的愤怒、憎恨、厌恶、悲哀之情为题目。那么，于右任等国民党文人集结于《民族诗坛》，以旧体诗为武器参与抗战的历史事实，显然应该在抗战文学史上占据应有的位置。

三、《雅言》

余园诗社编，1940年1月创刊于北京，线装本。这是北京沦陷时由日本人和伪政府官员办的一份文言杂志，以刊发旧体诗词为主，也有序、跋、考据、游记、藏书题记等。《雅言》之得名，"洙泗之教，诗与书礼，并属雅言，而诗为称首，故以雅言标目"。

北京余园诗社的地址在傅增湘的藏园，即西城的石老娘胡同七号。《雅言》杂志社以傅增湘为社长，赞助杂志出版的是汪伪政权的要人，如周作人等。翻看杂志，可知一位中国名字叫王嘉亨的日本人负责其具体编辑工作，而瞿兑之、郭则沄等也参与其中。然而，杂志本身刊登的内容，主要是诗人唱和及对旧文献的保存，并无明显的政治倾向。对中国近代诗坛来说，所存史料相当丰富，傅增湘著名的"藏园群书题记"，也多由此刊发，值得细细品味；而傅增湘的此段历史，也异常复杂，需要深入研究。

《雅言》的作者多是晚清的遗老遗少，主要撰稿者为余园诗社成员，其中傅增湘、王揖唐、胡先骕、梁鸿志、张伯驹、夏仁虎等人的作品较多。如果单纯以杂志的背景是伪政府而言，对其作者的评价容易产生问题，如启功、黄宾虹、王季烈、谢国桢、冒广生、叶恭绰、刘盼遂、刘承幹、卢弼等，也为其撰稿，如何认识这种行为，必须考虑到当时历史的复杂性，不可简单下结论。

刊物每月一期，偶有合刊。至 1944 年改为季刊，出版两期后停刊。前后延续四年多，共出版了 44 期。现在各地图书馆收藏均不齐全，想见到一套完整的，非常困难。此次是以国家图书馆和清华大学图书馆所藏配补，方得完璧。

这三种期刊是均由相应诗社编辑，可以视作"清末民国诗词结社文献"系列的一种。因为都较有特点，先行汇集影印，希望对现代文学界的研究起到抛砖引玉的作用。此类刊物尚多，续编工作，有待来日。

（原载《民国旧体诗词期刊三种》）

《清末民国旧体诗词结社文献汇编》出版说明

清末民国时期，中西文化激烈碰撞，产生了很多新的文学书写形式，白话诗就是其中重要的一种。长期以来，我们对这段时期文学的研究，基本停留在小说、散文和白话诗上。与白话诗并存的"旧体"格律诗词，几乎被束之高阁。

近年来，一些学者开始关注旧体诗词及其结社活动。如陈平原、栾梅健、沈卫威、杨洪承等学者均由研究现代文学社团转向旧体文学社团，并已有相当的成就。《现代文学研究丛刊》《文艺争鸣》《新文学评论》等学术杂志则已经设置了旧体诗词研究专栏。但是，由于这段时期的旧体诗词文献较为分散，此前也未曾大规模揭示，学界的研究基本集中在几个名社。通过初步考察，清末民国存在的旧体诗词社团数量将近一千个，因诗词结社形成的各种文献数量也就相当庞大。这是前所未有的，也是研究清末民国旧体诗词所不能忽视的。

有鉴于此，我们选编了近百种清末民国的旧体诗词结社文献，其中有各地诗社的诗集、词集、诗钟、文、曲等，也有单行本的社友录，以涉及诗社的字头笔画为序（同一社团的文献，则按出版时间排序），厘为26册。从地域上来看，辐射面非常广，覆盖了全国大部分省市，北京、上海、江苏、浙江、福建等地较多，湖南、江西、河南等地亦所在不少，但也有个别地区近乎无。这种分布的不均衡，正是民国区域文化发展不平衡的反映，也是当时历史、政治、战争等因素限制的结果。

诗词结社文献的存在形态大致可分刻印本、稿钞本、期刊本三类。刻印本结社文献又包括刻本、石印本、铅印本、油印本。其中油印本文献因每种印量甚少，流传不广，值得重视。此次收录的《咫社词钞》等即为油印本。稿本、钞本类结社文献，有些几乎是存世孤本，极为珍贵。本书所收《丹山十才诗社集成》等即为钞本。期刊本结社文献，指刊登在期刊、杂志、报纸上与诗词社团相关的文献，如《瀛寰琐纪》《益闻录》等即刊有诗社章程、社作等文献。亦有社团发行同名社刊，专门或主要登载其社作。

清末民国时期诗词社团众多，对其进行整理是一项系统而长期的工作。我们将有计划、分步骤进行，分辑汇编，此次汇编只能先收重要诗词社团的结社文献。凡是读者难以得见且有较高史料价值的，都是我们汇编的重点对象。对所收文献，力求完整，有缺页者尽力补完整；在此基础上，将相关的同人录、年齿录、苔岑录、纪略、史传等一并收录，以便研究。希望这些文献的出版，能为相关学者和诗词爱好者提供一些便利。需要说明的是，一些大的社团前后延续时间长，作品多而分散，不易集齐，此次未能收全，有待继续寻访。其中《说诗社诗录》所用底本缺第二十一卷，多方查找，未能补齐，留下些许遗憾。

（原载《清末民国旧体诗词结社文献汇编》）

《国闻报（外二种）》出版说明

本书收录清末严复主编的《国闻报》888号、《国闻汇编》六期、日本外务省外交史料馆藏《新闻杂志操纵关系杂纂——国闻报（在天津汉字新闻）》档案一宗。整理者孔祥吉和村田雄二郎撰写了翔实的研究文章——《从中日两国档案看〈国闻报〉之内幕——兼论严复、夏曾佑、王修植在天津的新闻实践》，全面而深刻地揭示了《国闻报》从办报到停刊的过程，可资导读。在这里，我们仅对收录的三种文献略作介绍，供大家参考。

《国闻报》创刊于1897年10月26日，共出报两种："日报每日印一张，计八开，用四号铅字排印，名曰《国闻报》。旬报十日印一册，约计三万言，用三号铅字排印，名曰《国闻汇编》。"这份报纸由严复、夏曾佑、王修植等主办，是清末维新派极其重要的宣传阵地，在维新运动中影响很大，与上海的《时务报》分掌南北舆论界的领导地位。其日报的内容按顺序是本日电传上谕、路透电报、本馆主笔人论说、天津新闻、京城新闻、华北各地新闻、外国新闻，置于东南各省的新闻，由于"东南各报馆言之甚详，本馆一概不述"。《国闻报》在《缘起》中自称"略仿英国《泰晤士报》之例"，目的是"一曰通上下之情，一曰通中外之故"。这正是《国闻报》的办报仿真，而于维新派的其他报纸比较看来，它尤其在"通中外之故"方面表现突出，花费的力量最多，起到的作用也最大。

戊戌变法后，《国闻报》遭清政府查办，几经周折，卖与日本人。1898年12月被迫停刊。1900年一度复刊，出到第八八八号（4月28日）最终停刊。其旬刊《国闻汇编》更是在出版了六期之后，就停止了。《国闻报》从创刊到终刊仅有两年多时间，但在晚清报刊史上却占据着重要地位，产生了巨大的影响。

首先，《国闻报》和《国闻汇编》发表了《天演论》和《群学肄言》（即《斯宾塞尔劝学篇》）的部分译文，第一次向我国读者介绍了进化论的思想。《天演论》原名《进化论与伦理学》，是英国生物学家赫胥黎的著作，旨在介绍达尔文关于生物界"物竞天择，适者生存"的进化论思想。严复1895年将这部著作译出，但没有正式出版。《国闻汇编》创刊伊始，即连载此文，使其较早进入了我国读者的视野。《群学肄言》原名《社会学研究法》，是英国社会学家斯宾塞的代表作，用进化论的观点研究社会问题。这部书的全译本1903年才出版，而此前在《国闻汇编》发表的部分篇章，也使它得以提前与读者见面。这两种书虽然有其不足之处，但在当时中国的历史条件下，译介这两部书所起到的积极作用，不容低估。通过这两部书的译述，严复向中国人民发出了民族危亡的警铃，呼吁只有顺应"天演"之规律，厉行变法，才能由弱转强，获得生存的机会。在当时，这样的观点无异于晴天霹雳，振聋发聩，产生了极大的政治影响。

其次，《国闻报》对其时蓬勃开展的维新运动与陆续颁行的变法新政做出了及时而充分的报道，为资产阶级政治改良运动进行了舆论上的鼓吹。它先后积极宣传保国会、百日维新，尤其是对"百日维新"的宣传，居功至伟。在戊戌维新运动后期，特别是"百日维新"时期，由于顽固势力的阻挠、压制和破坏，各地维新派的报纸纷纷偃旗息鼓，能够披坚执锐、战斗到底的，为数至尠。像《国闻报》这样，能够在版面上为月旦之公评的，几乎绝迹。这也是历史上《国闻报》产生重大影响的原因之一。

《国闻报》是历史的记录，有助于中国近代史之研究，而对《国闻报》本身的研究，却不够充分。2002年以来，孔祥吉、村田雄二郎在日本外务省外交史料馆进行了调查研究，收获颇丰。尤其是《新闻杂志操纵关系杂纂——国闻报（在天津汉字新闻）》这宗档案的发现，对《国闻报》内部的若干重要问题的讨论，起到了关键性的作用。这宗档案包含了《国闻报》创办过程中遇到的种种打击和压制，办报人的艰辛周旋，卖与日本人以求保持言论平台的无奈，以及日方接管的细节、国闻报馆的财务、收支状况等等。这些珍贵的档案数据，无疑是研究《国闻报》的必须材料，我们此次将其一并收入，供广大读者参考。

此次影印，我们历经数年，将存于中国社会科学院近代史所和国家图书馆两家单位所藏的《国闻报》进行配补，除了广告页无法补全，内容全部补齐，并且按期次做了目录，标识了旧历和公历的对应日期；同时把《国闻汇编》各期的栏目标出，希望能为使用者检索提供方便。

（原载《国闻报（外二种）》）

《澹生堂集》 出版说明

祁承㸁，字尔光，号夷度、密士、旷翁，浙江山阴人。明万历三十二年（1604）进士，历官江西布政使司右参政。生平好古嗜书，治方亩之地为密园，园内建澹生堂，藏书其中。其收藏图书，不以宋、元刻板为重，而以实用为先。所撰《澹生堂藏书目》著录图书9000余种。他的著作，在清代都是禁书，所以流传极少。现在最常见的《澹生堂藏书约》，是中国现存最早的一部图书保管规则。

此部《澹生堂集》，是明崇祯间祁氏家刻本，半叶九行，行二十字。卷内有"阳湖陶氏涉园所有书籍之记"藏书印，为陶湘旧藏。书前有陈继儒、范允临两篇大字序，范序作于崇祯六年（1633）。考《祁忠敏公年谱》，崇祯八年五月抵武林，"杜绝尘俗，与诸昆编梓夷度公文集二十余卷"。可见校刻始于崇祯八年。接下来是11篇旧序，都是为承㸁生前著作单行刻本而作的。作者有梅鼎祚、冯时可、邹迪光、姚希孟、杨嗣昌等，都是晚明的名流。这些单刻小集今天大多亡佚了，只能从这些旧序中知道名目。

祁承㸁是一个爱书之人，在藏书理论上花费的精力尤多。《澹生堂集》卷十四为《读书志》一卷，其中的《藏书训约》《训略》，鲍廷博曾刻入《知不足斋丛书》，后缪荃孙又刻入《藕香零拾》，广为流传。然而，鲍氏、缪氏均未见《澹生堂文集》，已尽失原本面目。陈乃乾《读书识小录》曰："祁氏承爍《澹生堂集》第十四卷为《读书志》，凡《藏书训约》《藏书训略》《庚申整书小记》《读书杂记》《牧津辑概》《世苑概》《询两浙名贤著作檄》《著作考概》《夏辑记》共九篇。《藏书训略》中复分《购书》《鉴书》《读书》《聚书》四章。鲍氏《知不足斋丛书》所刻名《澹生堂藏书约》者，乃此卷中《藏书训约》《藏书训略》二篇，而以《藏书训略》中《读书》《聚书》两章，别出为《读书训》《聚书训》两篇，以冠于《藏书训略》之前。遂使原本面目尽失。缪氏《藕香零拾》亦刻此书，悉仍鲍氏之旧，二公殆皆未见《澹生堂集》也。"① 这一卷和集内其他藏书理论著作具有开创意义，价值很大。黄裳先生在《书林一枝》中指出："这一卷《读书志》可以算得是系统论及藏书的开山之作，给予后来者的影响是大的。只清初藏书家孙从添的《藏书纪要》约略可以相比……卷十八有《与潘昭度》一书，长达千言，是论藏书的重要文献，可以看作《读书志》的提要。"②

《澹生堂集》前六卷是诗，分为三言、四言、六言、五言、七言、八言，五言、七言又分古诗、绝句、律诗和排律，共计968首。就诗而言，文学价值不是太大，但是细细排比，可以理出很多的传状数据，对研究祁氏交游和生平颇有裨益。后十五卷是文，依次为序、跋、引、题、书事后、奏疏、议、策问、记、读书志、传、墓志、墓表、行实、诔、赞、祝文、杂著、尺牍、吏牍。除了前面提到的价值极大的第四十卷《藏书志》，第十二、十三两卷也别具趣味。这二卷收录《数

---

① 陈乃乾著，虞坤林整理：《陈乃乾文集》（上册），国家图书馆出版社2009年版，第217页。
② 黄裳著：《书林一枝》，太原：山西古籍出版社1998年版，第70—78页。

马记》《出白门历》《江行历》《归航录》《戊午历》《己未历》等几种,均是祁氏日记,史料价值不小。其中有的是南北行旅的记事,有的是家居琐事。这中间说到访书的记录很多,可以清晰看出他收书的情况。

《澹生堂集》传世甚少,著名藏书家黄裳藏有一部,是祁氏家藏后印本,避讳很多,墨钉时现。据黄氏考证,"原集大约刻于崇祯中叶。刻成不久就遇到了甲申国变,所以流传很少。过去只在傅增湘的《藏园群书题记》初集中有过著录。那是陶湘的藏书,后来辗转归北平图书馆,现在台湾。"① 此次出版,即据原国立北平图书馆藏崇祯刻本(今原书寄存台北)之缩微胶片翻拍,予以影印。

黄裳先生《关于祁承㸁——读〈澹生堂文集〉》一文洋洋数千言,是目前介绍《澹生堂集》最为全面的文章。经黄裳先生生前慨允,用作序言,以资导读。黄裳先生于9月5日不幸逝世,今此书终得出版,也可算是对先生的追思之情!

另外,为了方便读者阅读检索,我们编制了详尽的目录,冠于书前。因为个别诗作的题名太长,在目录中略显拖沓,我们根据诗的内容,予以重拟题名,特此说明。

(原载《澹生堂集》)

---

① 黄裳著:《书林一枝》,太原:山西古籍出版社1998年版,70—78页。

20世纪上半叶日本所编善本书影述略

本文所言古籍书影，专指对不同古籍及其不同版本的版图样张的汇辑，用以揭示古籍的版式和部分内容的剪贴或印刷品。我国古籍书影的汇编出版，肇端于清末，而发展于民国时期。一般认为，杨守敬《留真谱》是我国古籍书影汇编著作之始。《留真谱》的编辑，乃借鉴于日本汉学家森立之。光绪六年至十年间，杨守敬随同黎庶昌出使日本，曾见到森立之所编《留真谱》："余于日本医士森立之处，见其所摹古书数巨册，或摹期序，或摹其尾，皆有关考研者，使见者如遇真本面目，颜之曰《留真谱》。"① 杨氏创《留真谱》之后，公私藏家纷纷效仿，陆续出现了十数种善本书影汇编图书，既有目录之功，又利于版本鉴别，成为版本目录学相关研究人员的圭臬。

日本对于汉籍的收藏源远流长。其编纂汉和善本书影，同样值得关注。20世纪上半叶，日本公私藏书机构纷纷编纂书影类目录著作。笔者编辑《日藏珍稀中文古籍书影丛刊》时，按照长泽规矩也《中国版本目录学书籍解题》附载的线索，考察了国家图书馆、中科院图书馆等单位的馆藏，翻阅到这段时期日本编印的各类书影著作24种（其中《善本影谱》三期

---

① 杨守敬：《留真谱初编序》，北京：北京图书馆出版社2006年，第1页。

算作一种,《明版戏曲小说留真谱》未见原书)。这个数目并不亚于同时期国内善本书影的编纂,可谓蔚为大观。从制作方式上看,既有剪贴本,也有珂罗版影印本。从编辑体例看,既有汇辑一处之特色专藏者,也有汇编多处收藏之精华者,更有以类相从的专题书影汇辑,可谓品种丰富,制作精良。由于日本有收藏汉籍善本的传统,这些书影著作揭示了大量公私收藏的汉籍善本,具有重要的研究参考价值。有些书中,收入了一定数量的和刻本和日本古写本,于版本鉴定和研究不无裨益。下面我们分为"综合类"和"专题类"两类,略按编纂时间顺序(《法宝留影》为佛教题材,附于最后),一一简略介绍,供大家参考。

一、综合类书影(17 种)

(一)《访书余录》,线装六册

和田维四郎编辑,大正七年(1918)东京精艺出版合资会社印行。和田维四郎(1856—1920),日本著名版本鉴赏家,经过多年努力,编成此书。他不惜重金,珂罗版印制 100 部颁赠海内外的达人君子。是书编者从日本正仓院、内府、社寺、图书馆及缙绅所藏书中精选善本编成。所收图书分为四类:一为旧钞本及其标本,计 42 种;二为古写经及其标本,计 41 种;三为古刊本及其标本,下分二小类:一为古刊本佛经,计 54 种,一为佛经以外的古刊本,计 68 种;四为活字本及其标本,计 37 种。每类之首,编者详细总述此类的基本特征,后面附以书影,每种书一幅或数幅不等,是版本目录学的重要参考资料。国家图书馆藏本为郑振铎旧藏,钤有"长乐郑振铎西谛藏书"之印。按,是书于昭和八年(1933)由东京弘文庄重印，颜曰《重刊访书余录》。2005年，北京图书馆出版社将其收入《珍稀古籍书影丛刊》，影印出版。

（二）《古梓残叶》线装一册，附《解说》一册

秃氏祐祥编辑，昭和四年（1929）七月出版。秃氏祐祥（1879—1960），日本明治、昭和时代的佛学家。净土真宗本愿寺派的僧人，曾任龙谷大学教授。书内收录35种古籍，分为中国、朝鲜部分11种，日本前期部分8种，日本后期部分16种。所收之书，均为原书残叶剪贴而成，宋元佳椠、朝日古刻，都可一睹原貌，洵为珍贵。这样的剪贴本，制作数量应该非常小，不易得见。国家图书馆藏本有"桥川时雄"藏书印，为桥川旧藏。桥川时雄（1894—1982），字子雍，号醉轩。1918—1946年在中国，曾在东方文化事业总委员会等处任职。编撰《中国文化界人物总览》，主持纂修《续修四库全书提要》等。

（三）《成篑堂善本书影七十种》散页装一函七十页，附目录一册

苏峰先生古稀祝贺纪念刊行会编纂，昭和七年（1932）五月民友社影印，限定发行200部。是书乃为纪念德富苏峰七十诞辰而作，同时出版者，尚有《成篑堂善本书目》。德富苏峰（1863—1957），本名德富猪一郎，号苏峰，日本明治时期的著名政治家、评论家、学者和书法家。德富苏峰好藏书，自奈良、平安时期写经、宋元版汉籍、名家稿本、寺社文书，直至明治维新以后的西文书刊，无不倾注心力搜集。书斋号曰"成篑堂"，藏书10余万册。藏书印有"须爱护苏峰嘱""天下之公宝须爱护""天下之公宝须珍惜爱护苏峰嘱"等。《书影七十种》分别收录旧钞本21种、旧刊本10种、古活字印本

12种、朝鲜本6种、宋刊本9种、元刊本5种、明刊本3种、附录2种，均为汉和古籍中之佼佼者。国家图书馆藏是本为郑振铎旧藏，钤有"长乐郑振铎西谛藏书"印。

（四）《倭刊聚叶第一辑》二册，上册线装，下册经折装

斋藤昌三编，书物展望社昭和七年编号限定发行50部，本部编号为"一〇"。斋藤昌三（1887—1961），书物展望社主人，对藏书票颇有研究。著有《藏书票之话》《日本之古藏书票》（剪贴本）、《闲板书国巡礼记》《少雨庄书物随笔》等。是书共收入贞和三年（1347）至明治廿一年（1880）间比较有代表性的和刻本50种，除上册有5种为影印，其余均为原本书叶剪贴，古色古香。每种书影，配有简略精当的信息著录和说明，书前还有田中的序言和斋藤的识语。国家图书馆藏此书为郑振铎旧藏，卷内钤有"长乐郑振铎西谛藏书""长乐郑氏藏书之印"二印。

（五）《旧刊影谱》，精装一册

日本书志学会川濑一马编纂，昭和七年（1932）珂罗版影印本。日本书志学会为长泽规矩也和川濑一马创办，主要致力于古籍版本研究，除《善本影谱》三十辑外，还编有《旧刊影谱》《宋本书影》《书志学》杂志等，培养了不少书志学者。长泽规矩也（1902—1980），字士伦，号静庵，神奈川人。日本法政大学教授、书志学家。1925年毕业于东京帝国大学文学部。他在20世纪二三十年代，曾七次到中国，为日本公私藏书机构大量寻访中国古籍善本。他还为多处编纂书目、书志和书影，是一位出色的版本学家。著有《书目学考论》《中国版本目录学书籍解题》《古书目录法解说》等，下面我们还将提到他编辑的《图书寮宋本书影》等。川濑一马，

也是日本著名的书志学家，其专长在于五山版与活版的研究。是书收录版图166幅，涉及日本奈良至室町末期有代表性的刊本89种。同时，避免了与《善本影谱》之间的重复。

（六）《善本影谱》十辑、癸酉十辑、甲戌十辑，散页装

日本书志学会昭和七年至昭和十年（1935）编纂印行，珂罗版影印，散页装，非卖品。《善本影谱》前后共出版三十辑，第一期十辑收汉和善本版图124幅，癸酉十辑收版图121幅，甲戌十辑收116幅，每种书少至一幅，多至三五幅，要皆能反映所录善本特征，版图前有较为详尽的文字说明；凡能成一专辑者，均置于一辑，便于参照研究。国家图书馆藏此三期《善本影谱》为郑振铎旧藏，内钤"长乐郑振铎西谛藏书"之印。其中昭和七年的第六辑缺"纂图互注礼记"版图之二；昭和八年的第七辑缺"孝经直解"版图之"本文第八叶""事林广记"版图之三以及"全相平话"的所有版图。中国科学院图书馆藏有昭和八年的二至十辑，其中第七辑内不缺页。

（七）《近畿善本图录》，线装一册

大阪府立图书馆编纂，昭和八年（1933）六月贵重图书影本刊行会影印本。从卷首大阪府立图书馆馆长今井贯一的简短前言可知，此书时一册展览图录。大阪府立图书馆为了纪念成立三十周年，组织"近畿善本展览"，邀请了京都市、大阪市、奈良市、滋贺县、兵库县、和歌山县等市县的公私收藏机构和个人参与，各家出示特色藏品，供公众参观。为了纪念这次盛大的善本展览，大阪府立图书馆编辑了这部图录。书内共收古刻旧钞73种，不乏"国宝"级珍品，如晋钞《三国志》、唐钞《春秋经传集解》《王勃集》等等。书影旁著录书名、版本和收藏者，简洁明了。

（八）《宋本书影》，精装一册

长泽规矩也编纂，昭和八年六月印行。是书乃日本书志学会举办的"宋刊本展览会"图录，要以方便参观者日后对照研究。为了避免与此前《善本影谱》重复，将重出书的版图进行了改换。书内共收录宋刊本 30 种，每种书录 1—4 幅书影不等。书影前有详尽的文字说明，依次著录书名卷次、行款刊记、尺寸、藏印等等，还作了一定的考证。书末附有《两宋年号表》和《宋本避讳字表》。国家图书馆藏是书为郑振铎旧藏，卷首钤"长乐郑振铎西谛藏书"，卷末钤"长乐郑氏藏书之印"。

（九）《静嘉堂宋本书影》，精装一册

诸桥辙次编辑，昭和八年十一月印行。诸桥辙次（1883—1982），别号止轩，日本神户人。他是日本著名的汉学家，1921—1955 年兼任静嘉堂文库库长。著有《诗经研究》《经史八论》《大汉和辞典》等。这册书影，正是他兼任静嘉堂文库库长时所编辑。《静嘉堂宋本书影》从静嘉堂所藏 110 余种宋本书中，选出 40 种精品，共有版图 60 幅，每种书前有详细著录和解说。其中包含了我国近代著名藏书家陆心源之皕宋楼的部分旧藏，对于研究陆氏所藏宋版书，颇有裨益。是书国家图书馆藏本为张元济先生赠书，书前粘有"张菊生先生惠赠"藏书票一枚。

（十）《古版本图录》，平装一册

川濑一马编，昭和八年东京一诚堂书店影印本。是书乃为一诚堂书店创立 30 周年举办的"名家秘藏古版本展览"之图录，收录日本奈良朝至江户末期较有代表性的刻本 140 种，每种附有简明的解说，基本反映了和刻本的发展脉络，有很高的参考价值。不足之处是将书影全部缩小拼版印制，颇失大气。

（十一）《金泽文库本图录》，平装二册

关靖编，昭和十年（1935）至十一年幽学社珂罗版影印本。关靖（1877—1958），日本目录版本学家，著有《金泽文库的研究》等。金泽文库是日本中世纪时期武家北条氏政权所创的私人图书馆，大约始于1275年，用以收藏北条氏所藏的汉和文献。它的收藏很有价值，"由于它本身存在的时代，决定了'金泽文库本'主要是宋元刊本和明代初期的刊本与同时代的手写本，以及与这一时期相一致的日本自己的'和刊本'与'和写本'，其中有不少是国内已经逸失，于当今被称为'国宝'的典籍。"① 这部图录比较全面的收录了金泽文库所藏珍本之书影，每种附有简洁的文字说明，是人们形象了解金泽文库秘藏的重要参考。

（十二）《恭仁山庄善本书影》，线装一册

大阪府立图书馆编纂，昭和十年三月小林写真制版所出版部印行，开本阔大，用纸精良。恭仁山庄即日本京都大学东洋史教授内藤湖南（1866—1934）的书库，收藏汉籍善本甚夥，精品良多。内藤湖南去世一年后，大阪府立图书馆为了纪念他，专门举办了"恭仁山庄善本展"，并珂罗版印制了这册《恭仁山庄善本书影》。此书共收善本书影95种，标注日本文化财审议委员会指定为"国宝"级的有7种之多。其中便有赫赫有名的"恭仁山庄四宝"，即北宋刊本《史记集解》、宋刊本《毛诗正义单疏本》、唐写本《说文解字》木部残卷以及

---

① 严绍璗：《日本藏汉籍珍本追踪纪实》，上海：上海古籍出版社2005年，234—235。

平安朝写本《春秋经传集解》残篇。书前有内藤氏《恭仁山庄四宝诗》七绝四首,分别题咏此四书。诗言"史记并收南北宋,书生此处足称豪",那种坐拥书城,独享千古孤本的自得之情,溢于言表。国家图书馆藏本为郑振铎旧藏,钤有"长乐郑振铎西谛藏书""长乐郑氏藏书之印"二印。

(十三)《真福寺善本书影》,线装一册

大阪府立图书馆编纂,昭和十年十二月印行,开本用纸同上书。真福寺的汉籍收藏,在日本寺庙收藏中占据着重要的位置。寺中所藏,"主要为十四世纪该寺二代持主信瑜的收藏。如是,则此地的典籍——无论是写本或是刻本,皆不会晚于元末明初之时。"① 1935年12月18—20日,大阪府立图书馆征得真福寺允许,举办了"真福寺善本展览",这册书影便是展览的图录。书内收录真福寺善本书影70种,其中的"国宝"级善本达25种之多,是真福寺所藏善本第一次如此大规模地揭示,具有重要的参考价值。国家图书馆藏本为郑振铎旧藏,书内钤有"长乐郑振铎西谛藏书""长乐郑氏藏书之印"二印,且扉页题有"西谛"二字。

(十四)《富冈文库善本书影》,线装一册

大阪府立图书馆编纂,昭和十一年(1936)六月小林写真制版所出版部印行,开本用纸同前书。富冈铁斋(1837—1924),近代日本画坛巨匠,喜好收藏。其子桃华盦主亦好古笃学,能聚藏古书。昭和十一年,大阪府立图书馆请富冈氏在万卷藏书中选择善本九十余种,举办展览,并编纂出版了这册

---

① 严绍璗:《在真福寺访"国宝"》,《中华读书报》2000年8月3日。

《富冈文库善本书影》。内收善本书影91种，其中"国宝"级3种。书前有铁斋及其子照片，皆询询儒者。

（十五）《图书寮宋本书影》，线装一册

日本书志学会编纂，昭和十一年八月共立社印刷所印行，非卖品。图书寮是日本皇室于公元701年创建的，属于"中务省"，专门从事图书的收集、誊写与保存。明治十七年（1884），日本采用近代官制，图书寮便移至宫内省。二战后，日本进行了全面的政治机构的改革，宫内官职也有变动。1949年，图书寮正式移交宫内厅，并改称为"书陵部"，一直沿袭到现今。图书寮经过千余年的积累，收藏富美，其中的汉籍善本更是占据了重要位置。此《图书寮宋本书影》即收入65种宋本，将图书寮藏宋本几乎一网打尽，两宋佳椠、蜀刻建刊，应有尽有，令人爱不释手。国家图书馆藏本为郑振铎旧藏，卷内钤有"长乐郑振铎西谛藏书""长乐郑氏藏书之印"二印。

（十六）《敦煌秘籍留真》，线装二册

神田喜一郎编辑，昭和十三年（1938）小林写真出版所珂罗版印本。神田喜一郎（1897—1984），号鬯盦，日本现代著名学者。他在京都大学读书时，受业于内藤湖南，后在台北、大阪等地任教。他留学法国时，翻阅巴黎国民图书馆藏伯希和所得敦煌遗书中珍本秘籍，亲自摄影，累计千余种；以耗资巨大，故先择其尤精者付诸影印，由日本当时制版技术最高的小林写真制版所精印。收书凡63种，每种选一至数幅不等，大多为儒家、道教、文学及史料文书，是敦煌遗书精粹之所在。

（十七）《敦煌秘籍留真新编》，线装二册

神田喜一郎辑，民国三十六年（1947）台湾大学出版。

神田氏继《留真》后，又将所摄残卷33种全部影印，与前者略有重复。前有许寿裳序。此书尚未出版，日本战败投降，台湾大学拾掇散页，编为二册。周一良先生有《跋敦煌秘籍留真新编》一文，略述其内容，又有精辟评价："新编所收写本多无题记，其略值注意者，唯上册页———所印伯希和二四八六号《穀梁集解》哀公十二卷尾'龙朔三年三月□日亭长娄思恽写'一条而已。就历史资料价值而言，新编之景印全部翻不如留真之颛录题记矣。目录寥寥数页，而颇有误植。"①

二、专题类书影（7种）

（一）《论语善本书影》，线装一册

大阪府立图书馆编纂，昭和六年五月贵重图书影本刊行会珂罗版印行。据书前今井贯一的简短前言可知，大阪府立图书馆于昭和六年五月举行"《论语》展览会"。这次展览邀集了东京、京都等地的31家公私藏书机构，陈列历代《论语》钞本、刻本150多种，古刻旧钞会于一堂，令观者惊叹。为了方便人们研究，又征得各家同意，甄选了63种善本，摄制版图78幅，珂罗版制作了这部《论语善本书影》。册末附上了解说，对每种入选图书作了必要的介绍。

（二）《十三经注疏影谱》，一函60页，散页装，附解说一册

长泽规矩也编纂，昭和九年（1934）十二月珂罗版印行。从版权看，此为日本书志学会《善本影谱》别刊之一种。本

---

① 周一良：《跋敦煌秘籍留真新编》，《清华大学学报》1948年第1期，第157页。

书共收历代《十三经注疏》善本书影 60 幅，并附有长泽规矩也撰写的序言及《十三经注疏版本略说》，图文结合，非常清晰地反映出了《十三经注疏》的版本及刊刻轨迹。国家图书馆藏本为郑振铎旧藏，内钤"长乐郑振铎西谛藏书""长乐郑氏藏书之印"二印。其内缺失"越刊八行本礼记，宋末补修本"一图，中国科学院图书馆藏本不缺。

（三）《论语秘本影谱》，线装一册

斯文会编，昭和十年影印本，非卖品。斯文会，原名斯文学会，是日本的一个亿儒释道精神维持风教的学术团体。昭和十年春天，汤岛圣堂复兴儒道大会在东京召开，为了纪念此次会议，将日本所藏《论语》之古版旧钞本每种择一两页，附上解说，编成此书。卷内共收《论语》秘本 23 种，主要为宋元刻本和日本室町时代刻本，以及日本旧钞本，涉及公私收藏机构 10 家。其中所收 11 种宋元刻本，有些是国内无存的，至为珍贵。

（四）《孝经善本集影》，线装一册

大阪府立图书馆编纂，昭和十二年（1937）六月小林写真制版所出版部印行。1937 年 6 月，大阪府立图书馆举办"《孝经》展览会"，从 44 家公私机构征集到《孝经》版本 125 种，涵盖了石经拓本、敦煌卷子、中日古钞、宋元名刻等等，可谓琳琅满目。国家图书馆藏是本为郑振铎旧藏，钤有"长乐郑振铎西谛藏书""长乐郑氏藏书之印"二印。

（五）《明清插图本图录》，平装一册

薄井君入营纪念会（代表人为长泽规矩也）编纂，昭和十七年（1942）六月共立社印刷所珂罗版印行。本书收入明清两代具有代表性的插图本 60 种，版图 71 幅，卷前写有解说，简明介绍所录之书，比较全面地总结了我国明清时期版画刻印的成果。一展卷，人物生动如跃然纸上，山水灵动如身临其境，足资细细玩味。国家图书馆藏是书为郑振铎旧藏，钤有"长乐郑振铎西谛藏书"之印。

(六)《明版戏曲小说留真谱》

此书国家图书馆等处不藏，未能获睹原书，具体出版年月不详，仅知见录于长泽规矩也《中国版本目录学书籍解题》，今迻录其著录情况如下，提供一丝线索：

桥川时雄、仓石武四郎编。无序跋。以马廉所藏（现归北京大学图书馆）为主，有王孝慈所藏（现归北平图书馆）、孔德学校所藏戏曲小说书之卷头绘图照片二百页。附目录一小册。民国间照相片及铅印本。①

(七)《法宝留影》，精装一册

《大正一切经》刊行会编纂，大正十四年（1925）初版，十五年再版印行。是编辑录东亚地区佛经版本数十种，皆用珂罗版影印，如甘露元年写《譬喻经》、唐章草写本《法华经》、隋写本《贤劫经》《开宝藏》《崇宁藏》《毗卢藏》《思溪藏》《普宁藏》等等，皆为传世珍本。卷内还收有梵文本、罗马文本等，涉及多种语言的佛经，庶几为一部佛教刊刻传播史。国家图书馆藏是书为郑振铎旧藏，钤有"长乐郑振铎西谛藏书""长乐郑氏藏书之印"二印。

三、结论

上述 24 种善本书影，或为原书剪贴本，或为珂罗版影印

---

① 长泽规矩也：《中国版本目录学书籍解题》，北京：书目文献出版社 1990 年版，第 204 页。

本，大多印制精良，保留了所录善本的重要信息，并且配有相应的文字说明，具有很大的研究和参考价值。首先，能够令人熟悉古刻旧钞的原貌，了解版刻沿革和字体变化；其次，提供大量的汉和牌记和藏书印记，利于鉴定相关古籍的版本和了解珍贵典籍的流转传承。第三，通过对比图录，可以甄选版本和史料价值较大的汉籍珍本，与其收藏机构合作，加强海外汉籍善本的回归与整理。

（原载《出版史料》2013年第3期）

梁章鉅批校翻刻汲古阁本《文选》及其价值
——以《魏都赋》为例

梁章鉅（1775—1849）是清代著名的选学大家，著有《文选旁证》一书。虽然屡有疑义，但也不乏为其正名者。如王书才《梁章鉅对〈文选旁证〉的著作权难以否定》（《甘肃社会科学》2005年第3期，128—130页）、李永贤《〈文选旁证〉著者考辨》（《中州学刊》2006年第4期，205—208页）、王小婷《〈文选旁证〉著作权问题之争》（《东岳论坛》2009年第7期，119—123页），都以比较明显证据，对此前否定梁章鉅撰《文选旁证》的观点进行了驳斥，肯定了梁章鉅在清代文选学研究中的地位。据《中国古籍善本书目》所载，梁章鉅批校的《文选》相关著作存世者有两种：一是藏于福建师范大学图书馆的翻刻汲古阁本《文选》；一是藏于南开大学图书馆的明张凤翼《文选纂注》。本文概略介绍梁章鉅批校汲古阁本《文选》的情况，并以其卷六《魏都赋》为具体案例，对照《文选旁证》① 阅读，以期初步揭示该批校本的研究价值，抛砖引玉。

一、梁章鉅批校翻刻汲古阁本《文选》的基本情况

此《文选》线装二十四册，屡经修补，虽略有虫蛀破损，

---

① （清）梁章鉅撰，穆克宏点校：《文选旁证》，福州：福建人民出版社2000年版。

略有损字,但绝大多数的批校内容得以保存。卷内钤有"梁章钜印""茝邻""茝林""第五之名""紫林""梁章鉅""长毋相忘""华藻绣帅""明月前身"等梁章钜的印章,以及"福建师范学院图书馆藏书印"。这些基本可以确定,原书为清代著名文选学家梁章钜所藏,后辗转归福建师范大学(原福建师范学院)所有。是书半框尺寸 21.5×14.8 厘米。半叶十二行,行二十五字,小字双行三十七字。白口,左右双边,单鱼尾,版心偶镌"汲古阁"和"毛氏正本"。绝大多数卷首有镌"琴川毛凤苞氏审定宋本"。据范志新教授《汲古阁毛本散论》所列汲古阁原刻及十一种翻刻本的特征对比表格①,此本与乾隆素位堂翻刻本比较接近。但又有所不同,如卷六末叶"文选卷六终"几字,素位堂本在上半叶,而此本在下半叶,版心素位堂本是"汲古阁毛氏定本",此本已变为"文选卷之六"。由于此本已经不见明确的牌记,只好泛定为清乾隆翻刻汲古阁本。

梁章钜《文选旁证》引书一千三百多种,大多是其藏书,该目录未经刻印,今不得见,但从附刻的"引用各部文选书目"三十多种,也可窥见一斑。其中列有"汲古阁文选,明毛晋刊本",为明毛晋原刻,并非此本,而是梁章钜撰著《文选旁证》重要的参校本。一是如上文所言,此本为翻汲古阁本,已是定论;二是对照《文选旁证》中参校的"毛本",二者有一致之处:如卷六《魏都赋》(以下所举均为此篇,不再标注)"丹青炳焕"《旁证》云:"《六臣》本、毛本'焕炳'并作'炳焕'。"此本同毛本。注文"南则金虎台"《旁证》云:"《六臣》本、毛本'虎'并作'凤',误也。"此本作

---

① 范志新撰:《文选版本论稿》,南昌:江西人民出版社 2003 年版,第 94 页。

"凤",并由梁氏朱笔校改为"虎"。但更有多处异文:如"嘉祥徽而显而豫作",《旁证》云:"毛本'徽'作'微'。"但此本作"徽";"俸拱木于林衡"《旁证》云:"《六臣》本、毛本'俸'并作'偋'。"此本作"俸"。

该书卷一至三十六、四十一、四十四、四十七、四十九、五十四、五十五、五十八的卷首或卷尾保留有梁章钜识语和钤印,详列表格如下,供大家参考:

卷次	卷首识语	卷首钤印	卷末识语	卷末钤印
1			墨笔:"戊辰(嘉庆十三年,1808)初冬校于赛月亭之背树轩。"	梁章钜印
2		茝林、梁章钜印	墨笔:"戊辰小雪节手校。"	茝邻、长毋相忘
3		明月前身、茝林		章钜、长毋相忘
4		长乐名家、梁章钜印		
5		梁章钜印、茝林	墨笔:"戊辰孟冬上澣手校。"	长毋相忘、茝邻、十五代读书之家
6	嘉庆甲子(九年,1804)二月初旬校	花藻绣帨、长毋相忘、梁章钜印、紫林	墨笔:"十月十日手校。"	
7		第五之名、紫林、明月前身	墨笔:"十月望日校。"	
8		长毋相忘、章钜、紫林	墨笔:"十月望后一日校,是日阴昏欲雨,闭户不出,亦无客扰,故所校独多。"	

卷次	卷首识语	卷首钤印	卷末识语	卷末钤印
9		长乐名家、梁章钜印、茝林		
10		明月前身、梁章钜	墨笔:"十月十七日校。"	
11		长毋相忘、梁章钜印	朱笔:"二月初九日,章钜录毕并识。"墨笔:"戊辰十月十八日校于赛月亭之背树轩。"	章钜、十五代读书之家
12	嘉庆甲子正月中旬校。	章钜、长毋相忘、梁章钜印、华藻绣帅、第五之名	墨笔:"十月十九日校。"	茝邻
13		茝林	墨笔:"十九夜校。"	梁章钜印
14		长乐名家、梁章钜印	墨笔:"二十早晨雨窗校。"	章钜
15		明月前身、梁章钜印、第五之名	墨笔:"二十日午后校。"	章钜
16			朱笔:"正月廿一日章钜录毕□识。"墨笔:"戊辰十月二十午后手□□赛月亭之背树轩。是日何三石农代齐北瀛册使札抬顾,毕此卷。□□□□也。"	梁章钜印、闽中氏、十五代读书之家、长毋相忘
17	嘉庆甲子二月中旬校。		墨笔:"十月廿一日。"	
18			墨笔:"十月廿五日。"	

卷次	卷首识语	卷首钤印	卷末识语	卷末钤印
19			墨笔："十月廿六日校。冬晴已久，微有雨意，翘首俟之。"	
20			朱笔："二月十四日章鉅录毕并识。" 墨笔："戊辰十月廿六夜，较于赛月亭之背树轩。"	梁章鉅印
21	嘉庆甲子二月中旬校。	梁章鉅印、十五代读书之家	墨笔："腊月十三日校于抚署之思孟山房。十一月初七进署，至此始稍清暇，因续校之。"	章鉅
22		华藻绣帅、茝邻	墨笔："十三夜。"	梁章鉅印
23		梁章鉅印、茝邻		华藻绣帅
24			墨笔："腊月十四日校于思孟山房。"	
25		梁章鉅印、茝邻	朱笔："二月廿五日章鉅录毕手识。" 墨笔："戊辰腊月望日校于思孟山房。"	章鉅、十五代读书之家
26	嘉庆甲子二月末旬校。	梁章鉅印、华藻绣帅、十五代读书之家	墨笔："戊辰腊月十六日校于思孟山房。"	
27		华藻绣帅	墨笔："戊辰腊月十七日校。"	
28		华藻绣帅	墨笔："己巳正月廿九日校于思孟山房。是日笔墨稍暇，偷闲理此。"	
29		华藻绣帅		

卷次	卷首识语	卷首钤印	卷末识语	卷末钤印
30		华藻绣帅	朱笔:"嘉庆甲子三月朔日,章鉅录毕并识。" 墨笔:"庚午重阳后三日,补校于赛月亭。"	梁章鉅印、十五代读书之家
31	嘉庆甲子五月校。	章鉅、明月前身、梁章鉅印、长毋相忘		
32		长乐名家、梁章鉅印		
33		第五之名、紫林		
34		章鉅、茞林		
35		长乐名家、茞林	朱笔:"七月初二日,章鉅录毕并识。" 墨笔:"庚午八月十六日,重校于补萝山馆。"	长毋相忘、章鉅
36	嘉庆甲子七月末旬校。			
41	嘉庆甲子九月校。			
44			朱笔:"嘉庆甲子十二月二十八日,章鉅录毕手识。" 墨笔"庚午(嘉庆十五年,1810)秋分节,重校于赛月亭。"	梁章鉅印、蓬山过客
47			墨笔:"庚午八月廿六夜重校。"	

卷次	卷首识语	卷首钤印	卷末识语	卷末钤印
49			朱笔:"嘉庆乙丑元旦至三日,章钜录毕并识。"墨笔:"庚午八月廿七日重校于赛月亭。"	梁章钜印
54			墨笔:"庚午九月朔,重校于赛月亭。"	
55			朱笔:"嘉庆乙丑(十年,1805)正月初六日,章钜手录并识。"墨笔:"庚午九月初三晨重校于赛月亭。是日,秋闱揭晓。"	梁章钜印、十五代读书之家
58			墨笔:"庚午九月七日重校于赛月亭"。	

二、批校本与《文选旁证》的关系

梁章钜在《文选旁证自序》中说:"束发受书,即好萧《选》。仰承庭训,长更明师。南北往来,钻研不废。岁月迄兹,遂有所积。"此序作于道光十四年(1834),距其"束发"(约1795年),整整四十年,时间之长,用力之勤,不言自明。从上表梁氏题识可知,他于嘉庆九年甲子至十年乙丑(1804—1805)分卷陆续校读,而嘉庆十三年戊辰至十五年庚午(1808—1810)持续用力于该本。此外,尚有一些浮签,见于卷内,当是后来陆续添入。《文选旁证凡例》云:"是编创始于嘉庆甲子,丹黄矻矻已三十余年,中间凡八易稿,而舛互漏略之处,愈勘愈多。"可见,此本就是梁氏《文选旁证》之发端,且后来数次增删修改。

首先，从参考文献来看，批校本引书已经占《文选旁证》成书引书相当的比重。《文选旁证凡例》："校列文字异同，亦以李本为主。次及五臣注，次及六臣本，又次及近人所校，及他书所引。""所据校本，何义门、陈少章、余仲林、段懋堂四家之说最多，除首见标何氏焯、陈氏景云、余氏萧客、段氏玉裁外，以下但标何、陈、余、段各姓，以省繁复。""是编叙述师说为多，侯官林畅园师有《补注》，称林先生。鄱阳胡果泉师有《考异》，称胡公《考异》。大兴翁覃溪师，称翁先生。河间纪晓岚师，称纪文达公。仪征阮芸台师，称阮先生。"批校本中书眉可见"林曰""集成""渝注""方曰""余曰""何曰"等等，《文选旁证》的架构已初具雏形。

其次，从内容来看，《文选旁证》对批校本的袭用显而易见。如"造文昌之广殿，极栋宇之弘规。"林曰："《南齐书·礼志》：魏武都邺，正会文昌殿，用汉仪，设百华灯。"《旁证》："林先生曰：《南齐书·礼志》：魏武都邺，正会文昌，用汉仪。""洗兵海岛，刷马江洲。"林按："《六韬》：武王问太公：雨辎重至轸何也？云：洗甲兵也。"《旁证》："林先生曰：《六韬》：武王问太公：雨辎重至轸何也？云：洗甲兵也。"诸如此类，不胜枚举。

三、批校本的重要价值

首先，该本是梁章钜撰著《文选旁证》的明证，此前的怀疑之声，至此可休。正如本文开始罗列数篇文章，均在讨论《文选旁证》的著作权问题，并且找到了很多旁证，反驳怀疑梁章钜的说法。现在我们看到这个批校本，有梁章钜亲笔批校、题识和印章俱在，似乎就不用再费笔墨了。梁氏的著作权不容置疑。

其次，此书是研究《文选旁证》成书过程的重要实物，是厘清《旁证》中袭用他人成果未加注明的证据。梁章钜是在多年阅读和积累的基础上，几经增删，才撰成《旁证》一书的。如"魏国先生有睟其容"上批语："《玉篇》引作'其色睟然'。崔氏曰，据此则'睟然'二字似当连上为句。"至《旁证》为："《玉篇》作'其色睟然'。疑古本'睟然'二字连上为句也。"显得更为简洁明了。又如"蒹葭蓁，藿蒻森。"批校本是："《学林》按：《尔雅·释兽》曰：蓁，有力；释音：蓁音铉，无分别之义。蒹葭，《诗》郑笺曰：蒹葭在众卉之中，苍然强也。此赋云蒹葭蓁者，岂非以蓁有力而蒹葭苍然若强有力者耶！"《旁证》为："王氏《学林》云：《尔雅》：蓁，有力。《诗·蒹葭》笺云：蒹葭在众卉之中，苍然强也。此赋'蒹葭蓁'者，当作强有力解。"在引书前加了作者，删去了繁复内容，"当作强有力解"则比批校本更为直接肯定，简洁易懂。

批校本可以直接证明梁氏的著作权，但是也暴露出梁氏有钞袭而未见注明处。如"旅楹闲列，晖鉴挟振"林按："子云赋：日月才经于栐桭。栐桭，屋上栋隆之所居也，宜从木旁。"《旁证》则为："'挟振'当作'栐桭'。《甘泉赋》：日月才经于栐桭。""楸梓木兰，次舍甲乙。"林按："宫中舍宇以甲乙分上下等。《汉书》：元帝在太子宫生甲观画堂、《元后传》言见于丙殿、《清河孝王庆传》遂出宫人至丙社可证。"《旁证》为："汉制：宫中舍宇以甲乙分上下等。《汉书·成纪》：元帝在太子宫生甲观画堂。《元后传》言见于丙殿。《后汉书·清河孝王庆传》：遂出贵人，至丙社。可证。""长涂牟首，豪徽互经。"林曰按："《汉书》注：牟首，孟康以地名，上有观；如淳以为屏面；臣瓒以为池名，在上林苑中；师古曰：瓒说是；渊林注无所出。"又按："刘敞曰：牟首，岑牟也。岑牟盖鼓角士胄，即祢衡为鼓角吏所著者。"本《汉书刊误》。林按："《汉官旧仪》云：上林苑中昆明池、镐池、牟首诸池取鱼鳖给祠祀用。据此，牟首实池名。臣瓒之说本此。"《旁证》为："《汉书·霍光传》：辇道牟首。孟康曰：牟首，地名也，上有观。如淳曰：屏面。臣瓒曰：池名，在上林苑中。师古曰：瓒说是也。又左思《吴都赋》云：长途牟首。刘逵以为牟首，阁道有室屋也。此说更无所出。或者思及逵据此辇道牟首，便误用之乎？按《汉官旧仪》云：上林苑中昆明池、镐池、牟首诸池，取鱼鳖给祠祀用。据此，则牟首实池名也。又按思语在《魏都赋》。著者张载、师古引作《吴都》，刘逵盖误记也。"可以看出，梁氏对林茂春的引书作了一些核查工作，加上了更为明确的书名或篇名，引文也修改的更为精当，但是两相对比，显然是袭用了林氏之说，但是又没有注明"林先生云"。还有一些情况是袭用林氏之说而下的结论，也未作标明。如"丧乱既弭而能宴，武人归兽而去战。"注文"《尚书》曰：往伐归兽。"林曰："按'往伐归兽'见《书》序。《匡谬正俗》云：兽当作兽。"《旁证》为："'书'下当有'序'字。"

第三，该本保存了大量的清人尤其是林茂春《文选补注》的内容。民国《闽侯县志》（欧阳英纂修，民国二十二年刻本）卷七十一"文苑上"载："林茂春，字崇达，号鬯园。乾隆丁酉拔贡，廷试第一，官教谕，丙午举于乡。视经、史、子、集如性命，尤专于左氏传及马、班二史，次则于后汉、晋、南北朝诸史及历代古、近体诗、近世诸公选集，如是者垂五十年，成《左传补注》《汉书补注》《文选补注》诸书若干卷，弟子梁章鉅自言作《文选旁证》，所述师说为多。茂春与知名士立程限攻经史,为读书社,社友最著者如龚景瀚,林乔荫、其弟澍蕃,林其宴,陈登龙,皆以文章经济名于时。茂春官终漳州府学教授,朴拙不交当路,为诗肆力韩、苏,专学其七言古体,存稿颇多。"林氏《史记拾遗》《后汉书校语》《后汉书拾遗》有钞本传世,《文选补注》未见传本,赖梁章钜《文选旁证》略可窥见。但此批校本中过录的林氏按语甚多,仅《魏都赋》一篇,批校本过录林茂春按语而不见于《文选旁证》的就有12条之多,为我们进一步研究林茂春《文选补注》提供了重要线索和材料。今移录于此,供大家参考:

1. "孰愈寻靡葀于中逵。"林按:"《楚词》旧注靡葀九衢,言其枝九出耳。《山海经》有四衢五衢之语是也。太冲以衢为逵,自是误解。"

2. "剑阁虽嶕,凭之者蹶,非所以深根固蒂也。洞庭虽浚,负之者北,非所以爱人治国也。"林按:"凭剑阁指公孙述,负洞庭指有苗,借往事以斥吴蜀。"

3. "况河冀之爽垲,与江介之湫湄。"录(杨)慎曰:"此一段并吴蜀在内,小战江介,则成都自溃,江介固不专江左矣,旧注往往失之。"

4. "而是有魏开国之日",林按:"《魏志》,建安十八年策命公为魏公。秋七月,始建魏社稷。"

5. "藏气谶纬,阒象竹帛。"林按:"谶纬,如汉当涂高之文。"

6. "造文昌之广殿,极栋宇之弘规。"林按:"《水经注》:文昌殿,文石为基,一基下五百武,屈柱跌瓦,悉铸铜为之。"

7. "丧乱既弭而能宴,武人归兽而去战。"注文"《尚书》曰:往伐归兽。"林曰:"按往伐归兽见《书》序。《匡谬正俗》云：兽当作兽。"

8. "鬈首之豪，鑢耳之杰。"注文："《山海经》曰：青要之山，魑武罗司之，穿耳以鑢。郭璞曰：鑢，金银之器名。魑，音神。"林曰："按《五经集韵》：鑢，耳环，与璩同。"

9. "山图其石，川形其宝。"林曰按："《张骜传》：青龙四年，张掖川溢，宝石负图，仓质素章，麟凤龟马，焕炳成形。高堂隆以为东序之世宝。事班〔颁〕天下。"

10. "莫黑匪乌，三趾而来仪。莫赤匪狐，九尾而自扰。"林曰："《文帝纪》注：五彩之鱼，杂沓其间。"又林曰按："《瑞应图》：九尾狐，六合一同则见。文王时，东夷归之。《吕氏春秋》：禹行涂山，有白狐九尾造焉。《山海经》：青邱之山，有兽如狐而九尾。《援神契》云：德至鸟兽，则狐九尾。《竹书》：伯杼征于东海，及三寿，得一狐九尾。"

11. "宵貌蕞陋，禀质遴脆。"林按："形容短矮曰遴。《唐书·王伾传》：形容遴陋。宵通肖。"

12. "风俗以蛮果为爐。"林按："《通雅》曰，蛮一作僆，狭也。《仓颉篇》'果敢'作'猓敢'。爐，古音'坏'，与'快'近，盖言风俗以隘狭果敢为快也。《史通》'苍梧人风果爐'正用此。"

此外，梁氏校读《文选》，还袭用了林茂春的圈点成果。如卷六等有："照林本圈。"因此，如果加以仔细钩沉，林氏《文选补注》一书的面貌会更显清晰。

（原载《国学季刊》第 3 期）

《国学基本典籍丛刊》出版漫谈

《国学基本典籍丛刊》（下简称《丛刊》）已经陆续出版《宋本论语集注》等21种62册，前些日子，全部100种目录最终确定，80%底本扫描完毕，紧绷的心弦略略松下一点。《丛刊》在学者和广大读者中引起了不小的关注，引起关注是意料之中，但受关注程度确是始料未及。今年4月21日，国家古籍保护中心向北京大学中国古典文献学师生赠送当时出版的12种38册70套，7月12日，又向南开大学历史学院和文学院师生赠送70套。《光明日报》《中国文化报》《人民政协报》《中国社会科学报》等媒体给予重点报道，在本属于"小众"的古籍圈子，掀起了《丛刊》的赠送、购买、讨论、评价的持续高潮。作为《丛刊》项目负责人，我有幸参与了《丛刊》策划、选目、编辑、印制、营销的全过程，最为熟悉，将相关情况记录清楚，责无旁贷。

一、选题背景

将古籍善本大众化，是我所在单位国家图书馆和国家古籍保护中心的一致努力的方向，而我工作的部门国家图书馆出版社（下简称国图社）在中心领导之下，承担起了落实具体项目的平台作用。这个项目，是我们按照国家古籍保护中心的指导，整合各收藏机构的古籍善本资源，选出有市场竞争力的经典读物，单品种出版，采用低廉定价的方式，目标读者定义为文史学者、研究生和古籍爱好者以及各类图书馆（含中小学图书馆）。据前期调查，此前影印出版的单种经典著作，大多为常见的清刻本或民国的本子，有些的印刷质量更是难以让读者满意。在底本方面，国图社具有得天独厚的资源优势，所以，可以从版本上占据优势，将经史子集各部的经典的宋元珍本，印成大众能够接受的样子。我们的《中华再造善本》是高端，那这套丛书走的就是普惠路线。当然，《丛刊》的诞生，还要从2014年谈起。

2014年8月25日，山东大学儒学高等研究院教授、副院长杜泽逊先生应邀在国家图书馆古籍馆临琼楼讲座《清代文献的整理与出版》，听众主要是我社的编辑与国家图书馆古籍馆的老师。讲座之余，杜老师给我们出版社提了一个建议：国图社出版了大量的中国传统文化典籍，但由于这些典籍的出版往往采用丛书的方式或线装形式，供公共图书馆和大学图书馆典藏使用，普通读者因价格较高、部头较大，不易购买使用。国图社应该将经史子集各部的常用典籍，选择存世善本，分辑陆续出版单行本，以嘉惠学林。凡事欲立，英雄所见略同。在杜老师来讲座的前几天，时任总编辑的贾贵荣老师就找我谈话，大概意思是应该不计利润，出版一些经典著作的单行本，让我写一个策划案。当时我刚刚从两个学术会议回到北京，会上与一些老师的交流，也让我深深感觉到出版这类图书的必要性和重要性，贾总编辑的谈话令我激动不已，当天晚上就写出初步的选题策划方案，次日呈给了贾老师。杜老师讲座之余的希冀，表达了学者的愿望，贾总编说出了出版人的理想，双方的想法，不谋而合。讲座结束后，贾总编又找我谈话，并以杜老师的建议鼓励，让我将选题策划案优化完善，尽快拟出草目，请杜老师帮忙审定，《丛刊》由此而始。

二、选目审定

定名《国学基本典籍丛刊》后,要印哪些书,用什么版本,选目成为最关键的环节,这其中,杜泽逊老师的悉心指导和及时回复,令人感动。刚开始,贾老师和我商定了《宋本论语集注》等几种,决定与善本部签订底本使用合同,先出版几种试试。2016年4月,《宋本论语集注》等3种10册出版,社会反响很好。社领导要求我尽快完成后续选目,请杜老师审定。上下重视,机会难得,我连夜选目,5月12日发给了杜老师,邮件内容如下:

> 杜老师:
>
> 《国学基本典籍丛刊》的出版,初期反响良好,得到方社长、贾总编和殷社长的高度重视,要求我们要跟上,尽快再推出一批(包含已出的四种10册,要求今年下半年推出20多种,明年20多种,到明年要至少出版50种)。我从再造善本和我社出版的其他古籍中,初选了一些,现发给您,请您拨冗增删,选定50种左右。此后出版的丛刊封面"国学基本典籍丛刊"下,会加上"杜泽逊 主编(或审定)"。
>
> 祝好
>
> 小南敬上

杜老师当日即复信:

> 江涛同志,《国学基本典籍丛刊》建议承蒙贵社采纳,物美价廉,造福初学,有功文化,恩泽无量。初集选目及说明,承贾贵荣总编之嘱代拟,以后选目由贵社拟订,泽逊参与意见,题审订,更合实际。请酌定为盼。泽逊顿首。2016.5.12

当月 25 日，杜老师又回信：

泽逊修改意见：《汉书》版本还用旧称"景祐本"的宋刻本。《世说新语》不用套印本，改用刘孝标注本的旧刻本。加上《史通》《逸周书》《陆士衡文集》。

具体拿到底本，编辑过程中，点滴磨合，杜老师不厌其烦。这个"审定"，名副其实，绝非一些丛书的挂名主编可比拟。2016 年 7 月 21 日我把遇到的具体问题发给了他：

杜老师：

又来叨扰。我最近整理《国学基本典籍丛刊》选目，落实责编，发现了一点小问题，所以增补了几种书（有的太薄，不成册，故凑一下），且有几种为存世残本，是否可以直接印，有点拿不准，请您拨冗过目定夺。《光明日报》发文，反响极好，现在算起来，这批书出到 100 种，可能要有四五百册，还是很成规模的。

祝好

后学　南江涛敬上

杜老师当日回复云：

江涛兄，来示并《国学基本典籍丛刊》目录敬悉。拙见如下：1.《史记》可用日本古典研究会影印宋黄善夫刻本。2.《世说新语》日本藏宋刻本，国内有影印平装本。3.《逸周书》有元嘉兴路儒学刻本。好像《再造》有。4.《列子》只能收一个本子。其他书也大抵把握这一点。5.《东坡集》用《东坡七集》明成化本，或用宣统端方翻刻成化本。

后者很好。6. 揭集与虞集合可以。7.《栾城集》可用道光刻《三苏全集》本，内容全。8. 王维孟浩然集合订更好。寒山可暂时不收。9.《文心雕龙》元版如不好用，可用乾隆黄淑琳行素草堂刻本。10.《汉书》刘元起本实即黄善夫版，不佳。11.《三国志》用国图宋刻本，全，建刊，原海源阁藏。12.《茶经》用四川宋本可。匆复。弟泽逊顿首。2016.7.21.

第二天，杜老师又补发邮件嘱咐：

江涛兄，《国学基本典籍丛刊》入选标准仍是重要典籍的重要版本。有些书有困难可以暂时不收，但是收进来的要符合标准。不将就，不迎合。切切。泽逊顿首。2016.7.22.

就这样，前后选定了70多种，推动着《丛刊》的编辑出版进度。"入选标准是重要典籍的重要版本""不将就，不迎合"，这样的标准，在浩如烟海的传统文化典籍中选择100种，用"优中选优"形容，绝不过分。

今年5月5日，我准备找善本部提扫一批《丛刊》底本，请刘明兄帮忙确认索书号，他对魏晋南北朝别集很有研究，提出《陆士衡文集》不用明刻本，建议改用影宋钞本。这个情况很急，当日给杜老师发信询问：

杜老师：

您好！这几天我正在提下一批底本，善本部刘明建议将《陆士衡文集》改用影宋钞本，具体讨论此本文章发表在《国学茶座》。请您拨冗定夺！感谢！

祝好

南江涛 敬上

杜老师在火车上发来复信：

江涛同志，来示敬悉。我今天在香山开会。现在从北京到济南火车上，马上发车。我请我的博士生李振聚查检。李君意见如下：陆士衡文集，传世之本，多来自宋刊二俊集，然此本宋刻已不存。世行者，如明陆元大翻宋本，四部丛刊已影印，世所习见。而清乾隆五十九年严元照校、跋并录卢文弨校语的影宋钞本，价值极大，一直未能影印，若选此本，定为二陆文集整理之功臣。泽逊建议彩印。《四部丛刊》影印毛扆校宋本《鲍氏集》即为朱墨套印。请考虑。专此奉覆，即颂文安。泽逊上。2017.5.5.

到此，我方明白，杜老师对每一条目录的审核，都极为严谨，从不以他丰富的学识和超强的记忆力为判断标准。他对我提供的选目中不合适的版本，用语温和，为的是鼓励；对年轻人如刘明博士的建议，极为重视，但要认真查核相关文献，确保"不将就，不迎合"，所选一定是重要典籍的重要版本。更为感人的细节是，我发现，大多时候，他回复邮件都是在出差的路上，为了不耽搁《丛刊》进度，从不因为忙而迟复。

今年5月22日，我陪殷梦霞副社长与杜老师等在紫竹桥附近共进晚餐。坐中提及接下来会把剩余草目呈送的事情，杜老师当即说，我一定最快回复，不耽误你的事情。所言所行，令人敬佩。前面有一个大书《资治通鉴》，一直因为部头大而不敢选，与编辑总监廖生训讨论后，决定放入草目；到了明清两代，思想性著作和别集优秀者甚多，选起来着实难以把握，"四大名著"又不能缺席，几经取舍，我7月5日把27种目录发给了杜老师：

杜老师：

又来打扰！

《国学基本典籍丛刊》进展情况很好，我把剩余的27种的目录初选了一下。大致原则是，补了几种重要的经史书，加了《资治通鉴》，虽然部头大，但史部之中，位置特殊，可能还是有必要选上，请您定夺。目录类觉得应该有一种，选了《四库全书总目》；集部截至元代，明清人文集较多，也较常见，暂未选入，将来若有续编，再做打算，不知是否妥当；文言小说选《聊斋志异》，四大名著各选了一个代表性版本。请您拨冗订正。感谢！

恭祝

夏安

南江涛敬上

7日，杜老师复信：

江涛同志：《国学基本典籍丛刊》续选典籍及版本看过，基本同意。《资治通鉴》这类大书，通行者为胡克家翻元本，顾颉刚主持点校本又据胡本增益诸家校记，并未通校诸本而成，真正的宋本反而很少影印单行，作为重要典籍重要版本，此亟待印出。唯《洛阳伽蓝记》如隐堂本虽然《四部丛刊》影印，鉴于当年有描润，仍有用最新技术重新影印之必要。殿版《四库全书总目》，应考虑在后面编个书名与作者综合索引单独一册，以便检查。专此奉复。

杜泽逊

2017年7月7日

至此，100种书目（实际因并册多出几种）全部确定，杜老师不但对相关版本讲解清楚，还对《四库全书总目》提出了编索引的要求。遇到这样负责的"审定"者，真真感叹小子生也有幸！

三、设计改订

从撰写《丛刊》策划方案，设计之初，我们就确定了大致想法：选入古代经典著作100种，分为经史子集四部，每册200页左右，总计500册左右。底本均是存世的宋元名椠、明清佳刻。其目的是让更多的读者看得见、买得起、读得动这些深藏秘阁大库的善本，推广元典阅读。让读者在阅读和收藏过程中充分得到美的享受。

内文纸张用70克黄胶，利于读者保护眼睛。封面设计简单大方，力争整齐划一。书名用"版刻体"，高雅朴素。平装32开（开始140×203mm，后改为140×210mm），每册平均200页左右，页码较少的书，可合两三种为一册；部头略大的，分册装订。定价3元每印张，也就是每册的定价在20元左右。这样一来，《丛刊》便具备了阅读使用和收藏的双重价值，具体说来有三个特点：一是看得见，秘藏大库的宋元善本，即使再造，也不是普通读者能看到的，而这次出版的善本，走入了寻常百姓家，为了降低定价而又不失原书风貌，我们采用灰度印刷，尽最大可能保存原书的历史痕迹，不做过多的技术性修饰；二是买得起，定价便宜，个人读者和图书馆都能够接受；三是读得动；现在的图书动辄四五百页，更有甚者上千页，读书像搬块砖头，无法让读者体验阅读的享受。所以我们把每册定格在200页左右，薄薄一册，便于携带，利于阅读。

《丛刊》采取边选目边出版的方法。经过两年多努力，

2016年4月我们将试验出版的三种——《宋本大学章句·宋本中庸章句》《宋本论语集注》《宋本孟子集注》正式出版，并将《丛刊》计划上报国家古籍保护中心，很快得到中心批复，正式将《丛刊》列入"中华古籍保护计划成果"。国家古籍保护中心副主任张志清在给予肯定的同时，提出了自己具体而微的意见，他认为，低价不能低质，要确保图书质量，进一步美化版心和封面设计，让读者感受到"古书之美"，装订上舍得下本钱，接受第一批读者提出的意见，必须锁线，利于长期保存。按照这个思路，我们进行了十多次的调整和试制，终于在2017年年初确定了最终的版式和封面效果，将开本定为140×210mm，版心更讲求美观，封面更为简洁。

2016年7月，时任社长的方自金为《丛刊》项目跨编辑室成立了项目组，动用编辑20余人，还专门将富有经验的张爱芳编审、于浩副编审等加入进来，以保障项目的进展和质量。为了增加丛书的含金量，除了选择存世佳椠作为底本，还邀请相关学科专家，为每种书撰写一个通俗易懂的导读性序言，如已出的《金刻本庄子全解》由著名学者方勇撰序，《宋端平本楚辞集注》由黄灵庚教授撰序等等；有些不能及时找到合适的专家，由责任编辑撰写，力求简明扼要。一些工具书类的品种如《四库全书总目》，制作书名人名综合索引，便于翻检。

四、与读者互动，日臻完美

《丛刊》2016年4月推出3种之后，得到了广大古籍爱好者和研究者的喜爱和称赞，纷纷为国家古籍保护中心和我们这套丛书的出版点赞。《南湖晚报》《光明日报》《藏书报》等先后发文报道，尤其是《光明日报》刊文《古籍影印，不妨多一点小而美》引发了强烈关注。今年4月21日，国家古籍保护中心向北京大学中文系古典文献学专业师生赠送《国学基本典籍丛刊》共计70套；7月12日，又向南开大学历史学院和文学院师生赠送《丛刊》70套；受到两校师生广泛赞誉。《光明日报》《中国文化报》等多家媒体深入报道，进一步扩大了《丛刊》的受关注程度。在"京东"等网店的销售评论中，数百条评论达到100%好评。很多读者在购书评论和不同渠道反馈着自己的意见和建议。因为开始三种没有锁线，直接胶装，所以大部分读者希望出版社能够改进装订方式，用传统的锁线胶订，利于长期的收藏和保存。这一点，出版社虚心接受，我们认为，锁线虽然增加不少成本，但是做就要做好，正如张志清副馆长所言，低价不能低质。

　　有些读者的认真和专业，令我们的编辑感动。充分吸收了这些好的建议，去年下半年，出版社着力做了版式、开本、装订十数次版式的试验和优化，封面也进行了改进。版心设计在遵照丛书编辑标准的基础上，做了适当调整，更加美观。页码用汉字置于书口下方，与底色对齐，这都是细节用心之处。在书前加入底本原书的收藏单位和板框尺寸，便于读者了解和著录相关信息。全部图书采用锁线胶订，利于长时间的保存，满足部分读者的长期收藏愿望。但这并不是终点，如上文提到，我与国家图书馆善本部副研究馆员刘明一一核对第三批底本的过程中，他发现选目中《陆士衡文集》用的是明刊本，经他校勘，发现清乾隆五十九年严元照校、跋并录卢文弨校语的影宋钞本价值更大，所以建议替换。该建议得到杜泽逊老师的快速回应，决定替换此种底本。中国社科院历史所王天然老师对《春秋胡传》版本有深入研究，建议如果选入该书应该用哪个本子，并具体说明可以将另外几个相同版本相关叶进行配补。

负责编辑《容与堂本西厢记》的编辑王亚宏，发现国图所藏有残缺，不尽如人意，又考查相关研究，得知上海图书馆藏本更好，承担了两倍于其他品种的底本费压力，毅然决定替换为全本。而在修图、制版和印刷环节，我们的编辑更是将读者的意见记在心里，一点一点地啃印刷知识，向专业的印制人员请教，对比度的优化、CTP 版网点的提高，他们努力的方向，就是让这套丛书能够日趋完善。

　　需要特别说明的是，有些读者对灰度印刷有一定误解：很多读者看习惯了白纸黑字的图书，见到灰度印刷的图书，第一反应是——丑、脏、差。这也是很多人无法见到原书造成的误会，宋元本流传至今，近千年历史，缺页、污损比较常见，模糊邋遢也不足为奇。但普通读者见不到原书，即便看过展览，展示的也一般是品相较好的书页。于是，会认为这是出版社印刷质量不高导致。褪底色反白影印确实干干净净，但是其中丢失的元素，读者更是难以想象。保留灰底的好处有：一，书品不好的叶子和缺笔断画的字迹能够完整呈现，比较容易辨认出来，相反，褪底之后，有些字画就没有了，完全无法辨认；二，书籍流传过程中的历史痕迹（包括纸张纤维、印章、批较符号、污渍、损坏、修复痕迹）能够基本保留，能够看到原书更多的信息；相反，褪底之后一些颜色较淡的印章模糊不清，句读点画基本消失殆尽。所以，在印刷方式上，我们仍然采用灰度为主，遇到特殊情况，套色或彩色印制处理。

　　万事开头难，《丛刊》刚开始也并非一帆风顺，出现的反对意见不少，尤其是对成本的担忧。因此，有个别品种如《楚辞集注》没有扫描原书，直接用《中华再造善本》制版，省了 5 元每拍的扫描费，但总还是感觉遗憾比较大，此次专门请善本部重扫，以备重印时替换。其余的品种，全部请收藏单位重新高清扫描，书影的品质得到了保证。

很多读者提出更高的要求，比如全部彩印，或者把印章套色，这些目前实现难度比较大，因为成本会成数倍增加，定价也就没办法控制。但是在必要的情况下，比如《傅增湘校本栾城集》，顶住成本压力，批校套红印制，目的还是在成本可控的范围内，尽力保留原书的更多信息。读者对每种书的序言、目录、牌记等细节发现的错误和问题，也很友善的通过各种渠道告知我们。在我的书桌上，有一套专用样书，就是把这些问题贴好标签，以备重印时改正。我们努力的方向，就是让这套丛书能够日趋完善，真正实现"小而美"。

五、结语

典籍是人类文明的具体载体，中国有着悠久的藏书历史。春秋战国时期，私人藏书开始出现。到宋代，私人藏书、宫廷藏书、书院藏书构成了藏书的主体。宋代以后，私人藏书尤其有着较快的发展速度，这与雕版印刷的兴盛有直接关系。私人藏书的大发展，实际上恰恰是长期以来文化知识被少数人垄断的一种突出表现。虽然从汉代开始，朝廷就非常重视图书的收集和整理，产生了刘向、刘歆父子这样的校雠家，但官府藏书不能为普通读书人所利用，只能供给特殊群体阅览。清末民国，公共图书馆如雨后春笋般日渐增多，内府秘藏和私人善本逐渐化身为学术公器。尤其是近代出版业的发展，影印（石印）技术让善本古籍化身千百，嘉惠学林。

自古及今，读书人都有着藏书的习惯。他们不但收藏图书，还会重金购买或向藏书家借阅善本，与自己所藏比对校勘，以图原本之真。校书的根源，是由于各种条件的限制，善本得不到广泛的推广，读书人自己退而求其次的做法。现代出版有着比前人先进的影印技术，也比较容易知道每种书的存世最善之本藏在何处，解决这个矛盾，恰逢其时。作为国家图书馆的出版社，国图社更是愿意尽自己一分力量，把优秀传统典籍化身千万，让更多的人了解她，欣赏她，研究她。

如今，《丛刊》已被国家古籍保护中心列入"中华古籍保护计划成果"，成为国家图书馆落实两办《关于实施中华优秀传统文化传承发展工程的意见》的具体项目之一。虽然距全部品种的出齐还有一段距离，但学者、读者的接受认可和上级单位的鼎力支持，让我们充满了希望和激情。在读者的热切期盼和国家古籍保护中心的督促下，我们一定在保证进一步提高质量的前提下，争取于 2018 年年底出齐 100 种，供广大读者研读。

（原载《中国出版史研究》2017 年第 3 期）

《楚辞文献丛考》 编辑侧记

2017年年底，黄灵庚先生撰著的180万字的《楚辞文献丛考》，经过6年多的数次修改核校，终于正式出版面世。厚厚精装三大册，精彩的考证文字之间，穿插着精美的彩色书影，令人爱不释手。作为该书的责任编辑，总算长长地舒了一口气，但编辑《楚辞文献丛刊》和《丛考》的种种经历，令人感慨难抑。

最早接触黄灵庚先生，源于参与责编他主编的《楚辞文献丛刊》。《丛刊》初名《楚辞珍稀文献丛刊》，由殷梦霞总编辑于2008年策划提出，几经辗转，最终确定邀请楚辞学专家黄灵庚等先生主编。2009年，出版社在搜集掌握了百余种基础文献的前提下，将该选题申报了当年的全国古籍整理出版专项经费资助项目，当时预计该项目的成书规模为精装16开30册。该项目得到全国古籍整理出版规划领导小组的重视与支持，获得了10万元的补贴。随着编纂与研究工作的推进，主编黄灵庚先生更以"楚辞文献精萃汇刊与研究"申报了国家社科基金，于2010年获准立项为当年重点项目。

2010年3月，《楚辞珍稀文献丛刊》（全30册）如期完成。恰在此时，我们得到消息，经主编黄灵庚先生多年联络、收藏于日本的近20种楚辞研究文献稿本终于获得收藏机构的使用许可。与此同时，经过出版社的长期努力，包括美国哈佛燕京图书馆在内的一些收藏机构的重要楚辞学文献也陆续获得使用许可。众所周知，文献的收集整理，没有止境。但作为编者和出版者，我们有责任为学界和社会提供当下能得到的最全面、最系统的文献。正是基于这种对学术和社会负责的理念，出版社与编者共同决定，终止已完成30册《丛刊》的后续宣传营销工作，在已有百种文献的基础上，加入从海内外新收集到的一百余种重要而珍稀的楚辞文献，扩大规模，提高质量，重新编纂，不让楚辞文献的整理出版留下大的遗憾。

我于2012年7月调入古籍编辑室，在殷梦霞、邓咏秋两位老师指导下，具体接手《丛刊》的编辑任务。记得黄老师当面跟我交代，他已经将选入的每种文献进行了认真比勘，写出了100多万字的"述要"。我听了之后既兴奋又担心。兴奋的是遇到这样一套集影印珍稀版本和撰著详实考述文字为一体的选题，对于一个新编辑是非常幸运和幸福的事情；担心的是自己年轻识浅，驾驭这样一部大书，不知道将会遇到多少困难。

在随后的实际编辑工作中，黄老师严谨认真的态度令人感动。为了提高丛刊的价值，让"述要"一一对应，他亲赴日本，通过已故日本学者石川三佐男教授的帮助，拍摄回日本所藏的20种楚辞学文献稿本，使其成为一大亮点。即使在国内，征集每一种稀见版本，特别是名家批校本，都颇费周折，都有一段不同寻常的"故事"。如清彭遹孙批校冯绍祖观妙斋刻《楚辞章句》本、清颜锡名的钞本《屈子求志》、王国维批校洪兴祖《楚辞补注》清同治十一年（1873）刻本等，都是经过几番交涉、花费高额代价，最后才获得的。其间所经历的曲折，实在难以尽说。又如清初郑武的寄梦堂《屈子离骚论文》，虽见录于书目，然而不知其藏于何处。黄老师多方搜寻，终于在江西省吉安市图书馆找到了它。黄老师如获至宝，兴奋不已。黄老师的态度和努力，促使我加快底本的收集工作和对每一篇述要的初步学习。

2014年，囊括海内外四十多家收藏机构的重要楚辞学文献200多种、全80册《楚辞文献丛刊》面世，远远超过了以往任何一种《楚辞》类的丛书，是迄今文献最珍稀、品类最齐全、规模最宏大、编排较科学的楚辞文献丛书，独一无二。但这套丛刊的编辑工作并没有结束，《楚辞文献丛考》的稿件经过黄老师数次修改，全部交稿。一个人编校一部近200万字的书稿，其难度可想而知。幸好丛样书室把丛刊全部借回，遇到疑惑，尽可能地核对原书，徐晨光、王哲、牛依云等几位年轻同事的无私帮助，大大减轻了我的负担。

《丛考》经过数年打磨，终于面世，与《丛刊》配为完璧。《丛考》是黄老师数十年研究《楚辞》重要文献的心得，是初涉《楚辞》文献研究的入门引导之作，也是研究《楚辞》注本的重要参考书之一。为了让黄灵庚先生悉心比勘、详加考证、别白是非的考述更加形象，也让更多读者见到所考证每种《楚辞》文献的原貌，我在黄老师的指导下，把每种文献最具特点的页面，尽可能配上原图。有些在《丛刊》没有收到的文献，专门找相关收藏机构，获取了所需的彩色页面，实在找不到彩图的，便插入灰度图片，尽可能做到图文并茂，为读者提供更丰富的信息。这大概是我责编该书过程中除了核校文字之外，最为用心之处，期间很多收藏机构的师友，给予默默地帮助，为《丛考》的"精彩"增添了分量。通过数次阅读和编校，我对《丛考》的内容和价值有了更切身的体会，今简述如下，供大家参考。

首先，《丛考》的特色是"深"。每一篇考述，从作者介绍，到著作的底本来源、注释的因承等，都能够详实地考证、评述,并且辨别是非,有真知灼见,不人云亦云,拾人牙慧。这点对《楚辞》研究者尤其对初步涉入《楚辞》和楚辞学研究的读者来说,具有指引门径、导夫先路的重要价值。

其次,《丛考》在"章句""补注""文选"及"集注"四大系列之前,均有"总论",详述其版本源渊、结构及其优劣。对《章句》明正德以下 11 个明清刻本,逐字、逐篇、逐本对勘,指出虽同一祖本,而各有差别,并列出了近 1000 多条异文。通过不厌其烦地罗列异文,指出造成歧异的原因,或者据洪氏《补注》本改,或者据《文选》本改,或者据朱子《集注》改。其列举大量事例,清理其间先后因袭的轨迹,使学者不至于执于一偏。在《丛考》一书中的每一篇中都有这种极为详审、精细的考证,无一例外。

第三,从文献考证角度而言,《丛考》做到了极致。黄老师对于明、清以后的 130 余种《楚辞》注本,稽考作者的著书动因、底本出处、注释承传、是非得失及其文献价值所在,都一一系统评述。无论从宏观,抑或微观,实事求是,客观公允。且对前贤疏误,多所驳正。如,对明人汪瑗《楚辞集解》的评价,肯定其超越前代的成绩。训释《离骚》"败绩"为"车覆","康娱"是并列复合词,而非太康之类,均属汪氏前所未有的创获。指出后人将此类创新,委属于清代戴震《屈原赋注》,是不公正的。又如清代黄恩彤人品低下,鸦片战争时期,曾充当给英夷引路的角色,是近代史上为人不齿的汉奸。而他所作的《离骚分段约说》,能紧密结合司马迁《屈原列传》,划分《离骚》十七段,阐发屈原意旨,别具一格,饶有新意。尤其对"求帝""求女"二节的解释,一归之于"国无人",使一篇前后呼应,浑然成为一体,让人耳目一新。则不可因其人而废其说,故而破例收录其书,并作实事求是的评议。对于戴震这样的大家、《屈原赋注》这样的名著，发现其有不端行为，钞袭赵一清《离骚札记》稿本，言之凿凿，铁证如山。《丛考》逐条予以正本清源，免得后人张冠李戴，以讹传讹，还学术与历史的真面貌，为时下纠正不良学术风气，也起到警示或者借鉴作用。

（原载《古籍新书报》2018 年第 6 期）

文選酌編

文選卷第一

梁昭明太子撰

文林郎守太子右內率府錄事參軍事崇賢館直學士臣李善注

賦甲 賦甲者舊題甲乙所以紀卷先後今卷
阮改故甲乙並除存其首題以明舊式

京都上 洛陽故上此詞以
諫和帝大悅也

班孟堅兩都賦二首 京父老有怨班固恐帝去
自光武至和帝都洛陽西

兩都賦序

班孟堅 范曄後漢書曰班固字孟堅卅地人也
年九歲能屬文長遂博貫載籍顯宗非時

略谈《小勤有堂杂钞》中的《驺子》

国家图书馆出版社于2009年10月影印出版了《小勤有堂杂钞》（以下简称《杂钞》），是书共收钞本古代目录和珍贵史料十一种，蓝格套印，精美雅致。此书的出版，是目录学界、收藏界的一大幸事。然而其中的《驺子》，从字体行款来看，与所收的其他十部钞本风格迥然不同，初次翻看时便引起了我的注意，并在拙文《余嘉锡〈小勤有堂杂钞〉出版，某些学术问题待进一步研究》①中提出了质疑。

近日翻检书籍偶有所获，联系前后的序跋等相关资料，进一步证实了我的推测，遂撰此文，对其钞写者作比较详尽的探讨。进而按照资料提示，将其与明人王文禄《补衍》对校阅读，进一步明确了此《驺子》实际上是对《补衍》的钞袭之作，不过是改个书名，删去一些"碍眼"的字句，托伪为战国邹衍之作。

一、此《驺子》的钞者非余嘉锡

《杂钞》的出版说明写道："'小勤有堂'为余嘉锡先生的书斋名。本书十一种，为余先生所精心校钞。"②也就是说编辑者认为包含《驺子》在内的十一种钞稿均系余嘉锡钞录。经认真比对，又查核相关资料，这种说法是不准确的，这是该

---

① 见《藏书报》2009年11月30日（第48期）。
② 余嘉锡钞校：《小勤有堂杂钞》，国家图书馆出版社2019年版。

书的美中不足之处。首先，从用纸来看，《杂钞》的其他几部均为蓝格稿纸钞写，而此部《驺子》钞稿并非蓝格稿纸。其次，前面的题记结尾和卷首有三处朱印，分别为"连孟青""连小宋印"和"孟青金石文字"，正是题记人连文澂的印章；卷尾跋文后面也有一朱印，为"丹阳张素"，正是跋文作者张素的印章。现将题记和跋语迻录如下：

题记：

此书旧藏吾杭某大家，近其子孙匆出以易金帛，遂为京师琉璃厂所获。甲寅客居宣武门外，时与古物商相往还，每出秘本相示。此书以价过昂难必得，而脑中又深中先君子之旧好，不忍弃之，因雇人借录一通。时旧友张道孳先生同客京中，灯下同相校，颇错落不可卒读，因参考他书，乃始稍稍明晰。

原本亦钞本，有小清闷阁章，巢湖程氏宁箴堂藏书印章，曾藏汪阆源家章，转辗数往，决非近人所作。可知其钞本纸张亦开化纸，当康乾时殿本印刷品也。

篇中所述多祖佛氏，又间以耶氏之言，其依托当在耶教入中国之初。甲寅春季连文澂记。

跋语：

此书恐系伪造，其言多与西方印度诸经相出入。邹先生当东周时，何由而得此说也。至纪开辟以来，帝王名氏又与《路史》同符，观此益可决为后儒伪造矣。吾友连君孟清于京师得旧钞本，遂迻录之，而属余校雠其讹脱者。因附识数言于卷末，以俟海内博雅君子一教正焉。岁阳在甲寅之夏四月丹阳张素跋。

从题跋文中不难看出，此书当是连文澂雇人所钞，并与张素一同校正。案：连文澂，字孟青，号慕秦，又号小宋、老梦，清末浙江钱塘人。善书工诗词，俄人在哈尔滨办《远东报》，应聘任主笔。寻任黑龙江通志局长，撰《建置志》未脱稿。以母老归京，民国十一年（1922）病故。张素（1877—1945），字挥孙，又字穆如，号婴公，江苏丹阳人，南社成员，以词名于时，著有《闷寻馆词集》等。从二人跋语的落款时间"甲寅"来看，该书当是他们在1914年钞录并校正。又查国家图书馆馆藏目录《驺子》条目，著录丛编项为"小勤有堂杂钞"，相关附注"此书为连文澂钞"。可见该书在入藏国图时，已经断定非余氏所钞，并注明了真正的钞写者。近日偶读《古籍校读法》①，论者皆谓无其书，余尝获一旧钞本，盖即海盐王文禄所作之《补衍》，而易其名，托为邹衍所著也。这进一步说明了该书非余嘉锡先生钞写，而是他的收藏品。据此推测，当是余氏将此书与自己钞写的书合放在一起收藏，进而造成了今天的误会。也正是余嘉锡将此钞本与自己的亲自钞录同样宝贵，装在一起，这部《驺子》得以再版机会，与广大读者见面。所以与其说是一个遗憾，不如说是《补衍》的机缘，让后人明确《驺子》系对其全篇的钞袭。

二、此《驺子》系钞袭托伪之作

上面引文提到余嘉锡先生判定，此本《驺子》就是明代王文禄的《补衍》。《补衍》二卷，明人王文禄辑撰。王文禄，字世廉，号沂阳子，海盐（今属浙江）人。嘉靖十年（1531）举人，万历十二年（1584）尚在世。有《诗的》《王生艺草》

---

① 余嘉锡著，国家图书馆出版社2010年出版，其中附录的《读已见书斋随笔》"辨谢承《后汉书》传本之有无"中提到："明人书目中有《驺子》（见《世善堂书目记》，他家书目亦有之。"

《竹下寤言》《文脉》《策枢》《书牍》等。所辑《百陵学山》收录明人著作近百种。生平略见《徐氏家藏书目》卷七"王生艺草五卷"条,以及《百陵学山》所附王文禄跋文。《补衍》正是王氏《百陵学山》之一种,初印于明万历年间,后被收入明陶珽编《说郛续》、明郑梓辑《明世学山》和《艺圃搜奇续集》等丛书。可能是因为夹杂在这些大部头的丛书内,《补衍》不太引人注意,以至于此托伪本《䮄子》出现时,见者均因内容涉及佛语等表示怀疑,但是未能拿出确凿的证据。民国时商务印书馆出版《丛书集成初编》,将《百陵学山》本《补衍》影印。于是我按照余先生的提示,将其与此钞本《䮄子》对校一过,发现二书内容完全相同,甚至连刻本《补衍》每行二十二字的行款都没有改变,只是作伪者更改了书名,并把书中明显的标志如篇名下的解题等一一删除,又将涉及战国邹衍以后的文句删削,一部旧钞本《䮄子》就被炮制出来了。下面依次列出两书的文字异同,读者可一目了然。

钞本《䮄子》介绍䮄衍:"齐䮄子衍游燕,燕王师之,筑碣石宫。深观阴阳消息,作《怪迂之变》《始终》《大圣》《主运》之篇十余万言。"而《补衍》在此段之后,仍有一段文字:"竟无一言存,惜也。迁《史》载篇目且不详,岂秦火亡邪!予仰思学何受也?殆凤禀六通神圣徒欤?每览典传有合者,按篇目仿佛类集之,曰《补衍》,凡四篇,用广寰中所见之陋云。海盐沂阳王文禄世廉。"这正是明显的标志,是作伪者必须删除的。

《䮄子·天地始终篇》直接切入正文,而《补衍》在篇题下有:"气弥虚空,性真湛澄,无初无疆,浑辟靡停。同异攸列,往复有恒,大化自然,莫亏莫增。补《天地始终》。"又是碍眼字句,不删何以惑人!又"自子至寅为晓,自戌至亥为夜"后有"由大挠作甲子遡之，子天开，丑地辟，寅人生，自开辟至我明嘉靖辛亥，一千一十五万五千四百六十八年"一句，同样是作伪者所忌讳的。

《驷子·邃初大圣篇》也是直接切入正文。同样《补衍》在篇题下有："粤诞至人，分别二仪，建极作则，裁辅攸宜，听聆元声，触类先知，神妙无方，三才乃归。补《邃初大圣》。"篇末一段为："伏羲、神农、黄帝、颛顼、帝喾以下，载诸《史记》；唐虞、夏、商、周，载诸《尚书》。大圣功烈著矣，人咸习闻以故不著于篇云。补者，补逸也。物忘土，鱼忘水，人忘前圣，可乎？鸿濛虽荒邈矣，古犹今，今犹古也，特久斯忘耳。悲夫！予犹惧后之忘今也噫。"而《驷子》中的这段话是："伏羲、神农、黄帝、颛顼、帝喾、唐虞、夏、商、周，大圣功烈著矣，人咸习闻以故不著于篇云。物忘土，鱼忘水，人忘前圣，可乎？鸿濛虽荒邈矣，古犹今，今犹古也，特久斯忘耳。悲夫！予犹惧后之忘今也噫。"可谓删改手段利落。

《驷子·五德主运篇》仍是直接正文。《补衍》篇题下有："阴阳消息，五气布行，生克制化，损益因更，迹应万有，一元穆清，泥则厌胜，通斯永贞。补《五德主运》。"又"周人木德，王色尚赤"后有："秦水德，王色尚黑；汉火德，王色尚赤；魏土德王，晋金德王，隋火德王，唐土德王，宋火德王，元水德王，我明土德王，上接唐虞中天之数云。""乘火王世，二十数七百年"后有："自黄帝至汉，五运适同。"《驷子》全部省去。

《驷子·怪迁之变篇》还是直接正文，《补衍》此篇题下有："乾坤浩渺，尘妄纷纠，倏忽呈没，曷明曷幽？万变恒常，浚索徒俙，名实非异，异见相仇。补《怪迁之变》。"篇末最后一句是："不睹疑之也。聊述此篇以发例云。"《驺子》则为："不睹疑□□□□，聊述此篇以发例云。"

通过上面的对校，可以很明显地看到，钞本《驺子》就是将王文禄辑撰的《补衍》进行了必要的删削，钞录后易名而成，旧钞本经袁可立、小清闷阁、汪士钟等人递藏，连文徵等据以钞校，后为余嘉锡所获，又于50年代入藏国家图书馆，其中第二叶和第三叶为错简，当是旧钞本如此。然而，为什么一部如此低劣的钞本会让余嘉锡之前的收藏者识别不出究竟，并且宝贵视之呢？从书后闲闲居士的题记可以看出一些端倪。题记为："衍时佛法未入中国，而此书多用佛语，盖好事者依托为之，非本书也。相传亡宋有山东时一僧泛海得之海岛石室中，岂即此僧为之者与？"按，明人袁可立（1562—1633），字礼卿，号节寰，又号闲闲居士，睢阳卫籍，睢州城内人。举明万历十七年（1589）进士，官至兵部尚书太子少保，以子袁枢官河南参政赠光禄大夫太子太保。历明万历、泰昌、天启、崇祯四朝皇帝，为"四朝元老"之臣，诰"五世恩荣"之赏。依名号时间推测，此处的"闲闲居士"应该就是袁可立。照此来说，《驺子》的作伪时间最晚不超过明崇祯六年（1633）。连文澂跋语谓原钞本用"开化纸"，并据以断为康乾之物。开化纸并非因清宫御用才产生的，而是在明代中晚期已经出现，所以连氏说法不确切。对于清人来说，虽然明知是一部托伪之书，但这个旧钞本的弥足珍贵掩盖了它内容的价值，加之有前人题记，也就无人去认真研究它的来源了。

显然，余嘉锡先生是读过王文禄《补衍》的，所以拿到钞本一看即能判定真伪，且一针见血地指出它的钞袭来源。可见目录版本之学不可停留在"书名书皮"的层次，只有认真校读过，方可达到真正的辨章学术，考镜源流。除了从"闲闲居士"到张素等人题跋的提示，在对校的过程中，确实可以发现文内佛语连篇，可见王文禄所说的"典传"，并非《史》《汉》，而多是与战国历史和邹衍毫不相干的东西，这无疑也暴露出来明人学风的浮躁。而如今真正要了解邹衍及其思想，应该参见清人马国翰辑录的《邹子》所保留的只言片语，而非此钞本《驺子》。

（原载《中国图书评论》2011年第2期）

徐乃昌的目录学成就新谈
——评《积学斋藏书记》

《积学斋藏书记》钞本四卷（以下简称《藏书记》），《西谛书目》卷一史部目录类著录①，是晚近著名藏书家徐乃昌前三十年的藏书读书之结晶，原为郑振铎藏旧藏，今藏国家图书馆。《藏书记》为素纸钞本，每半叶十一行，行二十字，小字双行，前有缪荃孙序。序首有"北京图书馆藏"朱文方印，卷一、卷四首有"长乐郑振铎西谛藏书"朱文方印，卷二、卷三末有"长乐郑氏藏书之印"朱文长方印。2010年底，国家图书馆出版社将馆藏钞本《藏书记》②影印出版，笔者便开始点校该书。经过仔细校勘，我认为这是一部重要的目录学著作，值得学界注意。下面从作者、内容、价值等方面分别考述，对《藏书记》做一个初步的探究。

一、作者辨证

有研究者认为《藏书记》是缪荃孙代撰之作，并非徐乃昌自己编撰。这种说法缺乏实证，是不准确的。首先，缪荃孙在《藏书记序》中说，南陵徐积余"编藏书记高有尺许"，又

---

① 著录内容为："积学斋藏书记四卷，徐乃昌撰，钞本，三册。"北京图书馆编：《西谛书目》，北京图书馆出版社2004年影印本。

② 收录于李万健、邓咏秋选编：《清代私家藏书目录题跋丛刊》（第20册），北京：国家图书馆出版社2010年版。

说,"积余为此记时,浼余三子僧保助之雠校。"① 可见《藏书记》实由徐氏自撰,而缪氏三子从旁协助校雠。其次,在缪荃孙《艺风老人日记》中,徐乃昌的名字出现相当频繁,二人情谊深厚。缪氏《藏书记序》的落款时间为"岁在强圉大渊献长至日"②,按钞本《藏书记》和《艺风堂文漫存·乙丁稿》均作"大渊献",但"强圉大渊献"对应当为民国丁亥年(1947),缪氏卒于1919年,此记实为丁巳年(1917)所作,所以"大渊献"当为"大荒落"之误。为徐乃昌《藏书记》撰序是在1917年冬至日,时二人均在上海,来往密切。在《艺风老人日记》一九一七年冬月十三日有这样的记载:"撰积学斋书目序。"③ 此日乃公元1917年12月25日,与当年冬至12月22日仅差三日,故此推测,这里的《积学斋书目序》应该就是指此篇《藏书记序》。此外,缪氏代撰的《嘉业堂藏书志》等著作,均能在其日记中找到踪迹,而对于《积学斋藏书记》仅仅记录下了撰写过序言,这进一步证实了此《藏书记》并非缪氏代撰之作,而切切实实是徐乃昌的目录学专著。

徐乃昌,生于清同治七年十二月十一日(1869年1月23日),卒于民国三十二年正月二十八日(1943年3月4日)④,字积余,号随庵,室号"积学斋",安徽南陵人。清光绪十九

---

① 徐乃昌著:《积学斋藏书记》,李万健、邓咏秋选编:《清代私家藏书目录题跋丛刊》(第20册),北京:国家图书馆出版社2010年版,第118页。
② 同上,第119页。
③ 缪荃孙:《艺风老人日记》,北京:北京大学出版社1986年版,第3111页。
④ 考证详杨成凯《南陵徐乃昌的墓表和墓志铭》(《文献》2006年第3期)、《徐乃昌卒年补说》(《文献》2004年第1期)和陈福康《徐乃昌卒年再补说》(《文献》2004年第3期)。

年（1893）至南京乡试中举人，援例候补知府，分发江苏。后至北京考进士未中，受业于大学士翁同龢门下，与缪荃孙等人相往还。戊戌变法失败，徐南下上海。光绪二十七年任淮安知府。光绪二十九年春，两江总督端方奏准派他为清廷特使，赴日考察学务。回国后，鼓吹教育、实业救国、兴办学堂。辛亥革命后，他寓居上海，直到去世。

徐乃昌是近现代藏书大家。他藏书极丰，多达数万卷，搜集的宋元版本、明清精善版本、稿本、钞本闻名海内。但是，在抗战期间，徐氏藏书开始流散。著名学者郑振铎先生在1940年2月16日致张寿镛的信中说："徐积余先生现在仍藏有批校本书数十箱，正在设法商购（此事甚秘，恐为平贾所知）……已托中国书店郭君办此事。俟有消息，当即奉告。"①在《求书日录》中，郑振铎先生又提到："徐积余先生的数十箱清人文集，其间罕见本不少，为平贾扫数购去，打包寄走。"② 数年过后，积学斋藏书便片纸无存，其中佳本多归天津李嗣香、藏书家黄裳及复旦大学图书馆；金石碑刻拓本万余张于解放初辗转归于华东师范大学图书馆。据笔者考察，国家图书馆也收有一定数量的积学斋旧藏，包括数种著录于《藏书记》的善本。另外，"台北'中央图书馆'内，偶尔可看到积学斋的一鳞半爪。"③

徐乃昌更是一位刻书大家。他独立校刻古书250种560余卷，是近代以来以一己之力校刻图书最多的出版家之一。其中

---

① 刘哲民编：《郑振铎先生书信集》，上海：上海古籍出版社1987年版，第11页。

② 郑振铎著：《郑振铎全集》（第17册），石家庄：花山文艺出版社1998年版，第136页。

③ 苏精：《近代藏书三十家》（增订本），北京：中华书局2009年版，第82页。

校刻丛书9部185种,即《积学斋丛书》《小檀栾室汇刻闺秀词》《鄨斋丛书》《随庵徐氏丛书》《随庵丛书续编》《怀豳杂俎》《随庵所著书》《宋元科举三录》《南陵先哲遗书》。徐乃昌认真校勘、辑轶,采诸说,辨真伪,并附例言札记。不少善本乃至海内孤本赖徐藏刻而免于泯灭。他单刊的《玉台新咏》和《徐公文集》更是近代佳椠,在当今古籍拍场倍受追捧。徐乃昌藏书室名有"积学斋""积余斋""随庵""小檀奕室""镜影楼"等;藏印有"积学斋""徐乃昌印""南陵徐氏""积学斋镇库""徐乃昌曝书记""南陵徐乃昌审定善本""积余秘籍识者宝之""徐乃昌马韵芬夫妇印""南陵徐乃昌校勘经籍记"等。

徐乃昌藏书富美,刻书用心,著书也是毫不逊色。他于民国三年主修《南陵县志》,后又参与编纂《安徽通志》《上海通志》等。他著有《南陵建制沿革表》《金石古物考》《续方言》《汉书儒林传补遗》等,均已刊行。在目录学方面,徐氏编有《积学斋藏书记》《随庵吉金图录》《小檀栾室镜影》《镜影楼钩影》《至圣林庙碑目》《积余斋金石拓片目录》等等,虽然这些著作均未刊行,但是从存世的稿钞本来看,均极具文献价值和开创意义。所以,徐乃昌堪称近现代较有成就的目录学家。

二、《藏书记》的内容

关于徐乃昌藏书的著录书目,有数种存世。国家图书馆藏有钞本《积学斋藏书目》和《藏书记》,其中前者包含典籍七八千部,但是没有宋元本,明本也仅有一百余部;华东师范大学图书馆藏有《积学斋善本书目》及《金石拓本目录》稿本,《积学斋善本书目》著录图书近600部,但仅有每部书的卷数、版本等简单信息；南开大学图书馆藏有《积学斋书目》一卷，未能寓目；丁福保旧藏《随庵徐氏藏书志》钞本未知现藏何处，是否与《藏书记》为同一种书，有待查证。

西南大学图书馆李弘毅先生认为"国家图书馆藏《积学斋藏书记》四卷本之记载并不全面"①，其理由是《藏书记》未著录拓本《随庵所藏甲骨文字》和《殷墟甲骨文》，更没有著录《徐公文集》。徐乃昌藏有两部《徐公文集》，一部为明钞本，《徐公文集》跋曾提到："光绪间桐城萧敬孚先生假余家藏明钞本，俾黟县李氏刊之。"②另一部则是后来徐氏用来影刻的宋明州刻本。明钞本《徐公文集》又见录于《藏园群书经眼录》③，也是徐氏光绪十七年提供给桐城萧敬孚用以刊刻的底本，而不见著录于此，确实有些奇怪，有待进一步考察。但是从李先生文章看，他所指为宋明州本《徐公文集》未见著录。然而，这能否成为认定《藏书记》不完整的依据，则需要准确界定徐氏收得宋刊本《徐公文集》的时间。李弘毅先生在《关于徐铉文集涉及的宋本问题》一文中认为该书入藏积学斋在"1891年至1923年这一段时期"④。这一时间的断定依据是西南大学图书馆藏稿本《徐乃昌日记》等资料，不过有些笼统。徐氏影宋刻本《徐公文集》在民国八年

---

① 李弘毅：《从〈徐乃昌日记〉考论随庵金石收藏》，《文献》2005年第2期，第218—219页。

② （宋）徐铉：《徐公文集》，民国八年（1919）南陵徐乃昌刻本。

③ 傅增湘《藏园群书经眼录》卷十三集部二："徐公文集三十卷，宋徐铉撰。影写宋刊本，十行十九字，版心有刊工姓名。此书影写精美绝伦，当是清初人所为，原徐氏积学斋藏书，今归涵芬楼。"见中华书局2009年版，第930页。

④ 李弘毅：《关于徐铉文集涉及的宋本问题》，《中国历史文献学研究会第二十六届年会论文集》2005年。

（1919），跋曰："今得宋本，欣为重刊，……别为校记一卷。"① 又《艺风老人日记》一九一九年十月四日："积余以《徐公文集》刻本相商。"② 可见宋本之得当不晚于是年。又据"今得"应指得到未久之意，笔者认为徐氏得此书的时间当为1918—1919年间。缪荃孙《藏书记序》载徐乃昌"今年五十"，据其生于旧历1868年，可知《藏书记》结集于民国六年（1917）。如此则宋刊本《徐公文集》得于《藏书记》结集之后，故此无法著录。缪荃孙《藏书记序》又曰："所收国初及乾嘉之善本尤多，以时近不入记。"③ 可知此《藏书记》所录极为严格，并非徐氏善本全目，而是只著录徐氏善本之精华，所以拓本《随庵所藏甲骨文字》和《殷墟甲骨文》作为徐氏另一收藏特色未见著录，不足为奇。下面我们具体看看《藏书记》的内容。

钞本《藏书记》四卷，按照经史子集类，每类一卷，共收录徐乃昌善本藏书691部：即经部85部，史部155部，子部225部，集部226部。按照版本时代，则有宋刻本34部，元刻本50部，明清刻本344部，稿本21部，钞本242部。这样的著录数量和善本质量，在近现代藏书记著作中，是不多见的。每种图书书名及卷数高一格书写，下记撰者、版本、行款、序跋、印记等。相当一部分对撰者、行款、内容等做了不同程度的考证，钞录了各家序跋，有些甚至做了深入地考察。例如：

---

① （宋）徐铉：《徐公文集》，民国八年（1919）南陵徐乃昌刻本。
② 《艺风老人日记》，第3347页。
③ 徐乃昌著：《积学斋藏书记》，李万健、邓咏秋选编：《清代私家藏书目录题跋丛刊》（第20册），北京：国家图书馆出版社2010年版。

> 新刊真楷大字全号搢绅便览三册
>
> 明万历十二年刊本,首册蓝印,每半叶十行,二三册墨印,每半叶十六行,首题"新刊南北直隶十三省府州县正佐首领全号宦林备览",每册后有"北京宣武门里铁匠衕衖叶铺刊行麒麟为记"一行,字体清晰,纸张阔大,与今之搢绅迥不相同。是书在当时断无人珍惜,而数百年后转成希世珍,亦奇遇也。此书本阮文达公孔夫人奁中物,《瀛洲笔谈》记之。有扬州阮氏朱文、琅嬛仙馆朱文两方印,文选楼朱文长印,孔子七十三代长孙女朱文、阙里朱文两方印。①

接下来,徐氏又钞录缪荃孙、曹元忠、李详、鲍毓东等人的题跋和考证,使人们得以全面了解"搢绅录"的性质和该书的刻印特点、流转经过。这部书现藏国家图书馆,已经成为研究明代历史和北京地区印刷史的珍贵文献。

又如"残本后汉书"一条,行款等内容之下,全录沈曾植跋语。接下来,徐乃昌不局限于沈曾植的考证结果,认真校勘做深入研读,得出了不同结论:

> 按是书宋刊宋印,了然无疑。宋讳缺笔凡十四字,然首位俱阙,未敢证其为何时刊本。沈乙老考为庆元本,建安黄宗仁善夫所刻,即武英殿官本之祖。兹取殿本校之,"正予乐"殿本"予"误"雅","发太簇之律"殿本"太"误"大","徙江陵王羨为西平王"殿本作"徙江陵王恭为六安王",按何义

---

① 徐乃昌著:《积学斋藏书记》,李万健、邓咏秋选编:《清代私家藏书目录题跋丛刊》(第20册),北京:国家图书馆出版社2010年版,第305—306页。

门校当云"徙江陵王恭为六安王、广平王羨为西平王",方与上下文合。"和帝纪第四"殿本作"和殇帝纪第四","讨北匈奴取伊吾庐地"殿本"庐"误"卢","复置涿郡故安铁官"殿本"安"误"盐","朕且权"殿本"权"下有"礼"字,"注但因计"殿本"计"下多"吏"字。按"正予乐""朕且权"二条,乙老因其为考证所云与宋本合,决其为殿本之祖本,然"徙江陵王羨为西平王"一条,二本一脱"恭为六安王广平王"八字,一脱"广平王羨为西平王"八字,得此一证,已足见此本非殿本所自出矣。又"复置涿郡故安铁官"一条,殿本作"故盐铁官",考故安,县名,属涿郡,永元十五年置铁官,地不近海,焉得有盐官?义门校语云,考"安"字误"盐"字,而不云宋本,是何氏所见宋本非此本无疑,此又一证也。惜只存二卷,未克尽校之,然此本之佳处,已班班可见矣。①

从著录善本图书的数量到图籍特征描述的详尽严谨,我们不难断定,此钞本《藏书记》是徐氏1917年以前收藏善本精华之书志,其收录标准之严格,记录考证之详实,可称近代善本书志的典范。

三、不可低估的价值

对于这部《藏书记》,缪荃孙的《序》给予了极高评价:"国朝以来,钱遵王《敏求记》为人所重,然钞刻不分,宋元

---

① 徐乃昌著:《积学斋藏书记》,李万健、邓咏秋选编:《清代私家藏书目录题跋丛刊》(第20册),北京:国家图书馆出版社2010年版,第215—216页。

无别,往往空论,犹沿明人习气。若《也是园书目》《汲古》《沧苇》,仅存一名,更无论已。积余此记,其书必列某本旧新之优劣、钞刻之异同,宋元本、行数字数、高广若干、白口黑口、鱼尾旁耳,展卷俱在,若指诸掌,其开聚书之门径也。备载各家之序跋,原委粲然,复略叙校雠、考证、训诂,簿录荟萃之所得,各发解题,兼及收藏家图书,其标读书之脉络也。世之欲藏书读书者,循是而求,览一书而精神形式无不俱在,不胜于《敏求记》倍蓰乎!"① 具体说来,这部《藏书记》有以下几个方面的价值。

首先,它包罗了徐氏前期藏书的善本精华,有助于后人了解积学斋善本藏书的构成和特点。徐乃昌收藏之富,令时人羡慕。钞本《积学斋藏书目》著录图籍七八千种,但是没有宋元刻本,明刻本也仅仅一百余部,所以只能反映出徐氏收藏普通典籍的情况。而这部《藏书记》,翔实著录宋元佳椠、名家钞稿,揭示出徐氏于清人文集这一收藏特色之外的两个重要特点。一是重视宋元刻本的收藏,到《藏书记》结集前,他已经拥有宋元刻本八十余部,这些善本正是他赖以刻印《随庵徐氏丛书》正续编等书的底本。二是重视搜罗名家稿钞本,著录于《藏书记》的260余部稿钞本中,不乏名家真迹、传世孤本。如焦里堂的稿本《天元一释》《扬州足征录》,何义门校钞本《归潜志》等等,都是难得的佳本。

其次,它记载图籍特征翔实可靠,从行款到递藏、从序跋到印记,为我们直观了解原书面貌提供了方便,也为追寻这些古籍的下落提供了线索。如上文提到的《新刊真楷大字全号

---

① 徐乃昌著:《积学斋藏书记》,李万健、邓咏秋选编:《清代私家藏书目录题跋丛刊》(第20册),北京:国家图书馆出版社2010年版,第117—118页。

搢绅便览》一书，笔者见过《中华再造善本续编》中收录的《新刊真楷大字全号搢绅便览》，读罢此记，颇感相似，于是又根据行款、题跋等内容核实，一点不差，所以确定国家图书馆藏本就是积学斋旧藏。可惜的是，国图将该书后二册拆为《新刊南北直隶十三省府州县正佐首领全号宦林备览》著录，所以影印《中华再造善本续编》时仅收入第一册。倘若此前注意到《藏书记》的内容，也许就不会出现这样的问题了。

第三，《藏书记》保存了黄丕烈、钱大昕、何义门、顾广圻、翁方纲等名家题跋一百余篇，有些不见于作者本集，可以作为一些文集辑佚补缺，具有重要的文献保存和文本校勘价值。如"残本后汉书"之下收录了沈曾植的跋语，这则跋文不见于《寐叟题跋》，当是沈氏逸文，现迻录于此：

> 残宋本《汉书》每叶二十行，行十八字，楮墨精绝，世所称庆元本，建安黄宗仁善夫所刻也。黄氏刻《史记》、前后《汉书》，其《史记》为王延喆之祖，正义最完；其《两汉书》为武英殿官本之祖，三刘考异亦最完。今以殿本考证"正予乐"（卷三）、"朕且权"（卷四）两条覈之，所称宋本皆与此合，知所据即此本矣。积余藏书至富，而珍此残本，是所谓阅千剑而知剑者。宣统五年三月，嘉兴沈曾植记。①

又如《新刊真楷大字全号搢绅便览》录有李详题诗四首，第一首为："广招重反旧藏书，新市平林过眼虚。不与苌宏同

---

① 徐乃昌著：《积学斋藏书记》，李万健、邓咏秋选编：《清代私家藏书目录题跋丛刊》（第20册），北京：国家图书馆出版社2010年版，第214页。

化碧，固应值得百车渠。"① 李详（1858 — 1931），字审言，晚号辉叟，江苏兴化人，精于《选》学。他与徐乃昌多有来往，略可见于李详的诗文记载。此题诗被收入《李审言文集》中，但是末句"百车渠"作"白车渠"②。"车渠"又作砗磲，是一种宝石，此句盖喻书之价值甚高，所以前面当作量词"百"，《文集》作"白"误也。百余篇序跋中，此类有助于辑佚和校勘的文字不在少数，其文献价值不需赘言。

总之，经过笔者初步的探索，认为此钞本《藏书记》是近代著名藏书家徐乃昌的一部重要目录学著作，其内容丰富，著录翔实，考证严谨，具有很高的文献研究利用价值，值得相关研究者注意和重视。随着点校本的出版，也必然为更多的读者提供方便。

（原载《古籍整理出版情况简报》2011 年第 7 期）

---

① 徐乃昌著：《积学斋藏书记》，李万健、邓咏秋选编：《清代私家藏书目录题跋丛刊》（第 20 册），北京：国家图书馆出版社 2010 年版，第 310 页。

② 李详：《李审言文集》，南京：江苏古籍出版社 1989 年版，第 1332 页。

焕发旧著光彩，加强工具功能
——评影印本《增订丛书举要》

《增订丛书举要》是民国初年集大成的一部丛书目录，杨守敬原编，李之鼎补编。近日，国家图书馆出版社将其影印出版，为各图书馆和目录学等相关领域的人员提供了方便。

杨守敬（1839—1915），字鹏云，号惺吾，别署邻苏，湖北宜都人。杨氏是清末民初的文献大家，在版本目录、金石、地理等方面都有高深的造诣。丛书目录是杨氏编订的目录中颇具特色的部分，主要是《增订丛书举要》八十卷。该书杨氏原编为二十卷，题名为《丛书举要》，且已写成待刊。后杨氏因年老无力刊刻，交由李之鼎增编。李之鼎先增为六十卷，后增至八十卷，改用今名。李之鼎（1865—1925），号振唐，江西南城人。著述甚富，其所撰书目著作有《宋人见于系年要录目》四卷、《宋人集目应征》六卷、《书目举要》（与周贞亮合编）一卷等。他于民国三年增补《丛书举要》为六十卷，"未几，书已告罄，索者尚繁"（《增订丛书举要序》），民国七年，李氏又将几年来所得予以增订。据李氏序言及凡例，可知李氏此次增补得王秉恩、徐乃昌、周贞亮、熊罗宿、李证刚诸人之助，《增订丛书举要》终成八十卷本之大观。《丛书举要》的两次增补，李之鼎功绩最著。当然，众友人或证其异同，或补其阙佚，或校勘文字，用力虽异，诸位之功，亦不可湮没。下面从三个方面介绍一下这套工具书的特点。

一、收罗宏富，体例得当

从数量上看，《增订丛书举要》虽以"举要"为名，但搜集范围甚广，务求完备，收丛书1605种。之前朱学勤增补、王懿荣重编的《汇刻书目》收书数量最多，有567种，尚不及《增订丛书举要》之半。

在编排体例上，自顾修《汇刻书目》以来，大多采用四部分类，《增订丛书举要》的分类编排集以前诸书目之大成，是四部分类的进一步发展。一方面依四部分类，设经、史、子、集部类；另一方面又按时代、作者，设立前代丛书、近代丛书、自著丛书等综合性丛书类目；同时，随着丛书的发展，分设郡邑丛书、汇刊书目、释家部、道家部等类目。这样，使各类丛书适归其类，形成一个较为科学的分类体系，后来的丛书目录多有借鉴。

由此可见，无论从收书数量，还是从编排体例上，《增订丛书举要》在当时都达到了前所未有的高度。

二、《中国丛书综录》的有益补充

《中国丛书综录》从收书数量到编制体例都是新时期丛书目录的代表。不过，与之相比，《增订丛书举要》仍具有不可替代的价值。

首先，两书著录的丛书，子目数量上有多寡之别，书名也有出入，二者各有短长，可相互参证。阳海清编撰《中国丛书综录补正》，着重考订与补正《中国丛书综录》的错误、不足之处，其中利用《增订丛书举要》一书甚多。如《抱经堂丛书》条下，阳氏云："据《增订丛书举要》，本丛书尚有下面三种子目：《广雅注》二卷、《周易注疏辑正》十卷和《读史札记》一卷。"《金陵丛刻》一条，阳氏云："据《增订丛书举要》，光绪三十二年作了第二次汇印，至少是重新编了目录和刷印封面，增入'客''戆'二书，并改名《金陵丛刻》。"

其次，《增订丛书举要》保存了三百余条按语，蕴含着丰富的信息。有的侧重评价版本，如卷一《唐石经》，有杨守敬所加按语："此书日本有缩刻本，写刻颇精，阙字以圈识别，甚便翻阅，惜版已毁。"有的介绍版片流传和版本源流，如卷二《诒经堂续经解》，按语注："此书编定后未刊，原本今藏上海商务印书馆涵芬楼。"有的介绍版本异同，如卷四《春秋三传折诸》，注："《四库》所收，《左传》作三十卷，《公羊》《榖梁》各七卷。"有的重视对丛书本身之价值的说明，如卷二十三《声画集》的按语，指出此书保存题画诗的价值："此集所录皆唐宋人题画之诗，计分二十六门，其中所收之诗，颇多已佚之帙，赖此而存。"有的则介绍作者，自著丛书部此类按语颇多，如卷六十二《传经堂丛书》条下按语："洪氏兄弟为诂经精舍高才生，又久客于孙氏平津馆，故所著书皆有典据，其校正古籍颇似王怀祖、钱竹汀也。"有的按语还对作者加以考辨，于旧说颇有商榷，如卷十二《诸子汇函》附注："此书成于书贾之手，题名归有光，恐系托名。"以上仅略举数端，不再赘述。按语中大量的信息，是《中国丛书综录》有益的补充，对目录版本研究、古籍整理等也极为珍贵。

三、新编索引，便于使用

要做好精品影印书，除了甄别版本等，还需要认真的整理加工。尤其是此类工具书，如果只照搬影印，不作索引，读者拿到手是肯定摸不着头脑，一套用以指南的工具书便成了废纸一堆。基于此,本书影印时,除据正文编订总目于卷首外,为了进一步便于检索,请人专门编制了丛书书名和子目书名索引。这需要整理者付出辛苦的劳动,但却可以为使用者提供巨大的帮助,可以说是对原书的深度整理,值得赞扬。另外,新编目录和索引中更正原书错误 300 多处,原错之处用方括号［］注明,缺衍之处以单书名号〈〉区分,令人一目了然。

《增订丛书举要》篇幅庞大,原书刊印不免讹误。后附《校误记》虽订正多处,仍有微瑕。然而白璧微瑕,其独特价值无法磨灭。而这套带有索引的影印本进一步增强了其实用性功能,无疑将为读者提供更多的方便。

(原载《藏书报》2010 年 7 月 12 日)

丁子良和《竹园丛话》

《竹园丛话》是回民五大报人之一丁子良的文集,成书于1923年,收入了丁氏作品626篇,共一百多万字。文集内容涉及晚清民国时期的政治、经济、军事、文化、艺术、教育、卫生、历史、民族、宗教、天文、地理、水利、交通、体育、伦理道德、社会风俗等,几乎涉及工农兵学商等各个行业。它为人们研究近代中国历史和近代回族史提供了极其重要的原始资料。近日国家图书馆出版社将这部深藏86年的文集影印出版,实为嘉惠学林之义举。

丁子良,1870年生,回族,名国瑞,字子良,别号竹园,以别号行,是清末及民国时期著名社会活动家、评论家,爱国报人、医生。丁氏世居北京德胜门外西村,从事牛羊行业,到了父、叔这一代,逐渐有了文化,通晓经籍、谙熟中医。受父辈的影响,子良幼时亦习经攻文,且于医道尤为酷爱。所以,年仅21岁时,他就悬壶于北京德胜门外关厢一带,独立应诊。年深时久,他根据实际经验和一些祖传方籍,配制出"舒肝平安丸""消核膏""古玉生香露"等成方,所谓提壶济世,造福一方。不仅如此,他在中医理论上也颇有建树,写成了《说疫》《治痢捷要》《增补瘟疫》等书,为后学者的理论学习及临床实践提供了宝贵借鉴。

丁子良还是一位爱国者。1907年9月,清廷颁布了禁烟"上谕",他立即响应,除撰写了大量宣传鸦片毒害,以及揭露帝国主义向我国运卖鸦片毒品罪行的文章外，还积极开展社会活动。1910年11月，他与刘孟扬（我国文字改革事业的先驱者之一）、张伯苓（南开大学创始人）等社会知名人士，共同倡导建立了中国近代史上第一个"恢复禁烟主权会"（后更名为"中国国民禁烟会顺直分会"）。1911年4月，他又邀请刘孟扬等人成立了"国民求废烟约会"，任会长兼"求废烟约"代表，赴京请愿，为彻底废除1858年第二次鸦片战争后不平等的中英《天津条约》而奔走。

1895年，他携眷定居天津，继续恪尽医疗工作者的职守。到津不久，他即在寓所泰安里3号，创办"敬慎医室"，以"审慎敬业"自勉。后扩大规模，又在大安里55号设立分诊所。1906年，他倡议报请的"医学研究会"成立，边组织研讨交流活动，边开展疑难病症会诊，总结经验，拟定医学论文，收集古今中外医学典籍。据1908年统计，他任职会董的一年多时间里，该会所藏各类医学典籍就达200部。在繁忙的诊疗工作中，他始终关心时事政治，参与社会活动，并挥毫著文，抨击时弊，畅言个人理想。《竹园丛话》第一集"演说"之《爱国治国救国》中开篇即言："因诊病的本务太忙，每日竟无半点钟的闲暇……昨晚想了个以笔代舌的办法，胡拉乱扯的写了这一篇。"真可谓出而济世，入而医人。

从1897年起，他先后撰文于《直报》《大公报》《中外实报》《社会教育星期报》《正宗爱国报》，以及《民兴报》。1907年他创办《竹园白话报》，使其抑恶扬善，充满为民请命和爱国爱民族情感的时评、论说，以及寓言故事等佳作，又多了一块面向大众的园地，深受广大读者的喜爱。1907年，《正宗爱国报》辟专栏所选之亦庄亦谐的"竹园白话"，甚至被"呈御览"而受到思想趋向开明的光绪之赞许。24册《竹园丛话》，便是这些文章的结集。

  《竹园丛话》的结集出版，有一段曲折。有很长的一段时间，丁子良因长子去世，心灰意懒，不再谈论政事。1923年，丁子良的友人劝其出版往日的讲演、评论等。但是，丁子良的《竹园白话报》全部底稿在丁巳年（1917）被水灾淹毁了。于是在友人的鼓励下，丁氏登报征集自己的作品。幸好东成居酱园的老板王文元藏有完整的《竹园白话报》，二人相熟，看到报纸上的启示，就将白话报全份送给了丁竹园，又把他收藏的刊有丁氏文章的其他报刊借给丁子良钞录。这样，洋洋百万余言的《竹园丛话》终于得以刊印。

  丛话共24集，由趾云题写书名"竹园丛话"，以"天津敬慎医室"名义刊行，卷前附录了丁竹园最近摄影、天津近现代书法家顾叔度题写匾额"敬慎"。接下来的张际和序与丁子良的自序，道明了刊行的始末原委。每集分为撰著和选录两部分，第一部分"撰著"比较重要，所占比重也很大，下分演说、寓言、谐谈、卫生和杂俎五个部分。就这样，丁氏的600多篇文章得到流传。按照丛话刊行时间"癸亥十月"计算，至今正好86年。今国家图书馆出版社将其刊行，无疑是为丁氏当年的"立言"延世，为今人史学研究提供相应的珍贵资料，可谓立功立德也。

（原载《藏书报》2009年10月26日）

《知不足斋序跋题记集录》快读

近日见到由国家图书馆出版社出版的季秋华先生整理的《知不足斋序跋题记集录》（下简称《集录》），辑录内容全面，是目前搜集鲍氏题跋最为完备的资料。书前刘尚恒长序，系统介绍了鲍氏的藏书以及《集录》的成书过程和价值，堪为导读。其内文版式典雅庄重，并附多帧书影，是爱书人不可多得的目录学参考之作。

鲍廷博（1729—1814），字以文，号渌饮，又号通介叟、得闲居士等。他原籍安徽歙县，后随父移家杭州，继又迁居桐乡。鲍氏笃好书籍，取《礼记》"学然后知不足"之义名其书室为"知不足斋"，所藏书中颇多善本。他博闻强记，书经他过目，便能历数某卷某页某字讹。乾隆间开四库馆，采访天下遗书，他进献家藏书籍718种，被《四库》收录249种，《存目》著录131种。又尝据所藏善本刊刻《知不足斋丛书》，校雠严谨，影响深远。鲍廷博博闻强识，终日校书不辍。除了刻印《知不足斋丛书》中的一些题跋，尚有不少题识跋尾见诸其他图书，涉及鲍氏藏书历程、刻书艰辛、校书精审以及版本流传和书林交游掌故等等，是难得的研究资料。遗憾的是，他并没有此类专书传世，直到1916年，方有小绿天主人孙毓修辑成《知不足斋书跋》4卷79篇（潘景郑《著砚楼书跋》著录）。然此书现在何处，不得而知。所以季秋华先生历时三年，多方寻访，集录184篇而成《集录》，虽尚有遗失，但已深有功于鲍氏。

《集录》共搜集鲍氏题跋 184 篇，按照经史子集四部分类编排，其中经部 4 篇，史部 37 篇，子部 60 篇，集部 83 篇。季先生除了将序跋钞录标点之外，又广征博引，对涉及书籍、人物以及著录情况、现藏地、藏书印记等等做了大量的标注和考订工作，并撰有《鲍廷博序跋题识系年》一文，使得该书的整理工作更具学术价值。后面收录的 130 种书影，灰度影印，更是将大部分排印所据的题跋原稿呈献给读者，既可以对照阅读，便于复核，也可以让更多人欣赏到鲍氏的真迹，这要多方求索方可办到，是一件很有意义的事情。另外，书后还附有《综合索引》和《书影目录》，便于人们查找。

当然，此书也存在稍有不足之处。没有一个严格的辑录凡例，收入了一些不属于"序跋题识"的文字，比如经部的《诗传注疏》，史部的《诸史然疑》《古今姓汇》《涉史随笔》，子部的《孙子算经》《缉古算经》《洛阳缙绅旧闻记》等并无鲍氏题跋，均将其牌记算作题识收入，收录标准未免过于宽泛。另外，有个别文字校对略有瑕疵，全书均为繁体字排版，但在 306 页"滦京杂咏二卷"下的版本项却出现了几个未变为繁体的简体字样，显得格外突兀。

（原载《藏书报》2011 年 2 月 28 日）

朱学勤批本《四库简明目录》并非张冠李戴
——也说《朱修伯批本四库简明目录》

今年第 43 期《藏书报》（2010 年 10 月 25 日）头版头条的通讯是"神秘《四库简明标注》本将亮相博古秋拍——或将改变学界版本定论"，细读之下，颇感文章从立论到细节都有些不妥，特撰此文与之商榷，顺便说一说 2001 年北京图书馆出版社影印出版的《朱修伯批本四库简明目录》。

通讯稿的标题就很不对头，《四库简明标注》是邵懿辰《四库全书简明目录标注》的省称，细看文中两幅书影的版心，很明显是《钦定四库全书简明目录》，而此书上有米字小楷的标注，应当称之为"标注本《四库简明目录》"，而并非后来版刻成书的邵氏《四库简明标注》。文中的多处类似提法和"朱批四库全书简明标注"（实为"朱批四库全书简明目录"），都暴露出撰文者的文献知识的欠缺和对待学问的不甚严谨。更有甚者，在引用黄永年先生的《影印朱修伯批本四库简明目录前言》时，竟然将"二〇〇一年五月二十六日，时讲学在京"中的年份误写为"二〇〇〇"；又将"叶鞠裳"误写为"叶鞠赏"；又第一幅书影当其所言"第三卷内行朱学勤大名赫然在列"，而书影版心明明显示为"卷二"，核原书，该页内容也确实在第二卷之末，马虎之嫌，难辞其咎。

文中所举证据，确实能说明此部上拍的本子是过录邵懿辰标注本，并不能单凭卷二出现了朱学勤的名字，证明该本为朱氏过录邵氏本，更不能同理证明《朱学勤批本四库简明目录》为张冠李戴，原文不详引。细看印记，还有"王同愈"的一枚藏书印，这个重要线索却被忽视了。《新京报》曾刊发过报道韦力先生的文章——《一个"有痴气""有癖好"的藏书家》，其中提到："《四库简明目录》是朱修伯批本，纪昀等撰，我藏有的是光绪王同愈钞本并批跋的。当年北图出版社出过这部书。黄永年有一段序，提到这个本子还有王同愈的钞本，但不知是否还尚在人间。后来我就告诉他在我这。黄永年很惊奇，他在民国年间见到过这本书，后来就不见了，而今天突然见到了。"这不难看出，王同愈曾同时拥有这两个本子。当然，王同愈钞本尚未刊布，不知道二者是否为同一系统。但是只看书名和一些明显的标记就确定版本，是比较草率的做法，不为版本学界所认同。要辨别一部书的版本和印次，除了借助明显标记如牌记、讳字等，更为重要的是，要认真校勘内容，这样才能发现异同，辨章学术，考镜源流，否则版本学岂不是成了"书名学"！我取出手头的影印本《朱修伯批本四库简明目录》与《增订四库简明目录标注》逐条比勘，发现无论是标注内容还是用语习惯，都存在着较大差异。所以，朱批本拥有自己的传钞系统，是一个独立的标注本，并非仅仅过录邵氏标注。下面略说一下影印本《朱修伯批本四库简明目录》。

《朱修伯批本四库简明目录》系著名版本目录学家黄永年先生收藏，2001年由北京图书馆出版社（现国家图书馆出版社）借以影印，并请北大李雄飞先生做了书名和人名索引。此书一出，即得到了版本目录学界的重视和好评。该书是邵懿辰、莫友芝之外，对《四库简明目录》所做的另一种名家标注。朱学勤，清末士人，自富藏书，驰誉当时。其所批标注可与邵、莫二书相互考证，足资珍贵。三人各注见闻，互为增益，均为"四库目录"标注之功臣。邵、莫二人之标注久已刊行，广为人知。惟朱氏所作，只有传钞，知者甚罕。黄永年藏光绪年间管礼耕传钞本，是现今所知传世之唯一善本。书中除朱氏标注外，尚有王颂蔚、翁炯孙等人的校勘，及近代版本学名家顾廷龙、黄永年之序跋。黄永年先生在《前言》中简明扼要地说明了收得该书的过程。接下来，顾廷龙先生的跋语详尽地叙述了此部钞本的流传脉络，其中提到的还有两部滂喜斋钞本，一为叶鞠裳过录滂喜斋本，一为王同愈过录叶鞠裳本，只是叶本和王本已经不知踪迹。而上文提到，王同愈本现藏于著名藏书家韦力先生手中。由此可知，朱批本传承有序，并非子虚乌有、张冠李戴。

（原载《藏书报》2010 年 12 月 20 日）

地方金石志 ≠ 地方志·金石
——说《地方金石志汇编》的文献收录特色

今年5月份，国家图书馆出版社推出了《地方金石志汇编》（全80册），这是继该社《地方经籍志汇编》之后，推出的《地方专志丛书》之第二种。该书共收录独立的各地金石志目130多种，涉及的区域囊括了北京、天津、河北、山西、山东、辽宁、陕西、甘肃、新疆、江苏、浙江、江西、福建、河南、湖北、湖南、广东、广西、四川、重庆、贵州、云南等，是旧本金石类专志的首次汇编，具有重要的文献参考价值。

独立的地方金石志与地方志中的金石门类有非常大的区别，其鲜明特点有三。首先，独立的金石志是一个独立个体，它不是一部地方志的金石部分或金石分志。其次，独立的金石志之编纂章法自成体系，不必像分志那样要受到所从属方志的体例约束，能够有更多的发挥。第三，独立地方金石志资料更丰富，内容更翔实，专业性更强，篇幅更灵活，形式也更加多样。独立金石专志的编纂者多是碑拓收藏富有者，具有先天的一手文献优势。地方志是一地之综合性百科全书，强调综合，一般州县志将少量的金石文献附在艺文志中，一省通志或有金石分志，但由于受到材料等各种限制，往往挂一漏万，故而方志里面的金石文献相对于独立的金石专志，用聊胜于无来形容并不过分。所以，这部地方金石志的汇编与地方志里面的金石门抽印完全是两码事，需要细心解读。

　　金石是传承中华古代文明的重要载体之一，几千年来，留下了丰富的文献和艺术资料，为历史研究者提供了第一手重要的文献资料。现存最早的金石学专著是宋代欧阳修的《集古录跋尾》。两宋时期是金石学发展的第一个高峰，在这个时期，著录石刻的专著开始增多，除欧阳修《集古录跋尾》外，还有赵明诚《金石录》，洪适《隶释》《隶续》，欧阳棐《集古录目》等。清代是金石学整理研究的高峰期，著录石刻的专著之多更是前代所不能比及。民国年间容媛在其所辑《金石书录目》中，著录宋代学者二十四家，著述二十九种，而著录清代学者则多达三百三十四家，著述606种。清代至民国这段时期，一些饱学之士如毕沅、阮元、缪荃孙、李根源、金毓黻、罗振玉等更加注重对乡邦文献的整理，在金石学领域编纂了许多质量上乘、内容丰满的地方专志或专目。这些著作可以分为地方金石目录、地方金石录文和地方金石拓片等几大类。目录类如《冀宁道属碑目》著录当地金石拓片，考证存佚，简略却不失著录之功；录文类如《山右金石记》等将所见金石文字全文照录，对于文献保存和典籍校勘，具有很大的帮助；拓片影真类如《津门获古编》《邺中片羽》一、二、三集等更是将存世金石拓片照相影印，形象逼真，如睹原物，功莫大焉。

　　《地方金石志汇编》所收录的130余种地方金石志，为了保持"专志"丛书的完整性，不可避免地出现了部分资料与台湾已出版的《石刻史料新编》重复，但该书除了相同图书选择最佳底本外，还收录了数十种从未披露过的稿钞本，如《河东道属碑目》《冀宁道属碑目》《雁门道属碑目》《关中金石略》《扶风县石刻记》《兴平县金石志》《西域考古录》《东莱北魏石刻》《贵池石刻记》《潜江贞石记》《楚南金石录》《楚南金石考》《陇西县金石辑存》《天水县金石录》《敦煌金石文字存佚考略》《虎邱访碑偶记》《丽水金石志》《潮州石刻考》《滇东金石记》《跋楚雄新出土南宋高公墓志》等，还有油印本《罗布淖尔专册》《闽中古物集萃》等，具有重要的学术研究和文献参考价值，正所谓瑕不掩瑜，这套金石文献专题丛书值得相关研究者重视。

（原载《图书馆报》2011年9月9日）

学人之喜，学林之幸
——初读《浙学未刊稿丛编》印象

……新年有一喜事奉告，元旦子时小妾阿章生一女儿。唐人以茶为小女儿美称，正月又茶花盛开之时，故以阿茶呼之。弟老矣，即幸而年周花甲，此女仅十二岁耳……试灯前一日尺庄弟煦顿首。

1828年正月十四日（试灯即上元节），杜煦在写给好友蔡名衡的信中，提到了自己晚年得女的欣喜与忧虑，在讨论书画收藏间隙，流露出他生活中自然与恬适，想来写下这段文字之时，他脸上定然浮有一丝微笑。淡淡花笺，笔迹飘逸，读来如见其人，如睹其景。

杜煦，原名元鼎，字春晖，号尺庄，山阴（今浙江绍兴）人。他生于清乾隆四十五年（1780），卒于道光三十年（1850）。也正是根据他的生年和"年周花甲，此女仅十二岁"等文字信息，上面的这通书札在经过近200年的历史后，仍然可以确定准确的写作时间。杜煦在嘉庆十二年（1807）中举，道光元年（1821）举孝廉方正。学术上，他推重王阳明、刘宗周，宗稷辰撰《墓志》及《清儒学案小传》卷二十一云："博极经史而志在辅翊圣贤，于阳明蕺山之学融会洞彻，而务躬行实践以合于程朱。"工诗词，著有《苏甘廊诗集》十八卷《文集》二十卷《乐府》二卷（清咸丰刻本，见录于《清代诗文集珍本丛刊》第416—419册）。关于"苏甘廊"，杜煦有自己的解释："余以同堂昆季行三，三之切语为苏甘，故余戏号苏甘郎，盖取三郎郎当铃语自嘲也。今秋……以苏甘颜其廊。嘻！孰知居苏甘廊者之即苏甘郎耶！己亥初冬，尺庄居士识。"（见《文集》卷十三《苏甘廊跋》）杜煦家富藏书，精于校雠，勤于搜罗整理乡邦文献。他刊刻或参与刊刻有《王子诗帖》《刘子全书》（道光刻本卷前《征刻姓氏》中有"山阴杜煦尺庄"）等，又与季弟杜春生一起刊刻祁彪佳《祁忠惠公遗集》十卷《补遗》一卷等书。叶昌炽《藏书纪事诗》卷六将其兄弟附于同邑陆芝荣下，诗云："五色云中有紫霓，三间新筑草堂栖。建初地蒴何时出，咫尺高楼在会稽。"又注释云："子献言其乡藏书家有杜煦尺斋、杜春生禾子昆弟，汉建初六年《大吉买山记》，其所搜得，即名其藏书之所曰'大吉楼'，著有《越中金石记》，搜罗甚富，有刊本。"今检《越中金石记》卷一《建初买山题记》，即有："后一千七百四十八年道光癸未，南海吴荣光偕仁和赵魏、武进陆耀遹、山阴杜煦、杜春生获石同观。"

此札的收信人蔡名衡字陆士，号诗船，萧山人。工诗，著有《小柯亭诗集》二十四卷，浙江图书馆藏有清丁氏听松声楼钞本。他与杜煦交往极为密切，《苏甘廊文集》卷十六至十八为书札，收录杜煦与蔡名衡书三通，其中甲申（道光四年，1824）2通，戊子（道光八年，1828）都中1通。然而，上文的书札，却不见于《文集》，今能得见，是缘于文题所言我要奉告各位的"学者之喜"——《浙学未刊稿丛编》（徐晓军、李圣华主编，国家图书馆出版社2018年出版）的出版。

在《浙学未刊稿丛编》第82册，收录了一册《苏甘廊手翰》，开头的信札内容，即出于此。《苏甘廊手翰》系徐维则辑，共收杜煦致蔡名衡等书札 30 多通，70 余帧。根据其题识可知，徐氏装裱时间在 1898 年（光绪戊戌）五六月间，距书札的写作时间过去了 70 年。后《手翰》归浙江图书馆收藏。在《丛编》同一册，还收录了杜煦的《苏甘廊先生诗稿》一卷（绍兴图书馆藏）、《苏甘廊词集》二卷（浙江图书馆藏），而第 81 册所收沈复粲所辑《乡贤缄翰记》一卷（浙江图书馆藏），又有蔡名衡批校和题记。这些珍贵手稿的影印出版，让我们省却舟车劳顿，即可展卷而得。由杜煦告知好友"得女之喜"，到我们如今称之为"学者之喜"，大约是喜事穿越百余年，还是会沾上喜气吧。

这册手札，相对于《浙学未刊稿丛编》而言，只算冰山一角。《丛编》由徐晓军和李圣华主编，主要收录明代以降浙籍人士以及外省人士有关浙学的未刊稿钞本著作，以及 1949 年后未刊印的重要稿钞本，强调未刊，绝不重复，共计 130 余人 400 多部，拟分辑陆续出版。目前所见《丛编》第一辑收录 90 人 130 多种稿钞本。从 90 多位作者来看，有祁彪佳、查慎行、黄宗羲、项圣谟、俞汝言、吴农祥、陈撰、胡天游、沈冰壶、洪颐煊、曹大经、戴穗孙等等，全部都是他们未经刊行的稿钞本，真是如入宝山，琳琅满目，自然又是学林幸事！

如此之大喜，从何而来？来自主编们的苦苦追寻。先从徐晓军（浙江图书馆原馆长）说起。我 2012 年调入古籍编辑室后，因为责编浙江图书馆与我们合作出版的图书，跟徐馆长交往渐多。他是典型理工男，思维活跃而缜密，做事果断而严谨，令人佩服和敬重。杭大理工科出身的他，经历了浙江图书馆多个中层岗位后，主持古籍部，后来升任馆长，他对浙江全省古籍的流转存藏、编目保护等如数家珍，让很多科班出身的同行惊叹。他所倡导的"服务学者"的古籍阅览和保护理念，更是让很多古籍存藏单位汗颜。2017年9月底，我去浙图参加2017年全国古籍编目会，想趁机看几部善本。在徐馆长办公室坐了一会儿，就向他提了请求。他没有给古籍部打电话，只是跟我说，"你去看吧，如果遇到问题，上来找我"。果然没有遇到"问题"，没有介绍信的要求，只需要身份证一张，就可以证明自己的身份，作为一个普通读者，感觉自己得到了前所未有的尊重。回到他办公室，徐馆长问我怎么样，如实回答，对浙江图书馆古籍部的服务佩服之至。无论是正式还是非正式场合，听徐馆长强调最多的就是"服务学者"，这一点，是他多年孜孜以求的职业理念。前不久聊起《丛编》，他说到一个很关键的词——解决"痛点"。提起在很多个古籍部遭遇的"看书之痛"，很多文史学者都有共鸣，而这正是他下定决心编纂《丛编》的初衷。急学者所需的基础上，梳理和体现浙学脉络，则是徐馆长主持完成浙江省古籍普查工作的副产品。浙江的古籍普查工作用了十年时间基本完成，除了出版"古籍普查登记目录"，还出版了《浙江省民国传统装帧线装书普查登记目录》《浙江省古籍普查报告》《中国古籍修复纸谱》等系列的成果，正是"秉持浙江精神，干在实处、走在前列、勇立潮头"的实际体现。通过对浙江33.7万多部250万多册线装书的普查和分析，徐晓军馆长认为，浙学有传统而清晰的脉络，从祁彪佳到秋瑾，数百年间的民族气节，一以贯之。这些从《丛编》的选目和排序，可以清楚地看出来。纲领既定，实践犹难，为了让《丛编》编纂更加合理，更具学术性，徐馆长邀请浙江师范大学李圣华为首的学院派队伍，联合成立30多人的项目组。

《丛编》另一位主编李圣华老师，近年编纂或参与了《金华丛书》《衢州文献集成》《宁海丛书》等浙江重大项目，对

"浙学"有着专门的研究和深邃的理解,这一点从他撰写的两万多字的前言,即可窥见。李先生认为,浙学并非地方之学,而是全国之学,这一点很有见地。无论是阳明之学还是蕺山之学,在今天看来,显然不仅仅是浙学的一个流派,而是中国学术思想史上极其重要的有机组成。待至浙学殿军章太炎先生,非但所为之学非一地可以概括,其培养的众多弟子,师徒相授,数代以来,长盛不衰,几乎覆盖了全国的文史学界。

李圣华的前言及其团队撰写的提要不但增加了《丛编》的学术含量,更向我们揭示了《丛编》的重要价值:首先是能够辨清浙学的历史源流,除了编纂体系彰显出的"浙学"脉络,《丛编》收录的黄宗羲《宋元学案》和姜希辙《理学录》,都是重要学术史著述;沈复粲的《霞西过眼录》钞撮史部诸书,虽然编次丛杂,价值稍显逊色,但其专录姚江一派,如果用力爬梳搜罗,当大有裨益于厘清浙学源流。其次,这批"新材料"集中刊布,经过学者们深入研究发覆,能够对明清学术史产生一些新的认识。例如《前言》中对何炳松认为"由史入文"未造成明清浙学之衰的怀疑,即是一例。第三,收录大量的稿钞本具有很高的艺术价值,值得深入发掘。例如上文所提《苏甘廊手翰》,多是杜煦的楷书、行书,布局大气,着墨淡雅,正如《书史会要》所云"书得董香光神髓"。其他又如丰坊的《南禺外史诗》、查慎行的《壬申纪游》、杭世骏的《全韵梅花诗》等等,既有非常高的文献研究价值,又是赏心悦目的书法佳作,诸如此类,俯拾皆是。这其中,编纂和出版双方上穷碧落下黄泉,这些珍贵稿钞本收集之难,可以想见。这样编出来的丛书,自然令人期待;这样的编纂出版精神,令人感佩。

最后值得一提的是,两位主编与合作出版社一致认同的

《丛编》之运作方式——市场化，促成项目的快速高质进展。按照普遍的思路，一般的冠名以某地的丛书，多是政府投资，《丛编》则不然，浙江省社科联立项后，给予了重点支持，但主要是用于编纂和访书费用，对于洋洋几百册的大书之出版，并没有给予经费支持。因为无论是主编还是出版社，都对《丛编》有着强大的自信。自信何来？缘于解学人之"痛"，缘于急学界之"需"！

（原载《中华读书报》2019年5月15日）

平馆藏书善本掌故

按语:"九一八事变"后,为保证北平国有文物和珍贵图籍的安全,国民政府指示故宫博物院、北平图书馆(国家图书馆前身)等机构,将所藏珍贵文物、善本图书南运。1940年10月至1941年12月太平洋战争爆发前,王重民等从暂存于上海的善本中精选部分善本,总计102箱2954种20970卷,分批转运美国,寄存于美国国会图书馆。作为酬答,北平图书馆允准美国国会图书馆将寄存善本摄制微缩胶卷。抗战胜利后,大部分南运图籍运回北平,而运美善本(以下简称"平馆藏书")则于1965年11月转运台湾,现存台北"故宫博物院"。平馆藏书是国家图书馆古籍中的精华,据查,其中有宋刻本75种、金刻本4种、元刻本131种、《永乐大典》60册。明刻本2000余种。为使平馆藏书尽早披露于世,为古籍整理,乃至学术研究发挥应有的作用,国家图书馆将其影印出版,服务于社会。这套大型综合丛书定名为《原国立北平图书馆甲库善本丛书》,按照精装16开,双栏,成书1000册。该项目于2010年获得国家出版基金资助,由国家图书馆出版社编辑出版。故而精选"平馆藏书"中的善本,略述其流转脉络,聊供读者了解(部分原载《藏书报》等)。

何绍基跋宋刻本《汉隶字源》五卷《碑目》一卷

《汉隶字源》五卷《碑目》一卷,是宋人娄机编纂的一部隶书字典，其中保留了大量金石碑版上的隶书原貌，对研究"隶变"时期古文字之发展有重要意义。

娄机（1133—1211），字彦发，浙江嘉兴人，宋乾道二年（1166）进士。宁宗朝累官礼部尚书，兼给事中，权知枢密院事，兼太子宾客，进参知政事，提举洞霄宫。除此书外，还撰有《班马字类》五卷，事迹详《宋史》本传。

其书前列考碑、分韵、辨字三例，次为《碑目》一卷，共录汉碑309通，魏晋碑31通，均记其年月地里、书人姓名，以次编列。正文依照《礼部韵略》206部分为五卷，都以真书标目，而以隶文排比其下。韵不能系者14字，附于第五卷之末尾。其中文字异同，随字标注。《四库提要》评价云："于古音古字，亦多存梗概，皆足为考证之资，不但以点画波磔为书家模范已也。"

是书如今常见者，多为明清翻刻本。而明代汲古阁翻刻此书，甚为鄙陋。翁方纲《跋〈汉隶字源〉（汲古阁刻本）》批判道："至毛刻则就宋本之已漶者重缮开雕，楷之工不足赎其隶之谬，直是一不晓隶书者为之过录，不惟失其神，且失其形，于字之区直俯仰，断续伸缩，皆所不知……则字非其字，勿问原矣。毛氏汲古阁雕板书数十百种，烜赫人间，未有若是书之谬戾讹舛者。今既无旧本，学人惟赖毛本，以见是书之面目，而好古之士，或且欲就此中之字以集录汉碑，则所谓郢书燕说而已矣。"①

此宋刊本真书半叶五行，碑目半叶九行，行十九字。卷末有题记云："《文正公集》并《奏议》《汉隶字源》，岁久漫灭，嘉定壬申，郡丞莆阳宋钧重修。"翁方纲据《莆田志》所

---

① 沈津辑：《翁方纲题跋手札集录》，桂林：广西师范大学出版社2002年版，第13—14页。

载宋钧事进一步考证,得知此书与《文正公集》《奏议》并刻于饶州,信而可从。他进而推断:"是本或宋末或元初所印。"① 翁方纲于乾隆丁酉年见到了这部宋刻本,他记述道:"乾隆丁酉六月十一日偕茞谷户部、南涧郡丞,观朱笥河学使所藏本,中有漫漶处,然此刻亦非从碑本摹得者,故字画大小、粗细轻重、长短概不可辨,但神致浑沦,不似近日毛刻本字字皆扁画耳。"② 跋中提到的朱笥河即朱筠,字竹君,一字美叔,号笥和,北京大兴人。生于清雍正七年(1729),卒于乾隆四十六年(1781)。乾隆十九年进士及第,官至翰林院侍读学士。平生博闻宏览,为乾隆年间著名学者。修《四库》时,从《永乐大典》中辑录遗书,朱筠实为首倡。如今《永乐大典》所存寥寥,而其中诸多早期珍贵典籍经过整理后载入《四库全书》,得以传承后世,他功不可没。朱筠又是当时著名藏书家,藏书数万卷,其居所名椒花吟舫,今卷内"大兴朱氏竹君藏书之印"即其藏书之印。

查《中国古籍善本书目》,共著录《汉隶字源》11 部,其中 9 部为明汲古阁刻本,2 部为清钞本,可见宋刻本之罕见,此或为孤本。卷内钤有"剑光阁印""大兴朱氏竹君藏书之印""朱印锡庚""何绍基印""云龙万宝书楼"等印,可见历经华希闵、朱筠、朱锡庚、何绍基等名家递藏。

华希闵,字豫原,号剑光,家有剑光阁藏书,江苏无锡人。康熙十一年(1672)生,乾隆年间卒。著有《延绿阁集》《广事类赋》。是书在其家散出后,归于朱筠、朱锡庚。朱锡庚乃朱筠之子,字少河,生于乾隆二十七年(1762),卒年不详。清乾隆五十五年(1790)举人,一生读书好古,能传家

---

① 《翁方纲题跋手札集录》,第 13 页。
② 《翁方纲题跋手札集录》,第 14 页。

学，喜好藏书。

朱氏父子之后，是书归于何绍基，今书内有何氏跋语云：

> 此宋版《字源》，朱筠河先生藏本，今归道州何氏。忆得此书时，与吾仲弟子毅共享欣赏，今毅殁已廿年，每一检阅，不胜怆怆。咸丰己未二月蝯叟记。

何绍基字子贞，号东洲，晚号蝯叟，道州（今湖南道县）人。道光十六年（1836）进士，官编修，任国史馆总纂。绍基好藏书，室名有"东洲草堂""浣花楼""云龙万宝书楼"等。藏印有"何绍基印""云龙万宝书楼"等。著有《说文段注驳正》《惜道味斋经说》《东洲草堂诗集》《东洲草堂文钞》等。这部经其收藏题跋的宋刻本《汉隶字源》几经辗转，后来入藏原国立北平图书馆（今国家图书馆）。如今列入《原国立北平图书馆藏甲库善本丛书》之一种，影印出版，实乃当今学人之幸事。

祁承㸁《澹生堂集》

祁承㸁，字尔光，号夷度、密士、旷翁，浙江山阴人。明万历三十二年（1604）进士，历官江西布政使司右参政。生平好古嗜书，治方亩之地为密园，园内建澹生堂，藏书其中。其收藏图书，不以宋、元刻版为重，而以实用为先。其所撰《澹生堂藏书目》著录图书9000余种。他的著作，在清代都是禁书，所以流传极少，现在最常见的是《澹生堂藏书约》。这是我国现存最早的一部图书保管规则，然而却是摘录而成，令祁氏著作面目全非。陈乃乾在其《读书识小录》中考证："祁氏承㸁《澹生堂集》第十四卷为《读书志》，凡《藏书训约》《藏书训略》《庚申整书小记》《读书杂记》《牧津辑概》

《世苑概》《询两浙名贤著作檄》《著作考概》《夏辑记》共九篇。《藏书训略》中复分《购书》《鉴书》《读书》《聚书》四章。鲍氏《知不足斋丛书》所刻名《澹生堂藏书约》者,乃此卷中《藏书训约》《藏书训略》二篇,而以《藏书训略》中《读书》《聚书》两章,别出为《读书训》《聚书训》两篇,以冠于《藏书训略》之前。遂使原本面目尽失。繆氏《藕香零拾》亦刻此书,悉仍鲍氏之旧,二公殆皆未见《澹生堂集》也。"① 接下来就简略说一说《原国立北平图书馆藏甲库善本丛书》中的《澹生堂集》。

《澹生堂集》二十一卷,明崇祯间祁氏家刻本,半叶九行,行二十字。书前有陈继儒、范允临两篇大字序,范序作于崇祯六年(1633)。考《祁忠敏公年谱》,崇祯八年五月抵武林,"杜绝尘俗,与诸昆编梓夷度公文集二十余卷。"可见校刻始于崇祯八年。接下来是十一篇旧序,都是为承爜生前著作单行刻本而作的。作者有梅鼎祚、冯时可、邹迪光、姚希孟、杨嗣昌等,都是晚明的名流。是集前六卷为诗,后面十五卷包括序跋、奏疏、记、读书志、传志、杂著、尺牍、吏牍等。祁承爜是一个爱书之人,在藏书上花费的精力尤多。其卷十四为《读书志》,黄裳先生在《关于祁承爜——读〈澹生堂文集〉》中评价道:"这一卷《读书志》可以算得是系统论及藏书的开山之作,给予后来者的影响是大的。只清初藏书家孙从添的《藏书纪要》约略可以相比。"② 集中卷十二、十三收录了几种日记:《数马记》《出白门历》《江行历》《归航录》《戊午历》《己未历》,别具一番趣味。其中提到访书的一手资料很多,可以看到祁氏毕生收书的情况。

---

① 《陈乃乾文集》,北京:国家图书馆出版社2009年,第217页。
② 《书林一枝》,太原:山西教育出版社1998年,第72页。

《澹生堂集》流传极少,从《藏书约》一书的混乱面目也可得到印证。现在国家图书馆所藏《澹生堂集》残存六卷,所缺甚多。当代藏书大家黄裳先生所收的是祁氏家藏后印本,避讳很多,墨钉时现。据黄裳考证,"原集大约刻于崇祯中叶。刻成不久就遇到了甲申国变,所以流传很少。过去只在傅增湘的《藏园群书题记》初集中有过著录。那是陶湘的藏书,后来辗转归北平图书馆,现在台湾。"① 展观此集,卷内有"阳湖陶氏涉园所有书籍之记"藏书印,正是黄氏所言陶湘旧藏。陶湘(1871—1940),江苏武进人,字兰泉,号涉园,是近现代著名藏书家、刻书家,其藏书在晚年逐渐流散。此本辗转入藏原北平图书馆,现寄存台北。今《原国立北平图书馆藏甲库善本丛书》汇刊出版,使《澹生堂集》300余年后再现真容,化身千百,以正舛讹,真藏书界难得幸事也!

明钞本《埭川识往》

《原国立北平图书馆藏甲库善本丛书》中有明钞本《埭川识往》一卷,半叶十行,行二十字,长洲时传撰。时传字相之,明初人,生平事迹无考。是书裒辑闻见,记录吴中旧事,并寓劝惩之意,最晚者为明嘉靖二十年(1541),所以当于是年写就。此书少见著录,曹允源等纂修的《吴县志》向称翔博,但是不见引用,又其《艺文考·吴中故实》也未提及。仅从《刘申叔遗书补遗·前言》获知,中国科学院文献情报中心藏《仪征刘氏桐花仙馆丛书》中有刘氏钞本《埭川识往》一卷。可见是书仅有钞本流传,洵为稀有之物。

---

① 《书林一枝》,第71页。

此本初系端木大章万历十年（1582）得于吴门书肆，命黄弘业手录。书首叶有延陵白沙山人端木氏大章叙，末有延陵曲江黄弘业跋，记录甚详：

> 余壬午二月与客至吴门，避雨肆中，见架上积乱书，因请读之，多卷帙错落，后得此书于杂楮中，披阅其所纪，多惩戒事，盖非特齐谐志怪之笔也；久未布人间，余见而弗传，不为覆酤者几希。倾囊钱得之归，命侍者录之，惜非完帙，后果获遗卷，当再续焉。延陵白沙山人端木氏大章叙。
>
> 万历壬午春，白沙公同野素张公游姑苏，入金阊门，过汤家巷南行，计经桥十有二，过委巷小书肆中避雨，翻阅得此书于故楮。余重校雠缮录，方可成句。所记多吴中事，无非可惩可仰，其训世之意深矣，岂图烟云、花鸟、艳曲、淫词之类哉？延陵曲江黄弘业志。

是书从端木氏处流出后，为金可垿收得，卷内"壹是堂读书记"朱文方印可证。金可垿字甸华，号心山，又号溪山，浙江桐乡人，寓居江苏吴县（今苏州）。清代画家、藏书家。文瑞楼主人金檀之孙。藏书处曰"壹是堂"，身后藏书散尽。士礼居主人黄丕烈与金氏素相友善，此书遂成为黄氏箧中之物。书内有"平江黄氏图书"朱文方印、"士礼居藏"朱文长印，卷末有残跋一则，系黄荛圃手书：

> 此书余得诸郡故家，藏箧中久矣，无别本可对也。甲戌四月，路过玄妙观前，有友人出一书相示，云是外所罕有者，余取视之，盖即《埭川识往》也。因谓友人曰："此书原本余得之，请携归一对。"果自余本出，特传录又不无少误耳。唯是余本本有原

误，而校正者痕迹宛然。末一跋中所改，有正有误，壬午二字，原作辛巳，如据卷端弁言，壬午为正。白沙公三字，原作二月余。予字原作中字。曲江黄弘业原作白沙贡大章，此原正而校误也。观卷端弁言，云"与客至吴门"，客即指野（下缺）。

按，"曲江黄弘业原作白沙贡大章"，黄氏偶误也。

士礼居之后，此书辗转归于南陵徐乃昌。卷内有"积学斋徐乃昌藏书""积余秘笈识者宝之"二印，又徐氏《积学斋藏书记》卷三著录此书甚详，是为的证。徐乃昌是近代藏书大家，收藏古刻名钞颇夥，今国家图书馆、上海图书馆等处藏有数十种徐氏旧藏宋元椠本，仅《中华再造善本》之唐宋编和金元编就收入30余种。徐氏藏书在其晚年开始散逸，到去世后由后人逐渐售尽。检孙殿起《贩书偶记》卷七录有此书，"《埭川识往》一卷，明长洲时传撰。旧钞本，后尾有万历间延陵黄弘业题记。"盖此书从徐氏积学斋流出后，经手通学斋孙氏，后辗转入藏北平图书馆（今国家图书馆），又先后寄存美国国会图书馆和台北"中央图书馆"。今经400余年传承流转后得以影印出版，令更多读书人能够一睹真容！

元刻本《中庵先生刘文简公文集》

"平馆藏书"中有《中庵先生刘文简公文集》二十五卷，刘敏中著，元元统间刻本，每半叶十一行，行二十一字。

刘敏中（1243—1318），字端甫，号中庵。山东章丘人。元延祐五年（1318）卒，赠光禄大夫、柱国，追封齐国公，谥"文简"。著有《平宋录》《中庵集》等。《元史》卷一百七十八和《新元史》卷一百九十一有传。

刘敏中《中庵集》一书，绝少刻本，传世者有旧钞本和四库馆从《永乐大典》辑出二十卷本等数种。此元刻本《中庵集》，正名题《中庵先生刘文简公文集》，二十五卷、二十四册，黑口单鱼尾，左右双边，版心上方记字数。前有元统二年春儒林郎江浙等处儒学提举吴善序，又安阳韩性序，次目录。后有泰定四年八月九日《监察御史奏撰刘文简公神道碑牒文》，又曹元用撰"神道碑铭序"。卷前有杨绍和补钞《中庵集》提要，又杨绍和跋，下钤"臣绍和印""杨氏彦合"二印。卷内有"明善堂览书画印记""怡府世宝""安乐堂藏书记""韩氏藏书""泰华""杨氏海源阁藏""东郡杨氏海源阁藏"等印。

元刻二十五卷本《中庵集》是现存刊刻时间最早的刘敏中诗文集，其流转历程颇为曲折，传至今日，洵为珍贵。《四库提要》载："《元史》载敏中《中庵集》二十五卷。《文渊阁书目》作五册，不著卷数。梁维枢《内阁书目》不载其名，则是时官书已佚。明藏书之家惟叶盛《菉竹堂书目》著录，亦无卷数。黄虞稷《千顷堂书目》虽有其名，而独作三十五卷，与史不符。盖虞稷所列诸书乃遍征各家书目为之，多未亲见其本，故卷数多讹，存佚不确，未可尽援为据也。苏天爵《元文类》中仅载其《贺正旦表》《忠献王庙碑》二首，其他作则不概见。今从《永乐大典》所载搜罗裒辑，以类编次，尚可得二十卷，则所佚者不过十之二三矣。"由此可知，元刻二十五卷本在明代纂集《永乐大典》时已经散逸。清乾隆间纂修《四库全书》，虽多方征集，也没有找到原书，只能从《永乐大典》中辑出二十卷，这就是后来的四库本《中庵集》。

然而，清同治庚午年（1870），著名藏书家杨绍和意外从北京厂市发现并高价购得了失传四百多年的元刻二十五卷本

《中庵集》。杨氏跋曰："《四库》本从《永乐大典》重编，此则元时之原刻，完整无缺，亦珍笈矣。同治庚午秋八月以朱提二十四星购于京师厂市，彦合记。"根据卷内藏书印，此书曾被怡亲王家收藏。怡亲王是清代世袭亲王，第一代为雍正皇帝之弟胤祥，收藏颇丰，藏书处名"明善堂"，又名"安乐堂"，与王士禛"池北书库"、纳兰性德"珊瑚阁"、纪晓岚"阅微草堂"齐名。第二代怡亲王弘晓字秀亭，也是著名藏书家、诗人。怡府藏书，世间罕见之书甚多，清人多有盛赞。仅从今天的"平馆藏书"来看，怡府藏书俯拾即是，占有相当的比重。查《四库采书目录》和《纂修四库全书档案史料》，乾隆征集图书修纂《四库全书》时，怡亲王未将此书列入进呈之目，其宝贵之情，可见一斑。后来怡亲王获罪，藏书散尽，此书归于韩小亭。邵懿辰在《四库简明目录标注》中云："韩小亭有元刊足本，凡阁本所佚皆完全，且面目全别，真秘笈也！"即指此本。同治间，书归杨氏海源阁。今检《楹书隅录》及续编，皆不见载，不知何故。后此书又插架于原国立北平图书馆，躲避战火，几经辗转。其命运真是多历磨难，却又异常幸运！

这部元刻《中庵集》，卷数比四库本多出五卷，在具体内容上，诗多549首，词多112阕，文多75篇。而在卷次排列上，四库本因不见原本，更是面目全非。在文字上，四库本也讹误颇多。今天我们把此元刻本《中庵集》影印行世，无疑将为整理校订刘敏中诗文提供宝贵的底本。

一度被盗的宋刊本《东坡先生和陶渊明诗》

《东坡先生和陶渊明诗》四卷（以下简称《和陶诗》）为

苏轼生前编订，在北宋即有刻本流传，影响甚大。时至今日，原国立北平图书馆所藏宋黄州刊本《和陶诗》，已是天壤间幸存孤帙，洵足宝贵。

是书半叶十行，行十六字，小字双行同，左右双栏，白口，双鱼尾。版心上记字数，下有刻工姓名。前有目录。全书正文四卷，卷首顶格题"东坡先生和陶渊明诗卷第一"，次行低三格标陶渊明原诗题目，题下注明"渊明"二字。先陶诗，次东坡和诗，次颍滨（子由）和诗。间有自注，列于所注诗句之下。

从内容看，《和陶诗》是陶渊明、苏轼、苏辙三人有关作品的汇编。陶渊明的诗：卷一收《饮酒》等五言诗三十首，卷二收《形赠影》等五言诗三十三首、四言诗《答庞参军》一首，卷三收《杂诗》等五言诗二十一首、四言诗《时运》一首，卷四收《连雨独饮》等五言诗十八首、四言诗《劝农》《停云》二首。此外还收有《桃花源记》《归去来辞》。苏轼的和诗：上述陶渊明每首（组）诗，苏轼一般都次韵追和一首（组），《连雨独饮》诗，原作一首，苏轼追和二首。因此苏轼的《和陶诗》，共有五言诗一百零三首、四言诗四首。此外还有《和桃花源记》《和归去来辞》各一篇。另外，苏轼尚有《归去来集字》十首和《问渊明》诗一首，此本未收。后世重编《和陶集》，则将这两篇同陶渊明有牵连的作品一并都收录了。苏辙的和诗：苏辙在其兄苏轼的影响下，也写过若干"和陶诗"，如《次韵子瞻和渊明饮酒》二十首、《次韵子瞻和陶公止酒》《次韵予瞻和渊明拟古》九首、《和子瞻归去来辞》一首、《和子瞻次韵陶渊明停云诗》一首、《和子瞻次韵陶渊明劝农诗》一首，均见于此集。这些诗均被收入《栾城后集》中，只有附载《杂诗》十一首的"子由继和"，今本《栾城后集》未见。细看这些诗作,其实应该算是子由和其兄之诗而作,并非纯粹的"和陶诗"。

此宋本《和陶诗》价值甚大。首先,此书刊刻时代较早,未经后人增删篡改,保留了宋人编印的苏轼原著原貌。尤其保存了一些不见于他本的自注,值得重视。其次,与后世《和陶诗》相比,此本极具校勘价值,可补他本之不足。今人新编《苏轼诗集》,即采用该书作为主要校本之一,改正了其他刻本的一些疏漏。第三,《陶渊明集》流传甚广,版本很多,但现存者均属南宋以后的刊本。《陶集》以外录存陶诗最多、最集中、刊行最早因而最有校勘价值者,这部宋版《和陶诗》当为首选。最后,宋刊《栾城集》传世者极少,且多为残帙。此本《和陶诗》收录的苏辙数十首"和陶诗",显然为整理《苏辙集》,辑补苏辙佚诗,提供了新的有益线索。

宋本《和陶诗》流传极稀,元、明以来见于公私著录有四本:一是《文献通考·经籍考》著录:"《和陶集》十卷。陈氏曰:'苏氏兄弟追和,傅共注。'"二是《百川书志》卷二〇著录:"《东坡和陶诗》五卷,宋苏子瞻谪居时和晋陶渊明之作也,各诗下间有子由及时人所和。"三是《天禄琳琅书目》卷三著录:"《东坡先生和陶渊明诗》一函四册,宋苏轼著,四卷。前苏辙《诗引》。"又云:"轼《和陶集》,宋时杭、蜀本皆有之,具在全集中,系别为四卷,原可单行。此本无校刊人名氏,似即从全集中抽出。且纸致墨润,实为宋本之佳者。本朝昆山徐乾学藏本,有印记,余无考。"四是缪荃孙《清学部图书馆善本书目》集部别集类著录:"《东坡先生和陶诗》四卷,宋苏轼和。"

这四个宋本《和陶诗》,第一种为注解本,第二种卷次不同,第三种为全集抽出者,均已失传。而此本即是缪荃孙著录之本，世间仅存，极为珍贵。在《艺风堂文漫存》卷四中，有此集跋文，或为缪荃孙任京师图书馆馆长时所作。今卷中"京师图书馆"印记已被剜去，可见此本曾一度被人盗卖，而最终又归入北平图书馆，今又得以影印，以传其真，辛甚至哉！

稿本《雪樵文集》

"平馆善本"中的《雪樵文集》，稿本八册，每半叶十行，行二十五字，是清人徐钟震的著作。《文集》不分卷次，杂录赋、论、赞、传、疏、记、跋、序、碑、祭文等等，内容极其丰富。徐钟震，字器之，闽县人，是著名藏书家徐㶍的孙子。徐氏生卒年不见于史志，集内《龙筋凤髓判跋》有"天启丁卯，予年十七"语，王重民先生据以推定其生于明万历三十九年（1611）①。徐氏卒于何年，无从查考。集内有清顺治七年所作的"自赞"："问其是何人，则廿载磊落儒生；问其作何事，则终岁笔耨舌耕。旁搜乎稗官野史，雅慕乎三都二京。追群公揖客，亦有识其姓名，至进与论交，则大不善于逢迎，以故拘牵自守，淡薄寡营……且有敝庐足以蔽身，敝衣足以蔽体，笥中先人手泽，百千万卷，苟能读之，又何羡于人间南面之百城。"读罢此段，徐氏志趣了然矣。

书中有名"弱中"者跋语：

> 前辈多言徐氏《笔精》非完本。乾隆庚子孟夏，阅肆得《雪樵文集》四册，乃其孙名钟震所撰也。

---

① 王重民：《中国善本书提要》，上海：上海古籍出版社1983年版，680页。

文笔畅茂,绰有家风,中间行述一首,备载徐氏著作甚悉,而《笔精》实十八卷,乃叹当日长篇巨册,零落者多矣。弱中识。

弱中即清代福建著名藏书家黄世发。黄氏字藕宾,一字弱中,晋江人,藏书较富。据跋语可知,他于乾隆四十五年(1780)得到此稿,时为四册,非今日所见八册之装帧。

继而《文集》为郑杰收藏,内有"注韩居士"藏书印,并有其识语一则:

徐钟震,字器之,闽县人,崇祯间庠生。兴公之孙,博学多闻。诗文典丽,欲选继晋安风雅,尚未就而终焉。嘉庆元年□月望后,注韩居士识。

郑杰,一名人杰,字昌英、亦齐,号注韩居士。侯官(今福州)人。清乾隆年间贡生。好读韩愈书,曾计划辑注韩愈诗文,自题书室为"注韩居"。好藏书,推崇明藏书名家徐㶿"善聚善读,用心精勤"精神,特别注重收集闽中文献。这部《雪樵文集》当然也属此列。数十年收集文献十数万卷,其中最有价值的是原徐㶿藏书。郑杰详细考证自唐至清的福建诗人及其诗作,编纂《全闽诗录》;晚年又辑《国朝全闽诗录》初、续集。卒后由陈衍增补,于1911年刻成《闽诗录》四十卷。他还著有《注韩居诗钞》《闽中录》《晋文春秋》等。

是书卷内还钤有"侯官杨浚""内史之章""陈恭甫藏杨雪沧得"等印记。杨浚(1830—1890),字雪沧、健公、昭铭,晚号冠悔道人,由晋江迁福州。清咸丰二年(1852)举人,例授内阁中书,充国史、方略两馆校对官,辞归。同治间主持重刻其家藏《正谊堂全书》,著有《冠悔堂书目》一部,著录藏书3400余种。他藏书的情况,《竹间续话》略载之:"先生于是设'群玉斋'书肆与总督后,广搜善本。同治辛酉，陈左海太史家书籍散鬻，多列朝集及未梓本，先生谋诸夫人，脱金钏以购之，乃就所居筑楼三楹，贮七万卷于其中，颜曰'冠悔堂'。"① 陈左海即陈寿祺（1771—1834），字恭甫、介祥、苇仁，号左海、梅修，晚号隐屏山人，福建侯官人，清代文学家，有《左海全集》。从"陈恭甫藏杨雪沧得"印文可知，此稿本《雪樵文集》当是杨浚同治辛酉年（1861）得于陈氏旧藏。杨氏殁后，藏书有少量散逸，《文集》即当时所流出者，后辗转归于北平图书馆，列于甲库善本之中。

1949年后，杨氏后人将其剩余藏书售予了北京图书馆（今国家图书馆），冠悔堂藏书终汇入公藏。

书种轩缩临元本《白虎》《风俗》二通

《白虎通》又称《白虎通义》或《白虎通德论》，汉班固撰集，是东汉白虎观经学会议之资料汇编。是书反映了当时经学研究之样貌，为后人所重。《四库提要》对其名称发展、纂集情况、版本源流考述甚详，无须赘言。《风俗通义》，东汉应劭著，其考论典礼类《白虎通》，纠正流俗类《论衡》，记录了大量的神话异闻，并加以评议，是研究古代风俗和鬼神崇拜的重要文献，今人王利器先生在《风俗通义校注·序例》中做了细致的考察，并给出了客观的评价。二通今均有元刻本存世，《风俗通》尚有残宋本（在北京大学图书馆）。这里要介绍的是书种轩临写元本，经黄廷鉴手校，是一种版本价值较大却较少利用的本子。

原国立北平图书馆（今国家图书馆）藏书种轩写本《白

---

① 郭可光辑：《竹间续话》，福州：海风出版社2001年版，第80页。

虎通德论》十卷和《风俗通义》十卷各一册，合装一函。二通均九行十七字，黄琴六先生手校。《白虎通》首有大德九年四月旦日东平克斋张楷序，大德乙巳四月望日中奉大夫云南诸路行中书省知政事东平严度恪斋题，又无名氏序。首有黄琴六撰校例七则，跋语二则。有罗纹笺封篆书"元大德合刻白虎通风俗通缩临本"，后书道光辛丑闰月书种轩张氏钞藏。有"书种轩后人""蟠庵""琴六手校""古书误亦好""南陵徐乃昌校勘经籍记"等印。《风俗通》首有应劭自序，大德丁未中和节太中大夫行都水监李果序，大德乙巳阳月中议大夫江南浙西道肃政廉访副使谢居仁显卿题，后有嘉定十三年秋七月庚子东徐丁黼序。有"琴六手校""积学斋""积余秘笈识者宝之"等印，可知书曾经南陵徐乃昌收藏。

书种轩是明代昭文张氏所筑，据《南张世谱》载，以平（观复公）筑书种轩以为藏书训子之所。昭文张氏代有藏书名人，清代著名藏书记张海鹏、张金吾叔侄均属此脉。张树本亦为南张子孙，所以自称"书种轩后人"。《常昭合志稿》卷三十二藏书家载："张树本，字子慎，昭文诸生。父凤池，例贡生，绩学不遇。树本性好读书，尤精校勘。尝得元大德刊本白虎风俗二通，命仲子琪缩写巾箱本，行款字数及漫漶残缺字画悉仿之，诸序之行草书手自临橅，观者几无以辨。暇喜吟诗，著有蟠庵诗稿。"① 从志书的记载，不难看出缩临二通在张氏藏书中的位置。黄琴六在其跋语中高度评价缩临本："缩写为巾箱本，行款字数及漫漶处残阙字画悉依摹写，诸序之行草书则手自仿临，惟恐失真。譬之人形体不同，而精神面目惟妙惟肖，观者几咤丈人之化侏儒也。"

---

① （清）郑钟祥等纂修：《常昭合志稿》，清光绪三十年（1904）木活字本。

瞿氏藏元大德本二通本身就具有重要的校勘价值，黄氏跋语已经举例述及。其《风俗通》收入《四部丛刊》，《白虎通》则比《四部丛刊》所据缪荃孙藏本更善，"验其书版断裂处，两本皆相同，或同为明代所印。然缪本卷三、卷五、卷十多补钞叶，瞿本犹是印版，较缪本为优。"① 黄琴六不负张氏之望，精心校勘，凡有所得，辄记写本之上，校语灿然可见，并撰有七则"通例"，以为指南。如其小跋所言："子慎主人属校二通，书既毕，其中朱墨杂施，注记纷如，恐览者或未能了然，辄书校例七则于首。拙经叟手识。"黄氏的精准校语，无疑又提高了缩临本的价值，正如王重民说："廷鉴所驳正，虽寥寥数条，均为卢文弨所未及，尤可为读是书者之助。"②

　　是书在张氏殁后，曾经南陵徐乃昌收藏，后入藏国立北平图书馆。今作为《原国立北平图书馆藏甲库善本丛书》之一种影印出版，广布流传，必可为二通研究提供重要参照。

---

① 王重民：《中国善本书提要》，上海：上海古籍出版社1983年版，第313页。
② 同上。

张舜徽在陇初期交游略考

张舜徽（1911—1992），湖南沅江人，生前为华中师范大学历史系教授，博士生导师，中国历史文献研究会会长。我国现代著名历史学家、文献学家。1946—1949年，张舜徽先生应辛树帜校长之请西行兰州，任兰州大学中文系教授达三年之久。同时，经黎锦熙向院长易价介绍，他还在西北师范学院中文系兼课。在兰州的三年，正是张舜徽学术作品或形成或孕育的重要时期。刘筱红先生所撰《张舜徽在兰州大学》①一文，是对张先生在兰州学术研究的系统介绍，此不赘述。

张先生虽然在兰州生活时间不长，但是治学之余，交友广泛，这也成为其学术研究和交流不可或缺的一部分。2007年，台湾东吴大学中国文学系硕士吴健诚毕业论文《张舜徽先生之文献学研究》中有专节提及张先生在兰州情形，但除了袭载刘筱红先生的文章，并无任何新资料。其第二章第二节有"张舜徽之交游"，末附"年谱简编"，除了对辛树帜略有涉及，其他人仅以"1946年应辛树帜之聘来到西北兰州结识易价、顾颉刚、慕寿祺、冯仲翔等人"一句带过②。这里要说明的是，顾颉刚于1948年6月17日至12月7日在兰州大学历史系任教，并兼职于西北师范学院国文系，但是此段时间的

---

① 见《兰州大学学报》（哲学社会科学版）2003年第1期。
② 吴健诚：《张舜徽先生之文献学研究》，台北：东吴大学中国文学系2007年。

《顾颉刚日记》对张舜徽先生只字未提，由此看来，二人虽为同事，但并没有直接来往，直到1979年张舜徽才第一次拜访顾颉刚①。

新近出版的《张舜徽壮议轩日记》之"入陇编残存"是张先生初到兰州（1946年9月27日—1947年1月7日）一段时间的读书、讲学和交游实录。日记虽为残存，但其中涉及张先生友朋30余人，可以窥见其在陇交游一隅。此为一手史料，可考察张先生友朋生平，亦可纠正些许史料记载错误，也从侧面反映出了当时兰州学术交流研究盛况。所以本文通过对残存日记的爬疏，清理出张先生到陇初期的主要交游情况，供大家参考。因为资料和篇幅所限，对于张先生在兰州结识而未在残存日记中出现的人物不作介绍；张先生离开兰州后与这些友人的后续来往情况不作考释。下文将校长辛树帜列首位，余者按《日记》中首次出现先后顺序排列。

辛树帜（1894—1977）

字先济，湖南临澧人，生物学家、教育家，毕业于德国柏林大学，归国先后担任中山大学教授兼生物系主任、南京国立编译馆馆长、兰州大学校长、西北农林学院院长等职。主持整理《农政全书校注》，晚年撰有《中国果树史研究》《禹贡新解》等著作②。

张舜徽与辛树帜抗日战争时期相识于临澧，二人相互钦佩。1946年，辛树帜创办兰州大学，在长沙见到张舜徽并邀

---

① 张舜徽：《怀念顾颉刚先生，学习顾颉刚先生——纪念顾颉刚先生诞生九十周年》，《訒庵学术讲论集》，长沙：岳麓书社1992年。

② 刘宗鹤：《辛树帜先生传记》，《西北农学院学报》1984年第1期，第1—2页。

请他到兰大中文系任教。张舜徽到兰州大学后，辛树帜与其论学、聚会颇多，礼遇有加。《日记》记载二人在兰州交往有：

讨论教学，如1946年11月30日，"与辛校长论治学贵有数年博涉之功而能返之于约，博涉时又必有一主题，不可漫无归宿，所见大同。"① 12月3日，"午后，辛校长来坐甚久。谈至救弊矫枉，以教学者读原书为第一义，所见与余无不同者。又亟推余文辞甚美。"（696）18日，"暇与辛校长谈今日施教后生，惟有切实督其多读几部书，又必先使文理通顺为先务，文理不通而命从事考古著述，皆妄也。渠大以余说为然。"（715）

聚会宴请，如12月7日，"薄算赴辛校长之招饮于义顺林酒肆，吃涮锅羊肉。同坐有董爽秋、郭维屏、王德基、杨浪明等共十一人。"

又请其代拟撰文稿：12月6日，"辛校长请余代撰《西北建设辑要序》一篇，应谷君徵祥之求也。"（700）案，谷徵祥，桑植人。曾任桑植县党部书记长、《实验简报》社社长，著有《西北建设辑要》（1944年桑植《实验简报》社印本）等。

辛树帜亲自参加张先生讲演，并高度评价：12月28日，"午后应诸生之请登堂讲演，辛校长亦参与听讲，其谦怀令人感慕……退堂后，辛校长盛推余论议宏通，足以转移风气，启发后生也。"（727-729）

张德粹（1900—1987）

字敬之，湖南攸县人，农业经济学家。1927年毕业于南

---

① 见《张舜徽壮议轩日记》，国家图书馆出版社2010年出版。本文下引《日记》内容，只在引文后标出页码，不一一注明，第688页。

京大学，后又到丹麦、英国等地留学，1937年毕业于威尔斯大学，获硕士学位。历任西北农学院农业经济系教授、浙江大学农学院教授、中央大学农业经济系教授兼系主任、兰州大学教授、教务长等。1947年随中央大学迁到台湾。著有《农产运销学》《土地经济学》等①。

张德粹1946年5月应国立兰州大学之聘，短期担任教务长。张舜徽初到兰州时，他负责接待，遂相识，之后二人亦谈论字画、世事：

9月27日，"旋导余入内见教务长张君德粹、注册组主任吉君祥、出纳组主任刘君宗鹤，谈甚邑。"（555）10月16日，"夜诣张德粹处观新购左文襄联，笔力矫健，当非赝品。适董爽秋、王德基在座，纵谈世事。"（577）

吉祥（1914—1977）

字西山，湖南临澧人。1942年毕业于国立武汉大学历史系，任重庆国立中央图书馆助理编辑、重庆盘溪国立学校讲师、副教授兼训导处主任、兰州大学副教授兼注册组主任、湖南大学历史系副教授。20世纪50年代后任东北商业专科学校、东北财经学院教授，1958年后长期居住于湖南临澧农村。著有《中国盐政年表》《中国民族思想研究》《中国今日耕地问题之商榷》等。

张先生初到之时，吉祥因负责接洽而相识，见上文。其后二人常相往来，一同散步游览，无所不谈。《日记》提及《盐政考》稿，或为《中国盐政年表》之初稿：

10月2日，"晚餐后偕西山往观黄河铁桥。"（558）15

---

① 何梓林、夏远生主编：《二十世纪湖南人物》，长沙：湖南人民出版社2001年。

日,"未刻,西山来谈处世接物之道,甚悉谙练老成,大不类少年人语。自此积历愈久,吾卜其终必大成。"(575)24 日,"午后西山来谈片刻。旋邀余至益民路卫生池用浴。归,乘马车至励志路同游中山公园。"(593)12 月 12 日,"与西山谈杂事,渠有所不慨于怀,多方慰藉之。"(709)24 日,"夜诣西山处邕谈。出示其旧所撰次盐政考稿,翔实可喜。"(724)

刘宗鹤(1913—)

湖南临澧人,早年肄业于中山大学,1943 年毕业于厦门大学,我国著名统计学家。1946 年任兰州大学讲师,兼校长秘书、出纳组主任。1949 年后先后任教于西北农学院、北京农业大学(今中国农业大学)①。

刘宗鹤是兰州大学校长辛树帜之长婿,张先生与其相识于初到兰州,上文已述及。后常一起宴会、谈论世事,《日记》多有涉及。

张曦(1887—1970)

字云石,甘肃天水人。清宣统己酉科拔贡,朝考一等。1916 年江苏省第二师范学校本科部毕业。幼承家学,耽研经史,精于小学、佛学。学术译稿多毁于十年动乱。1928 年创建国文系,任兰州大学系主任至 1946 年。②

张舜徽第一次与张云石见面是 1946 年 9 月 30 日,"张云石先生曦来,谈甚久,年六十余,天水人,蔼然儒者也。"

---

① 施泰:《刘宗鹤》,《统计与预测》2000 年第 3 期,第 54—55 页。
② 历届系主任、院长简介[EB/OL]. 兰州:兰州大学文学院网,2009(2009-04-30):http://chinese.lzu.edu.cn/lzupage/2009/04/28/N20090428111519.html.

(557页）随后的日子，二人交往频繁，共同宴谈，相互借阅著作和书籍，张云石盛赞《广校雠略》一书：

10月6日，"张云石先生来谈移时。从问湘中耆献，余为称举十数人。渠又索观余著述，因借《广校雠略》携去。"（564页）24日，"巳刻张云石先生来谈甚久。亟推许《广校雠略》一书……余从问陇右藏书家尚有见存者否。"（593）11月7日，"巳刻，张云石教授来，坐甚久……午后偕何自诚助教走访云石先生，谈甚邕，并出示武威李叔坚手书日记二册及刊本《味蘗斋遗稿》一本，余俱从假之以归。"（630—631）11月23日，"张云石先生遣人送帖来，约余明午饮于厚德福。"（673）24日，"巳刻赴云石教授之宴。谈约时许，而后入席。在座有辛校长及张德粹、盛成中、郭维屏、魏应麒、刘宗鹤等，宾主共十人。"（673）

另外，张云石还在生活上给予张舜徽照料：11月17日，"张云石教授遣人送来百合二斤许。"（660）

董爽秋（1896—1980）

安徽贵池人，原名桂阳。曾先后留学法、德，获博士学位。在德留学期间加入共产主义青年团。回国后，曾任安徽大学、中山大学、贵州大学、西北大学、同济大学、兰州大学教授、教导长、系主任等职。1949年后，当选二、三、四、五届全国政协委员，湖南省人大常委等职。1980年在长沙逝世。① 著有《遗传学》《达尔文主义讲义》《摩尔根遗传学》《中国汉语言文字源流》（稿本）等。

张舜徽与董爽秋为同事，初交于1946年10月，之后数次

---

① 查加赋、汪春才：《共产主义在贵池的播火者——记贵池早期共产党人的革命活动》，《贵池日报》2009年6月18日第12版。

共同谈论文字声韵之学：

10月8日，"餔后董爽秋、杨浪明来谈时许，俱和厚可近。董，贵池人；杨，长沙人，均以博物名家。"（567）26日，"午后，董爽秋教授来。谈及文字声均之学，知其所诣甚深，渠近年又笃信殷墟契文日有新获，而论学态度谦谨，令人歆慕。"（596）11月9日，"巳刻董爽秋教授来。谈及字书检字不便之弊，有碍于学子甚大。渠有意别编另书，而以新式检字之法部勒之，所言条例甚精，苟能成书，亦盛业也。"（637）

杨浪明（1905—1987）

湖南长沙人，1930年南京中央大学生物系毕业。1947年赴美明尼苏达大学医学院进修。回国后任兰州大学动物系教授、图书馆馆长，兰州医学院教授。甘肃省第三届政协常委，民盟甘肃省委委员，中国动物学会甘肃分会理事长。主编《科学世界》，编译《发生学（胚胎学）》《实用胃病学》。①

张舜徽结识杨浪明与董爽秋同时，见上文。其后杨浪明与张先生除了畅谈游玩、讨论学术，更多是对其在生活上的帮助和关心：

10月27日，"日来绌于财用，从杨浪明教授处借贷五万钣以应日需。"（599）11月16日，"浪明来坐片刻，劝余每晚临寝前以温水洗脚，行之以恒，必能却病云云。"（660）

魏应麒（1904—1978）

字淌甫，福州黄山村人。高中毕业后，入广州中山大学历

---

① 郭方忠、张克复、吕靖华主编：《甘肃大辞典》，兰州：甘肃文化出版社2000年版，第1215页。

史研究所,任钞写员。为顾颉刚教授所重视。先后任教于中山大学、厦门大学、兰州大学,1949年后回到福州。1978年因患中风逝世,享年74岁。著有《中国史学史》《福州歌谣甲集》《福建三神考》《林文忠公年谱》等①。他曾参与续纂《福建通志》,且为主力之一②。

魏应麒与张舜徽相交于10月。《日记》10月10日,"早食毕,魏应麒君邀游兰园,看菊花。"17日,"餔后从魏应麒处假来近人李毅士所绘《长恨歌图》。"(579页)

10月20日,张舜徽迁入"梨园东轩……右为魏应麒",与魏比邻而居,魏应麒赠张先生著作,颇得好评,二人交往更为密切:

27日,"魏应麒教授送来其《三十以前文录》一册。自称所著犹有《林文忠公年谱》《中国史学史》诸种,此册则十五年前在福州梓行者。内于闽省风俗记载特详,民间歌谣采集亦广,足徵其早岁用心之勤。"(599)11月26日,"应麒送帖来,约余明午饮于金龙馆。"(682)27日,"正午赴应麒之约。同席者为董爽秋、盛成中、刘宗鹤、吴相湘、吉西山及其福建同乡等共十人。"(682—683)

王德基(1909—1968)

湖南慈利宜冲桥人,著名地貌学家。1934年南京中央大

---

① 林家钟:《编写第一部〈林则徐年谱〉的魏应麒》,《福州晚报》1999年1月11日第7版。

② 《福建通志沿革史》载:"二十七年一月,魏应麒归自国立编译馆,入厅任职。贞文即派其着手整理,预备编纂。二月,乃正式派汪涵川、魏应麒为编辑干事,省立图书馆馆长王孝总为事务干事,开始续编。"又《福建通志续纂后记》:"续纂由教育厅办理,委厅员汪涵川、魏应麒、林元鏖执笔。魏君数月专任此事,所编尤多。"李厚基等修;沈瑜庆、陈衍纂;魏应麒等续纂:《福建通志》,民国廿七年(1938)刻本。

学地理系毕业后留校任教。1936年底获洪堡德奖学金赴德留学。先后入柏林大学、明兴大学（即慕尼黑大学）、提宾根大学等地学习，专攻气候、地质地貌，研究亚洲干旱气候特征。1946，南京政府筹建国立兰州大学。王德基被辛树帜聘为兰州大学教授，并担任地理系首届系主任。1956年定为二级教授。1968年遭迫害逝世。①

王德基与张舜徽相识于张德粹家，见上文，二人总论古今，无所不言：

11月3日，"餔后诣王德基教授处闲话。上下古今，无所不言。"（617）

李端揆

生卒年不详。字冠卿，兰州人，毕业于西北大学，时任甘肃省立兰州图书馆馆长。

张舜徽到兰州后与李端揆相识，多次到兰州图书馆借还书籍，并受邀参加了西北文物展览会：

10月25日，"午后，偕何自诚助教往游甘肃省立兰州图书馆，晤其主李端揆，谈移时。"（595）11月12日，"甘肃省立图书馆送帖来，请余赴西北文物展览会指导。"（646）13日，"朝食后赴兰州图书馆参观文物展览。"（647）19日，"午后赴甘肃省立图书馆访李端揆，谈甚洽。旋从假《陇右金石录》诸书，携之以归。"（665）1947年1月4日，"巳刻，雇车载所借兰州图书馆书籍十余种，亲往缴还与其主。"（741）

---

① 《西北著名地质学家王德基》，《吉首大学校报》2010年6月30日第8版。

何士骥（1893—1984）

字乐夫，浙江诸暨人。清华研究院录取首届学生，师从王国维等治文字和考古学。1939 年任国立西北师范学院教授、系主任，后又兼任兰州大学中文系、历史系教授等，1958 年甘肃省博物馆馆长。著有《南北响堂寺及其附近石刻目录》《唐大明兴庆及太极宫图残石发掘报告》《西北考古记略》等。①

张舜徽到兰州大学不久，何乐夫即邀请其到西北师范学院国文系任教，二人遂成为同事，走访频繁，谈论学术，交谊颇深。何乐夫对张先生教学能力极为称许：

11 月 3 日，"巳刻有国立西北师范学院国文系主任教授何乐夫先生率其弟子乔敬众持刺来与余相见……欲揽余入师院为高年级诸生讲授校勘目录之学，辞意恳挚，余不忍拂其来情，勉应许之……谈至正午，旋邀之入市肆用膳，宾主举杯引满，有相见恨晚之慨。"（616—617）4 日，"巳刻往十里店答访何乐夫教授……又介余与刘耀藜、冯仲翔两教授相见。"（621—623）6 日，"午后，国立西北师范学院送来聘书，约余为文学系三四年级诸生讲授校勘学。"12 月 12 日，"巳刻，赴十里店授课。晤何乐夫，谈颇久。极颂余教学非他人所能逮，多士皈依，奉为宗主，群请为高年级诸生加授训诂学一科。俾诸生亲炙之时较长，所沾溉必益溥也。余闻而内惭，重违其意许之。"（708）

---

① 李怀顺：《明万历〈深沟儿墩碑〉考释》，《华夏考古》2005 年第 2 期，第 103—106 页。

刘文炳（1876—1954）

字耀黎，山西徐沟人，1902年考中陕西辛丑、壬寅并科举人。曾任徐沟县金河书院、清源县清源书院山长。先后赴日本学习、考察。1929年开始编纂《徐沟县志》，1942年完成。1944年受聘于西北师范学院国文系，1948年退休。1949年后寓居北京。[1]

张舜徽与刘文炳经何乐夫介绍认识（见上文），后张先生又亲自拜访刘文炳，对其钦服之至：

12月5日，"旋访刘耀黎老先生，谦光雅度，令人歆慕。刘公为清季举人，年倍于我，而精力不衰，顷方竭一人之力修辑县志，与此邦慕少堂先生同为可钦服之人。"（698—699）

冯国瑞（1901—1963）

字仲翔，别号麦积山樵，甘肃天水人。1926年考入北京清华学校国学研究所（后改称清华大学研究院），得梁启超所赏识。曾任甘肃省通志局分纂、青海省政府秘书长、国文西北师范学校中文系教授等职。1949年后任兰州大学中文系主任、兰州图书馆特藏部主任、省政府文化教育委员会委员等。[2] 著有《绛华楼诗集》《张介侯先生年谱》《麦积山石窟志》《炳灵寺石窟勘察记》等，辑有《守雅堂稿辑存》等[3]。

张舜徽与冯仲翔经何士骥先生介绍认识（见上文），成为西北师范学院同事。后得冯仲翔赠书一册，并与其谈论清人张

---

[1] 王定南：《徐沟县志出版说明》，《徐沟县志》，太原：山西人民出版社1992年。
[2] 惠富强、甘凉俊才：《冯国瑞》，《天水日报》2006年3月2日。
[3] 郭方忠、张克复、吕靖华主编：《甘肃大辞典》，兰州：甘肃文化出版社2000年版，第1208页。

澍遗稿下落等:

11月14日,"至西北师范学院授课……退堂后晤冯君仲翔,谈片刻,诒我《守雅堂稿辑存》一册。"(649—650)

荆三林(1916—1991)

河南荥阳人,著名历史学家,曾任兰州大学、西北大学教授。1949年后先后执教于厦门大学、山东师范学院和郑州大学。著有《博物馆学大纲》《西北民族研究》《中国经营边疆史》《史前中国》《考古学通论》《中国生产工具发展史》《中国石窟雕刻艺术史》等。①

张舜徽与荆三林同为兰州大学教授,1946年11月,荆三林到张先生处谈论考古之学:

11月6日,"荆三林教授来谈时许。自述致力考古之学,于陶器颇能辨识,为余津津道其详。"(627—628)

康清桂(1899—?)

湖南衡山人,早岁赴法国留学,先后入里昂大学理科和巴黎美术专门学校。毕业后归国,历任中山大学理科教授,国民政府交通部电信机械制造厂第一厂主任工程师,编译馆专任编译。编译有《物理学名词八千余则》《电学名词》《无线电学》,著有《天文数学物理讨论会专刊》等。②

康清桂与张先生相识于1946年11月,二人谈论营造相背,所见略同:

---

① 星光:《沉痛悼念荆三林教授》,《农业考古》1991年第3期,第382页。

② 徐友春主编:《民国人物大辞典》,石家庄:河北人民出版社1991年,第869页。

11月10日,"巳刻,康清桂工程师来,谈时许。康,衡山人,年五十许,和蔼可近。余与论建造房屋户牖相背之宜,所见颇多暗合。"(641)

涂序瑄(1903—1970)

江西人,于日本人九州帝国大学毕业,1930年返回中国,先后任教于北平师范大学、北京大学、四川大学、中山大学、西北大学、兰州大学等,1947年8月任台湾大学史学系主任。①

涂序瑄与张舜徽同为兰大教授,据《日记》载,此半年涂序瑄与张先生有过数次交谈:

11月15日,"午后,涂序瑄教授偕其夫人来,谈时许。论及今日人才不出之原因与夫学术落后之症结,相与叹喟。"(655)12月10日,"课隙诣涂序瑄教授处小坐,与论博杂之变。"(707)1947年1月6日,"夜间涂序瑄来杂谈,至更初始出。"(745)

段子美(1898—1997)

河南偃师人。1925年毕业于武昌师范大学数学系。1932年至1936年留学法国巴黎大学。回国后一直从事数学教学与研究,曾任重庆大学、西北大学、兰州大学、甘肃工业大学、甘肃教育学院教授、数学系主任。译有《突变函数》《概率论》《数理统计概论》等,编有《机遇概率》《突变函数

---

① 《涂序瑄先生行述》,《国史馆现藏民国人物传纪史料汇编》(第二十五辑),台北"国史馆"2001年,第211—212页。

论》等。①

张舜徽到兰大任教时，段子美任兰大数学系教授兼系主任，二人略有交往：

11月15日，"段子美教授来坐片刻，杂谈穿衣吃饭事，共慨处世之不易。"(655)

权少文

生卒年不详，武威人，毕业于清华大学，后为章太炎弟子。著有《说文古韵二十八部声系》。

张先生得辛树帜介绍与权少文相识，邕谈文字训诂之学：

11月16日，"武威权君少文来访，实辛校长为之介……好治文字训诂之学，自称于《说文》《尔雅》皆尝为声谱。谈约时许。"(658)

郭维屏（1902—1981）

字子藩，甘肃武山人。毕业于北京师范大学，民国任省参议会副议长。1949年后任甘肃省文史馆员。长于古文物鉴定，擅书画。② 著有《中华民族发展史》《国史概论》等。

郭维屏时为兰大秘书长，与张先生来往颇多。是年郭维屏父亲去世，张先生前往吊唁。后又请郭《赵宽碑跋》：

11月23日，"夜间，郭维屏来，与谈移时。郭为甘肃省参议会副议长兼任本校秘书长。"(673) 12月13日，"闻郭维屏有父丧，午后邀涂序瑄、魏应麒往唁之。"(709) 22日，

---

① 甘肃省地方志编撰委员会：《甘肃省志·教育志》，兰州：甘肃人民出版社1991年版，第656页。

② 乔晓军编著：《中国美术家人名辞典·补遗一编》，西安：三秦出版社2007年版，第522页。

"今日郭子藩家中开吊,午后与辛校长、董院长、盛成中、涂序瑄、吉祥等同车往上西园行礼。"(718)1947年1月3日,"郭子藩来坐片刻,余托其跋书青海当道转拓赵宽碑十纸。子屏即属余代作一书跋,马少香求之。"(738)

李恭(1901—1970)

字行之,甘肃甘谷人。北平中国大学国文系毕业,后游于章太炎之门。业成,任教于兰州师范、甘肃学院、西北师院等处。1949年后曾任甘肃省人民政府文化教育委员会委员、兰州师范校长、兰州市教育局副局长等职。著有《陇右方言发微》《斯文异诂》《文史别记》《太平天国在甘肃》《甘肃省县沿革》《目录学之应用》等。①

李恭与张舜徽在11月因张云石介绍得以相识,当时李恭为兰州师范校长,张先生对其印象极好。次月,二位先生先后互访,且经李之介绍,张先生又与韩定山结识。

11月24日,"巳刻赴云石教授之宴……因主人之介得识甘谷李行之,貌至朴茂而谨于言,诚如云石先生所目为笃志好学之士也。"(673—675)12月22日,"巳刻,有甘肃省立兰州中学校长苟秉元、兰州师范校长李行之、省立农校校长王西园相偕见访,鬯谈移时,并约余赴各校讲演,余皆谢之。"(718)27日,"至小稍门外兰州师范答拜李行之校长,谈两时许。乃偕出访兰州中学访苟秉元校长不晤……李行之导余观两校图书所藏,常见书略备。旋邀余赴食肆小饮。因得识兰州师范教员韩定山。"(726)

---

① 聚川:《路志霄与〈敌机袭兰纪略〉——"李恭日记"片段整理现世琐记》,《档案》2005年第2期,第56页。

盛成（1899—1996）

名延禧，字成中，江苏仪征人，早年留学法国。归国后在北京大学、广西大学、中山大学和兰州大学等处执教。1947到1965年在台湾生活，1979年任北京语言学院法语一级教授。著有《我的母亲》《海外工读十年纪实》《意国留踪记》《老觚新酿集》等。①

盛成中于1945年到兰州大学，与张舜徽相识于次年11月24日张云石的宴会之上，二人谈论南岳故实和扬州学术，张先生对其非常敬慕。后二人互相阅看书稿，学术交流甚洽：

11月24日，"宴罢，与盛成中教授论南岳故实，源流迁革，考证独详，盖盛君常以夏令登岳避暑，已九游其地，博采旁搜，询诸故老，宜其知之审耳。盛君江苏仪征人，其原配为衡山人，故习知湘南风土，留心考究，随所之而不遗微小。治学精神应如此矣，余心深敬异之。余又与论乾嘉时扬州诸儒学术……语皆有识，非浅尝者所能道。"（673—675）25日，"盛成教授来谈甚久。余出示所撰《扬州学记》稿本，渠亟怂恿早日付梓。与之商榷数处，所见略同。"（676）26日，"午后，盛成教授邀余往省立兰州图书馆观览藏书。余介之与主者李君相见，谈约两时许方还。"（682）12月25日，"暇诣盛成中教授处论学时许，意无不同。出示其近日所撰为字考一稿，征引广遍，又能由声音部居以推得其谊训旁衍之迹，余速其及早写定。"（724）

---

① 陈辽：《盛成论》，《扬州大学学报》（人文社会科学版）2001年第11期，第18—22页。

慕寿祺（1874—1947）

字子介，号少堂，甘肃镇原人。光绪二十九年（1903）考中举人。与焦国理等重修《镇原县志》。他还著有《甘宁青史略》《经学概论》《小说考证》《十三经要略》《求是斋集句诗钞》《求是斋丛稿》《西北道路志》《歌谣汇选》《陇上同名录》等。①

张舜徽经李行之介绍得以认识慕少堂，谈论著作，并得赠慕氏校勘《潜夫论》，借阅慕著《镇原县志》。后又访慕氏，观所撰稿本《长城考》，赞其浩博：

11月24日，"旋与之走访此邦耆献慕少堂先生，由李君行之为之介。年已七十有三，貌清癯，服古衣冠，浑然天成，望而知为绩学老儒也。从问古长城遗址，元元本本，如数家珍。余来至此邦，编遍询士夫，群推此老博闻强记，今验之而笃信。出示所修《镇原县志》，……未尝假手于人。又称所纂犹有《甘宁青史略》，卷帙视此犹繁，其精力何可及也。赠余《潜夫论》一册，则近年所校刊者也。余并从假《镇原县志》以归。"（673—675）12月30日，"午后，盛成中教授邀余再访慕少堂先生，谈两时许。出示其旧撰《长城考》稿，蝇头细书，累二十余纸，叹其浩博。"（734）

韩定山（1893—1965）

原名瑞麟，字定山，号苏民、炳烛翁、耕天山农。出身书香世家，陇南文县人氏。省参议员，为陇上著名诗人、学者、书法家。1946年被省立师范聘为国文专任教员兼导师。1947

---

① 邓明：《甘之俊人"慕少堂"》，《档案》2010年第3期，第25—28页。

年留任兰大,在法律系教授国文。著有《长春楼诗草》《长春楼文存》《长春楼藏书目录》《长春楼读书录》《阴平国考》《文县耆旧传》《修志私议》《彷徨集》《更生集》《麦积山记游》《兰州市名胜古迹概述》等。①

张舜徽与韩定山因李行之介绍认识,相谈甚凼:

12月27日,"因得识兰州师范教员韩定山,年已五十有六,恂恂君子也。行之亟称其学有根柢,与谈甚久,颇相得。"(726)

张作谋(1901—1977)

字香冰,甘肃临洮人,1926年于北京师范大学毕业并留校。1927年回兰州,先后任省立第一中学(今兰州一中)教员、教导主任、校长,甘肃中山大学讲师等。1949年后在省政协工作。著有《新蕉细雨轩诗词集》。②

张舜徽于1947年初与冯仲翔同访张作谋,得以与之相识,相谈甚久。又借回敦煌写本《说苑》残卷,是为《敦煌古写本说苑残卷校勘记》一文所本也:

1947年1月2日,"巳刻赴延寿巷五号访冯仲翔,谈甚久。旋同访此邦士绅张香冰。香冰名作谋,性喜收藏名家书画,为人爽朗,一见如故。与谈甚凼,坐至午时始出……出示敦煌写本《说苑》残卷,仅存《反质篇》,篇首亦脱烂数章,书法精美,耐人寻味。余从之假来以校今本异同,香冰慨然见许,至可感也。"(737)

---

① 小农:《书画:一代师表韩定山》,《兰州晨报》2004年3月21日第2版。

② 冯志萍:《严以治学,以德育人——张作谋与兰州一中》,《档案》2007年第1期。

刘国钧（1899—1980）

字衡如，江苏南京人。1920年毕业于南京金陵大学哲学系，1922年赴美国威斯康星大学留学。回国先后任金陵大学教授兼图书馆主任，北平图书馆编纂部主任，西北图书馆馆长等职。1949年后任北京大学图书馆学系教授、系主任。著有《中国图书分类法》《图书馆学要旨》《中国书史简编》等。①

张舜徽于1947年初在兰州图书馆因李端揆之介得识刘国钧，相谈甚洽：

1月4日，"巳刻，雇车载所借兰州图书馆书籍十余种，亲往缴还与其主。此间闲话时许，因得识国立西北图书馆长刘衡如，南京人，年五十余，漫漫儒雅，近以谋复馆事来兰，与谈甚洽。俄而仲翔亦至，杂谈颇久。"（741）

（原载董恩林主编《纪念张舜徽百年诞辰国际学术研讨会暨中国历史文献学研究会第32届年会论文集》，湖北人民出版社2012年）

---

① 白国应：《刘国钧先生的优秀品质》，《图书与情报》2000年第1期，第65—67页。

《冷社诗集》札记

《冷社诗集》四卷，荣孟枚等撰，1935年古陶美术馆仿宋印刷部铅印本，笔者得卷二至四于北京潘家园旧书市场，后将全本收入《清末民国旧体诗词结社文献汇编》①。该书半叶十行，行二十字，黑口，单鱼尾，四周双边，封面为罗振玉题签，书名页为宝熙乙亥（1935）春所题，卷前有冷吟图一幅，后接康德二年（1935）正月宝熙序和罗振玉序，卷末有康德元年熙洽跋文。

冷社，全称"冷吟诗社"，是熙洽在吉林成立的旧体诗词社团。据《吉林市志·文化志》记载："1927年冬，熙洽于松江第一楼招饮吉林军政两署同幕，议'消寒雅集，倡冷吟诗社'。参加诗社的有熙洽、荣孟枚、金毓黻、李铭书、王惕、赵汝梅、魏声和、袁金凯、宝熙等。1927年及1928年，诗社分题赋韵，年有数聚。所成诗篇，于1935年问世。"② 这里记录了冷社的成立、活动时间、参与人员和结集情况，但有失简略。笔者就《冷社诗集》所示，对冷社的情况做详细梳理如下：

卷前有"冷社姓氏录"，全录在此，有详加考察者，以按语别之：

---

① 南江涛选编，全26册，国家图书馆出版社2013年版。
② 吉林市地方志编纂委员会编：《吉林市志·文化志》，长春：吉林文史出版社1999年版，第400页。

荣孟枚，字叔右，吉林阿城旗籍。别号佛桑馆主。按，荣孟枚为满洲正黄旗人，姓胡苏哈拉氏，名荣选，字叔右，号孟枚，别署佛桑馆。生于清光绪四年（1878），卒于1946年。"东北三才子"之一，曾任《东三省公报》总编辑等伪职。著有《佛桑馆诗文存稿》《延春室诗话》等。

熙洽，字格民，宗室奉天籍。别号清醒遗民。按，熙洽（1884—1952），清宗室后裔，是力谋复辟清室的"宗社党"骨干分子。溥仪出任伪满洲国执政，他又成为伪满政权骨干。1945年在沈阳被苏军俘获，1950年被遣回国，入抚顺战犯管理所接受改造。后因病医治无效而死。①

吴延绪，字毓甫，奉天辽阳汉军。别号渔父。

骆家骥，字仲骐，湖南江华籍。别号瓠公。

马超群，字适斋，江苏松江籍。别号逢伯，一号空凡居士。按，适斋为南社社友，据熙洽跋文，卒于1934年。

潘鹗年，字曙声，江苏武进籍。别号杨秋。

谭长序，字约庵，广东南海籍。别号仓海。

李光祖，字尊庭，奉天锦西籍。别号习静。

熊希尧，字希尧，湖南益阳籍。别号涤公。

田解，字可权，奉天海城籍。别号双清荪楣。

王惕，字敬生，奉天锦县籍。别号盘公。按王惕（1882—1946），清末秀才，后入天津北洋法政学堂法科第一期。历十余年，主持纂修《永吉县志》。晚

---

① 详见鞠殿义编：《爱新觉罗家族全书·人物荟萃》，长春：吉林人民出版社1997年版，第217—218页。

号静园老人。①

顾次英,字冰一,江苏南汇籍。别号虎头。按,编纂有《吉林地理纪要》。

王祖培,字韵苏,河北抚宁籍。别号北溪。

金毓黻,字静庵,奉天辽阳旗籍。别号千华山民。

英恕,字钝生,奉天旗籍。别号语冰。

李铭书,字子箴,奉天黑山籍。别号谦庐。按,李铭书(1878—1939),奉天政法学校毕业。曾任伪满洲国吉林省省长等职,1937年辞职。1939年病逝。②

赵汝楳,字任羹,又字槐盦,奉天海城籍。别号补柳村农。按,赵时任长春市长。

曹祖培,字树葭,安徽歙县籍。别号半闲生。

魏声龢,字劭卿,江苏武进籍。别号曩耻。按,魏声龢旅居吉林二十余年,撰有《吉林地志》一卷,吉林省图书馆等处有藏,今收入《长白丛书》。③另有《鸡林旧闻》《宁安县志》等。

袁金凯,字洁三,奉天辽阳籍。别号兆佣,一号佣庐。按,袁金凯(1870—1947),字洁珊,曾任张作霖参议,后任伪满洲国尚书会大臣等。撰有《中庸集解》《莲湾杂著》等,参与纂修《奉天通志》。

□□□,别号悬盦。

---

① 于海民:《〈永吉县志〉与王惕》,《江城日报》2001年2月9日。

② 王云坤主编:《吉林省百科全书》,长春:吉林人民出版社1998年版,第1633页。

③ 同上,第267页。

□□□，别号渡辽生。

江济。

宝熙，字瑞臣，宗室京旗。别号沈盦。按，宝熙（1871—1942），清光绪十八年（1892）进士。曾任伪满洲国参议等。著有《东游诗草》《工余谈艺》等。

郭进修，字啸琴，河北天津籍。别号潜园。按，曾任伪满洲国锦县县长。

徐恢，字崇五，湖南浏阳籍。别号逸庵。按，曾任伪满洲国穆棱县县长。

王之佑，字立三，奉天兴城籍。别号道心。按王之佑（1892—1995），曾任伪满洲国职，1945年被苏军俘虏，1961年特赦，1995年去世。

薛大可，字子奇，湖南长沙籍。按，薛大可（1881—1960），近代重要记者，曾任《亚细亚日报》主编等。

黄式叙，字黎雍，奉天辽阳籍。别号松客。按，黄式叙（1882—1950），奉天高师国文专修科毕业，工诗词。著有《松客诗》。

杨名椿，字伯年，□□籍。别号拙厂。按，《最近官绅履历汇录》第一集载："杨名椿，字百年，年四十四岁，四川三台人。北京法政专门学校卒业。"[①] 可补此处籍贯不清之失，亦可知其生年大致为1877年。

吴崝，字铁峰，江苏宜兴籍。别号麻庐。

徐承锦，字尚之，贵州铜仁籍。别号絅斋。按，

[①] 北京敷文社编辑：《最近官绅履历汇录》，民国九年（1920）铅印本，第199页。

《最近官绅履历汇录》第一集载:"徐承锦,字尚之,年四十三岁……丁酉科(1897年)优贡。"① 据此可知其生年大致为1878年。

陈建,字挺生,福建闽侯籍。别号听星居士。

梅文昭,字种因,安徽铜陵籍。别号寄吾庐主人。按,主纂《民国宁安县志》。

陈紫澜,字樵岑,福建闽侯籍。别号岯园。按,曾担任兴城县首任县长,著有《岯园诗集》《榕南梦影录》等。

于詹,字渊受,宗室北平籍。别号鸳寿。按,于詹为于莲客之弟。

诚勤,字厚庵,北平旗籍。别号听雪。按,集内卷三有"诚执中",亦当为诚勤。

赵一鹤,字嵩巢,吉林籍。别号余庐。

王嵩儒,字松儒,旗籍。别号择堪。

牛桂荣,字子馨,河北静海籍。

张燕卿,字燕卿,河北南皮籍。别号耐圃。按,张燕卿(1898—1951),张之洞之子,曾任伪满洲国外交大臣等职。

以上共41人,其中不知姓名者二人,有姓名无字号籍贯者一人。除此之外,卷内提及"翠凤"入社之事,未见于名录,且有马超群妻周氏诗二首,这样算来,总数达到43人。社员不局限于一地,大多为宦居吉林者,其中还有南社社友马超群等,抛开政治倾向不论,这个诗词唱和团体的阵容是比较

---

① 北京敷文社编辑:《最近官绅履历汇录》,民国九年(1920)铅印本,第100页。

强大的。尤其在当时的东北地区,民国初年,松江修暇社中,不过十人,而此时的冷社已超出其三倍还多。由此不难窥见当时冷社燕集盛况。下面对集内作品按作者列出表格,便于比较观览:

姓名	字号	作品数量
荣孟枚	佛桑	39
熙洽	清醒	45
吴延绪	渔父	5
骆家骥	瓠公	68
马超群	适斋,逢伯	42
潘鄂年	杨秋	19
谭长序	仓海,约庵	14
李光祖	习静	20
熊希尧	涤公	51
田觧	双清荪楣	8
王惕	盘公	20
顾次英	虎头	10
王祖培	北溪	1
金毓黻	千华山民	4
英恕	语冰,钝生	43
李铭书	谦庐	13
赵汝梅	补柳邨农,任羹	25
曹祖培	半闲生	15
魏声龢	罍耻	18
袁金凯	洁三	1
	悬盦	1
	渡辽生	1
江济		1
宝熙	沈盦	4
郭进修	潜园	6

姓名	字号	作品数量
徐恢	逸庵	1
王之佑	道心	1
薛大可	子奇	1
黄式叙	松客	1
杨名椿	拙厂	1
吴峙	庐	1
徐承锦	絅斋	1
陈建	听星居士	4
梅文昭	寄吾	2
陈紫澜	岘园	1
于詹	鸳寿	1
诚勤	听雪	2
赵一鹤	余庐	5
王嵩儒	择堪	1
牛桂荣	子馨	1
张燕卿	耐圃	0

上表可见作品498首，除了张燕卿，其他社员均有创作收录在结集之内。此外，尚有联句2首，马超群妻周静如诗2首，作品达502首（篇）。显而易见，社员的活跃程度有着明显差别，熙洽为社长，为多次活动的组织者，所作诗篇也较多；而骆家骥、熊希尧的作品数量超过了熙洽，荣孟枚、马超群、英恕的诗作数量与熙洽接近，这几人可以说是冷社的骨干。潘鄂年、李光祖、王惕、赵汝梅、魏声龢五人的诗作也较多，可谓社内的活跃分子。上文提到的《冷吟图》，乃吴延绪所绘，卷一开篇即以之为题材，进行创作，有荣孟枚《冷吟图序》、熙洽《题冷吟图并序》等十九首之多。而《冷社成立同人欢幸酒后联句以消寒夜》等两次联句，也有八九人参与。

从时间来看，集内起自丁卯（1927），止于辛未（1931），五年之内，燕集多次，其中也有间断，卷内有小字注"踏青词命题后停止开社"，宝熙序言："盖冷社之诗，丙寅丁卯（按此误，当为丁卯戊辰）之交最盛，已巳以后格民政务日繁，因之中止"，后庚午年、辛未年又复社重开，有《辛未阳历元旦登澄江阁重开冷社》等作。所到之处如江南农事试验场、北山澄江阁、龙潭山、宝山镇、第一楼、醉仙酒楼等，吉林名胜雅居，几乎无所不至。恰如宝熙在序中所讲："或游龙潭山，以进蹑老爷岭之最高顶，或溯松花江而至阿什哈达，以观明人摩崖之刻辞。至若城外之北山，则冷社诸君屡次招燕于此。"所咏内容，涉及历史遗迹、政治军事、风景名胜、风土人情（如《吉林四咏》）、聚散离别、寿辰佳节、妻妾妓女等等，正可谓无所不包。

内容如此庞杂，与社员的构成成分有着直接关系。熙洽跋文道："丁卯冬日，端居多暇，间招吉林军政两署同幕诸君议消寒雅集，倡冷吟诗社。"社员的主体，是吉林军政界的官员幕僚，这些人中既有拥护帝制的保守派，积极于复辟清廷；也有力倡民主共和的人，为推翻袁世凯复辟帝制而歌颂。如马超群《易帜行并序》："洪宪复辟，两役五色旗，亦几中断。今则青天白日旗招飐于中华全部矣……作长歌以纪之：'青天何迢迢，白日何迢迢……穷则变兮变则通，从今天下始为公。宣尼立说本无弊，政有小康有大同。量如青天涵碧海，明如白日丽苍穹。神州一统三万里，庄严灿烂光熊熊。'"政治之外，对历史凭吊寄怀是这些官员的另一排遣方式，如熙洽《山海关吊古战场》："风吹草木送余腥，山海关前血战经。一路田园叹寥落，万家骨肉哭零星。尸填巨港鲸波碧，魂绕长城鬼火青。我本沙场归去者，强挥热泪吊英灵。"妄自揣度，这里或许寄寓着熙洽面对"共和"形势大好,对于恢复清廷一时无处发力的愁苦。另外,卷内表现军事题材的则有《公饯常泮桥旅长出征赴大同即席赠诗》等数首。

关注所处的地方风俗,是诗词最为常见的表达。诗集卷三载录多人《吉林四咏》,所写主题相同,表达方式各异,且看马适斋所作《糖灯》:

> 霞绷美号古来称,斗室青光冉冉腾。蓬梗为棨稃作穗,儿时况味问谁曾!

而骆家骥写道:

> 边城日落夜黄昏,田舍霞绷旧俗存。青火荧荧疑月魄,乌云阵阵篆烟魂。光分机杼依村妇,影照石渠近至尊。蓬梗和膏权当烛,此邦风土且闲论。

糖灯,霞绷俗称,清代吉林的彩灯。清阮葵生《茶余客话》卷十三:"霞绷,蓬梗为干,抟谷糠为膏,抟之以代烛,燃之青光荧荧,烟结如云。俗呼糠灯。"两人根据自己的知识和生活体验,写出了不同的诗情画境。

在旧文人的交往唱和中,诗歌可以是恭贺娶妻纳妾的礼物,也可以是歌咏无名妓女的把玩小笺,尤其在冷社这样一个皇家宗室和政府官员为主的团体里面,更是不可或缺。卷四有潜园等作《佛桑馆主新纳姬人刘香珠诗以奉贺》,熊希尧所作其一为:"杨柳青青无限春,房中度曲谱翻新。问年笑指胡笳拍,绰约仙姿是可人。"其四为:"鸳鸯枕畔玉钗斜,云雨巫山岁月赊。乐府昔夸三妇艳,今歌四美属君家。"先写新妾风姿绰约,颜色美艳,再状云雨之情,妻妾成群,艳情恭维,暴露无遗。

同卷荣孟枚《老妓》道:"市门倚冷有酸辛,暮雨朝云梦里身。禅语东坡思落籍，名花百里惜残春。旧盟嚙臂痕犹在，本事伤心迹已尘。也搵白头宫女泪，贞元朝士更无人。"慨叹老妓年老色衰、无人问津的凄凉，是可怜，抑或无病呻吟，实在不好说。

综上叙述，总体来说《冷社诗集》（据跋文该社尚有《北山集》印行，惜未能得见）详细记录了冷社的燕集唱和，社员字号籍贯，内容丰富，能够为我们研究当时旧体诗词结社活动和诗词创作提供比较完整的一个个体参照。尤其是对全面了解吉林地区当时的文学活动状况，很有价值。其中一些未有专集问世的社员的资料和诗作，无疑成为他们存世的仅有记载，对作品的辑佚和整理都是很好的素材。但是，由于冷社的特殊性，我们也不能过分高估其文学价值。宝熙序中所言"今观其集中之诗，激昂悲壮直欲击碎唾壶，而怀旧疾时之心不觉流露于言表。其同社诸君于感事咏物述游纪艳各体，亦多能直写性灵"，未免有过誉之嫌。

（原载《泰山学院学报》2016年第1期）

《同声月刊》的价值管窥
——以赵熙诗为例

《同声月刊》是龙榆生先生继《词学季刊》之后主编的一份侧重于诗词创作和研究的学术期刊。1940年12月由同声社在南京创刊，1945年7月停刊，历时五年，共出版四卷39期。2016年6月，国家图书馆出版社取得龙榆生后人授权，将其影印出版，并做了详细的目录，便于翻检。龙榆生（1902—1966），名沐勋，字榆生，号忍寒、篝公，晚年以字行，曾以"风雨龙吟室"命名书斋。江西万载人。先后任教于暨南大学、中山大学、中央大学、上海音乐学院等。1933年在上海创办《词学季刊》，任主编。1940年在南京创办词学刊物《同声月刊》。编著有《风雨龙吟室词》《唐宋名家词选》《近三百年名家词选》等。龙榆生的词学成就与夏承焘、唐圭璋并称，是20世纪最负盛名的词学大师之一。

由于延续时间较长，《同声月刊》比《词学季刊》的作者队伍更为庞大，据笔者粗略统计，合并字号笔名后，也有一百多位。其中比较活跃的有俞陛云、夏敬观、赵尊岳、龙榆生、陈能群、冒广生、王蕴章、钱仲联等等。他们的论述涉及词学的诸多领域，如词乐、词律、词韵、词史、词人、词派、词籍、词论、词选等，比较有代表性的有赵尊岳的《金荃玉屑》、吴眉孙的《四声说》《清空质实说》、冒广生的《新斠云谣杂曲子》、俞陛云的《唐五代两宋词选释》等。

《同声月刊》陆续刊载近现代百余名作家的作品数千篇,尤以诗词原创作品为著。这些诗词作品,对搜罗和研究近人诗词创作,有很高的价值,这里仅对其文献辑佚和文字校勘两个价值进行讨论。首先,刊中所载,有相当数量的诗词,不见于这些作者的集子,属于佚作,其文献价值自不待言。其次,即便是别集中收录,大多为作者改定稿,与当时期刊发表的文字存在或多或少的异文,因此其文字校勘价值不容忽视。这里我们仅以刊中所载"赵熙诗"为例,与《赵熙集》① 进行对校,对这两个基本价值进行诠释。

《同声月刊》共有四期刊载了赵熙的诗作,分别校读如下:

一、第一卷第七号"今诗苑"② 首列"香宋诗四首(荣县赵熙尧生)":

望石遗

老人犹未到渝州,快想凌云载酒游。芒种来时天渐热,茅庵佳处[一]竹成秋。经过杜老[二]吟诗地(夔府计无留滞),消受绢花上峡身(光绪癸卯,不佞曾此胜缘,正四月也)[三]。夜夜梦中劳望眼,乌尤山翠活中流。

按:[一]《香宋诗集》③ 卷七(666页,下同)"佳"作

---

① 赵熙著,王仲镛主编:《赵熙集》,杭州:浙江古籍出版社2014年版。本文写作过程中,除了翻检该书,还得到浙江古籍出版社副编审况正兵的帮助,进行全文检索,以免漏检。特此致谢。

② 龙榆生主编:《同声月刊》(第5册),北京:国家图书馆出版社2016年影印本,第501—502页。

③ 赵熙著,王仲镛主编:《赵熙集》,杭州:浙江古籍出版社2014年版,下简称《诗集》。

"住"。[二]《诗集》"杜老"作"杜子"。[三]《诗集》无小字注语。

> 喜闻石遗到渝,遂望入山[一]
> 渝州一水上嘉州,久望[二]西南第一楼。节趁梅黄知[三]过雨,江平李白好同舟[四]。从来萧寺偏宜话[五],便去花潭却小留[六]。向晚与君餐佛粥[七],峨眉山月不须秋。

按:[一]《诗集》卷七(666页,下同)诗题作"报石遗泊渝州"。[二]《诗集》"久望"作"门对"。[三]《诗集》"知"作"初"。[四]《诗集》作"人思李白与同舟"。[五]《诗集》"话"作"夜"。[六]《诗集》作"此去花潭请薄游"。[七]《诗集》作"日扫赞公禅榻久"。

> 闻石遗先到成都,白话[一]奉寄
> 乌尤妙与峨眉近,翠玉屏风立太清。方丈多时勤主客(传度大师勤望月余矣),江帆一水便渝成。身行万里知长寿,雷动全川震大名(敝处接书如雪片)。[二]我奉雪山为赠品,君收云海作诗声。

按:[一]《诗集》卷七(666页,下同)无"白话"二字。[二]《诗集》前6句作:"西来如履众星行,九牧文章有大名。小醉浣花娱白发,重寻大药入青城。扶摇片影长江尽,苍翠离堆四月晴。"(1936)

> 寄山腴
> 山居何计遣花时,病里持经奉药师。槐夏午阴惊换节,草堂人日倦题诗。国亡多制疑书误,臣壮无能见事迟。蕉萃与公同命者,老来春恨杜鹃知。

按：此诗《诗集》未见，当为佚作。

二、第二卷第五号"今诗苑"① 首列"香宋诗二首（荣县赵熙尧生）"：

残腊寄榆生[一]

立春乍暖岁寒身，一线江流托锦鳞。梅子作花仍夏历，荀卿为客总春申。愁来着笔还耽古[二]，老不趋时只畏人。饯灶偶然闻爆竹，口衔[三]石阙味酸辛。

按：[一]《诗集》卷八（747 页，下同）无"残腊"二字。[二]《诗集》"还耽古"作"今何氏"。[三]《诗集》"衔"作"中"。

喜得榆生书却寄

新词多少步疆邮，春到梅花远信存。已惯虚惊传[一]海角，知谁进食向王孙[二]。不才晚节[三]偏谀墓，有女如花强叩门。且任纥干山雀语，茅檐曝背领冬温[四]。

按：[一]《诗集》卷八（768 页，下同）"传"作"担"。[二]《诗集》此句作"知谁将食进王孙"。[三]《诗集》"节"作"岁"。[四]《诗集》"领冬温"作"有余温"。

诗末有龙榆生按语："右为往居沪上时，香宋翁见寄之作，不通问三载余矣。比有海外东坡之谣，甚冀传闻失实也。沐勋附记。"

---

① 龙榆生主编：《同声月刊》（第 5 册），北京：国家图书馆出版社 2016 年影印本，第 622 页。

三、第二卷第七号"诗词"有"香宋诗钞存荣县赵熙尧生"①：

十二月十八大雪，发庵前辈饯杨子，招同石遗叟江亭连句，掇为此篇[一]

大雪天地白，浩然满皇州。陈公[二]撰酒徒，醉为[三]江亭游。千门各收声，一骡如白鸥。南漥变玉海，惨惨芦槎留。高亭四无人，晃若登琼楼。北失居庸关，南不见芦[四]沟。西不见西山，东望烟树愁。烟树近[五]天坛，黑影不可求。天低云四垂，一抹如[六]漆髹。遂想长安人，妻孥共咿嚘。蛰处一穴中，蝼蚁同王侯。王侯岂能[七]寒，孤[八]幕围青油。热风中七窍，百念[九]驱火牛。到死葬冰山，雪不上髑髅。宁知高卧者，余热因人羞。梦入梅花邨，香雪方[一○]鞫鞫。彼此一是非，达人知[一一]相尤。即如对[一二]雪吟，亦岂[一三]非身谋。谋生重果腹，吾固思麦秋。围炉絮絮谈，雪作不能休。慨然揽八荒，各爇酒一瓯。我家浼[一四]眉山，一气昆仑[一五]陬。湛湛银色界，万峰腾玉虬。何年飏雪归，芋圃连瓜畴。稍喜十年前[一六]，望雪过之罘（庚子）[一七]。海绿众山白，一[一八]岛如玉钩。遥遥树影明，似立仙人俦。石遗抱仙心，曾泛武夷舟。有山如此雪，大可迴桴讴。独怜杨子行，无雪到罗浮。曷不归匡庐，五老同白头。朱生[一九]澹宕人，一去何悠悠。不醉谈亦可，古有逢道周。兹亭风景佳，苇海宣南幽。酒中掌故多，四时聚

---

① 龙榆生主编：《同声月刊》（第6册），北京：国家图书馆出版社2016年影印本，第265—271页。

诗流。上下三百年，有雪如此不？天步方艰难，力换五大洲。空中一黑子，蜗角寻恩仇。一夜北风凉[二〇]，化作冰玉[二一]球。不知星界中，人可远镜收。万象玉戏耳，何事非浮沤。不见老江淹，在官今史鳝。古貌又古心，将毋[二二]心怀柔。无妻有舌存，奋舌森戈矛[二三]。一击乃不中，深丛怒貔貅。拂衣梅阳山，如蛟守寒湫。故人犹雪衣，应怜混[二四]蜉蝣。山阴有[二五]潜庵，折簜鞭督邮。九关能扼之，飔轮反摧辀。何当访剡溪，一夜千绸缪。栖栖郑北海，苦抱三韩忧。辽阳雪塞天，大野经锄耰。匈[二六]中四达轨，借箸寒宵筹。海藏寄孟光，冰棱生衾裯[二七]。何如老鳏云，积雪当糟邱（石遗语）[二八]。僧堂晚钟动，茶鼎声啾啾。开门雪尚飞，万树银花稠。陈公历三朝，道与圭庵[二九]俦。手定[三〇]圭庵诗，字是[三一]唐之欧。岁寒酒炉边，尝解金貂裘。卅年[三二]老令咸，旧梦尧年搜。丹顶何仙仙，白石为琼馐[三三]。九皋无[三四]唳天，天路多鸺鹠。今朝费酒钱，雪亦天公投。联吟玉屑霏[三五]，韩孟皆诗囚。诗须字字飞，俊若鹰脱韝。古色又斓斑，望气知鼎卣[三六]。竞捷岂成[三七]军，白战谁豪酋。此令虽偶然，固挍[三八]博簺优。惜无雪儿歌[三九]，呖呖啭莺喉。人生若[四〇]鸿飞，亦只惊秃鹙[四一]。灿灿宣武门，盍归毋[四二]夷犹。苏鬐骑白凤，君岂无双驺。今方十月交[四三]，前路宜咨诹。大雪小雪时，雪势尤瀌瀌。罗子[四四]之盘山，瓮有酒新篘。醉吟[四五]第四雪，是约还同修[四六]。潘安惜[四七]不来，穷病何时瘳。狂为[四八]三百篇，策公宜[四九]唱酬。

按：[一]《诗集》卷三（243—244页，下同）作"江亭大雪歌"。[二]《诗集》"陈公"下注"弢庵前辈"。[三]《诗集》"作"作"为"。[四]《诗集》"芦"作"卢"。[五]《诗集》"近"作"接"。[六]《诗集》"一抹如"作"大城将"。[七]《诗集》"能"作"更"。[八]《诗集》"孤"作"狐"。[九]《诗集》"百念"作"鼻息"。[一〇]《诗集》"方"作"翻"。[一一]《诗集》"知"作"何"。[一二]《诗集》"对"作"踏"。[一三]《诗集》"亦岂"作"岂亦"。[一四]《诗集》"泄"作"峨"。[一五]《诗集》"昆仑"作"崑崙"。[一六]《诗集》下注"己亥"。[一七]《诗集》"之"作"芝",无小注"庚子"。[一八]《诗集》"一"作"曲"。[一九]《诗集》下注"芷青"。[二〇]《诗集》"凉"作"寒"。[二一]《诗集》"玉"作"雪"。[二二]《诗集》"毋"作"母"。[二三]《诗集》"矛"作"柔"。[二四]《诗集》"混"作"似"。[二五]《诗集》"有"作"老"。[二六]《诗集》"匈"作"胸"。[二七]《诗集》此句作"病妻日望归,海藏空衾裯"。[二八]《诗集》"邱"作"丘";"石遗语"作"石遗句"。[二九]《诗集》下注"子儁前辈"。[三〇]诗集"定"作"写"。[三一]《诗集》"是"作"仿"。[三二]《诗集》"卅年"作"天遗"。[三三]《诗集》此句作"凡禽亦丹顶,所志惟泥鳅"。[三四]《诗集》"九皋无"作"君也毋"。[三五]《诗集》"玉屑霏"作"霏玉屑"。[三六]《诗集》无此句。[三七]《诗集》"成"作"能"。[三八]《诗集》"挍"作"较"。[三九]《诗集》"雪儿歌"作"双鬟佳"。[四〇]《诗集》"若"作"一"。[四一]《诗集》"亦"作"迹";"鹜"下注"僧皆世法"。[四二]《诗集》"毋"作"勿"。[四三]《诗集》"交"作"晦"。[四四]《诗集》下注"瘿公"。[四五]《诗集》"醉吟"作"长安"。[四六]《诗集》此句作"后约宜同修"。[四七]《诗集》"惜"作"期"。[四八]《诗集》"为"作"吟"。[四九]《诗集》"宜"作"咸"。

秋心楼夜饮，醉赠程公子，并质白迦[一]翁一笑

人情劝加餐，我以醉为乐。酒中得劲敌，十岁见头角。性喜观日出，向母抉罗幕。五更起望海，红气半天灼。湖中刺小船，划水声霍霍。人扶则怒嗔，独力绝依托。抡指奏风琴，袅袅西洲乐。所歌惜其俚，警世非木铎[二]。西溪万竹绿，茅宇葺林壑。游心欲飞去，不住云将跃。其余湖上山，尺寸能摸索。心持六分醉，貌极十分酌。伴狂恣其天，浓笑一家愕。是皆食牛气，乳虎畴能络。情知读书强，如饮不示弱。乃公乃不饮，饮不过三爵。所愧为人父，当面辟杯勺[三]。何哉穷好事，寸念结民瘼。子身千斛[四]愁，刚肠[五]不容恶。剑是三寸舌，挂齿厉干镆。骂世腐如鼠，自立实如鹤。对客不问姓，性又疾弈博。独喜闻霹雳，大与天公错。悠悠人世心，安得不枘凿。西湖一亭长，袈裟两芒履。吁嗟此奢愿，老至求禅阁。来日事大难，将身何处着。放头交一枕，聊可羲皇约。斜日凤林钟，凉几方舒脚。请为醉后歌，我歌子其咢[六]。自我客湖楼，山清水寥廓。无事止[七]饮酒，到口杯难夺。未死先学死，一醉入冥漠。欲讥君善睡，我亦睡相若。年今未五十，百事懒不作。昔昔钻故纸，所得亦糟粕。舍酒复何适[八]，虽困不为虐。尝云日废书，令我枯肠涸。得书而失酒，自待良已薄。鸱夷兮滑稽，此是平生略。君今有麟子，麟德

异[九]鸳骆。进业须及时，事事令共[一〇]恪。古来伤仲永，我病彼当药。灯前大雷雨，天外银河落。狂吟永今夕，邻鸡闻膈[一一]膊。勤望仲谋兴，匪作唐儿谑。诗成恕我醉，明日有余怍。

按：[一]《诗集》卷三（263—264页，下同）"迦"作"袈"。[二]《诗集》无此句。[三]《诗集》"勺"作"杓"。[四]《诗集》"斛"作"斤"。[五]《诗集》"刚"作"肝"。[六]《诗集》"咢"作"愕"。[七]《诗集》"止"作"只"。[八]《诗集》"适"作"事"。[九]《诗集》"异"作"巽"。[一〇]《诗集》"共"作"恭"。[一一]《诗集》"膈"作"膈"。

湖上六月，秋心楼主人属题黄鹤山樵画[一]

白迦[二]道人湖上居，暇日曾编桑苧书（君有龙井茶辨真录）[三]。开门绿净不可唾，一片秋心生太虚。今年却犯燕山暑，饱吃[四]长安软红土。要我南寻湖上山，押解湖楼看飞雨。老亲稚子各欣然，有女能操异国弦。我识孟光元[五]善画，倩写湖中大雨天。白迦笑指苏堤绿，画里何如树间屋。老来相约作渔翁，且题黄鹤山樵幅。

按：[一]《诗集》卷三（264—265页，下同）作"秋心楼坐雨即题黄鹤山樵画卷"。[二]《诗集》"迦"作"袈"，下同。[三]《诗集》无小字注。[四]《诗集》"吃"作"食"。[五]《诗集》"元"作"原"。

秋心楼雨后再题

白迦揽卷辄思睡，于诗可测主人意。楼上犹藏画里山，稍为诗人置余地。王蒙本自吴兴出，是图皴法斯冰字。茅屋长松瀑布飞，云赠孟韬一高士。在今题者丁公子，诗中未尽平生事。岭南墓头宿草青，思君忽纵西湖醉。午前冯阑吸山渌，忽报长安尺书至（内阁行文截取）。推挤不去近三年，白迦劝作杭州吏。我本无才强求食，一官索米非初志。云何手版持向人，亦如谭诗遭物议。如君才乃为时出，西川旦慕期君至。眼前佳女慧绝人，佳儿亦是千金器。袈裟岂是君身物，多惜伤时榜秋气（君托榜所居曰秋心）。诗成君方睡未醒，屈指潜庵有归骑。起望雷封无限佳，湖边过雨千山翠。

白迦睡未起，再赋此句

雨中诗味生，雨过湖水涨。诗成雨又来，雨打湖而响。主人坐湖上，谓天发奇想。晴湖一雨作，百态迎人赏。孤山不成游，柳阴卧孤榜。怡然睡味佳，梦中恣来往。风琴静无声，娇女正休养。微见西泠桥，渔舟过三两。远山绿逾活，出浴镜痕朗。白乌落湖天，似报新晴爽。晚雷有余怒，一震划苍莽。遥遥南高峰，雨意通帘幌。一刻境万变。默坐心自广。何以送浮生，西湖一亭长。

凭栏远眺，再题廿八字

雨后雷峰夕照黄，四山涵绿浸湖光。试开画镜寻西子，此是浓妆是淡妆？

越日再题

西湖今日是浓妆，湖水浮金铸镜光。霞气自开红菡萏，山容齐着绿衣裳。如斯好景人难画，别有秋心梦亦凉。不负岳坟苏小墓，就中安作白袈庄。

秋心楼闲记

雨后西湖又淡妆，远山眉黛为君凉。蒓鲈得味秋风永,儿女弹琴道味长。睡足有时摹汉印,闲来推病笑廉庄。它年若问葭苍室,所谓伊人水一方。

　　白葭居士集客湖楼,率以睡味相谑,贻秋心故事也

　　昼长何所为,客讥主人睡。中人笑谓客,彼此同一致。招凉取荷风,开窗纳湖气。主客各甸甸,自理羲皇事。六月今十三,开譾设宾位。清净伊蒲供,冶自凤林寺。一楼写秋心,更扫楼前地。湖边日初生,早凉思客至。南高出白云,渐渐有雨意。瓶中香雪酒,跃跃湖光醉。美人胡不来,望断雷峰翠。主言君勿尔,吾梦今方毕。

　　白葭居士持丁叔雍雅郎中残稿属录,辄系廿八字如后

　　丁侯死断程侯臂(刻印歌本事),澹宕平生江海人。生死交情数行字,江亭看雪五年春(江亭句不才与丁公子五年前事也)。

按:以上七首《诗集》未见,当为香宋佚作。又龙榆生有按语:"以上宣统二年八月,香宋翁客西湖时作。"宣统二年为1910年,王仲镛纂《赵熙年谱》① 中宣统三年(1911),"五月,应同年汤寿潜及程淯之约,往游西湖"。似乎龙氏时间有误。程淯(1870—1940),字白葭,江苏武进人,能诗,工篆刻。时以后补道寓杭,即诗中所言"白迦"。诗末还附有丁叔雅(惠康)遗诗三首,末题"戊申六月,荷花生日,丰顺丁惠康题于宣南寓斋"。为丁惠康于清光绪三十四年(1908)为

---

① 赵熙著,王仲镛主编:《赵熙集》,杭州:浙江古籍出版社2014年版,第1125页。

四、第二卷第九号"诗词"有"香宋诗钞荣县赵熙尧生"[①]：

乡宅

　　花色新红水绿漪，贫家元与北山宜。竹边田作玻璃片，画本轻将比郭熙。

按：此诗未见录《诗集》，当为佚作。

箐林

　　别业无多只箐林，数株红豆俯秧针。意寻打虎阿回处，知有人间孝女心。

按：《诗集》卷六（546页）作"丁卯三月东川沟纪行十一首"之一，诗句为："两岸微开闪箐林，寒家别墅万松深。阿回打虎知何地，聊表人间孝女心。"

东川沟道中

　　半日沟行厌路长，渺无相识似他乡。望中传是胡公里，便觉山花拂水香。

按：此诗未见于《诗集》，当为佚作。

山市

　　花满农家市满烟，胡公有墓在邨前。春风不枉东川宿，初次青山听杜鹃。

按：《诗集》卷六（546页）作"丁卯三月东川沟纪行十一

[①] 龙榆生主编：《同声月刊》（第6册），北京：国家图书馆出版社2016年影印本，第529—531页。

首"之一，诗句为："人到新桥正午天，胡公旧址在山前。春风不枉东川宿，一夜千山响杜鹃。"

  龙洞水

  石穴山根水漫流，溉田还藉此龙湫。稍怜得味含硝质，输却虾蟆一碚秋。

按：《诗集》卷六（546页）作"丁卯三月东川沟纪行十一首"之一，诗句为："石脚濒溪水喷流，人言牛乳出龙湫。稍怜得味含硝气，输却虾蟆一段秋。"

  城居[一]

  小屋藏书还[二]市阛，白头魏野不开关。萧疏城外无多树[三]，八大山人一寸山。

按：[一]《诗集》卷四（375页）作"宋坝"。[二]《诗集》"还"作"远"。[三]《诗集》此句作"天然景色无多子"。

  睡猫

  新到官人话每迟，黄娃（猫名）睡稳不曾知。牡丹花下华胥镜，一线金睛晒午曦。

按：此诗未见于《诗集》，当为佚作。

  出城

  野人生计了乡中，亦有莺啼绿映红。同是水邨山郭影，年年孤负酒旗风。

按：此诗未见于《诗集》，当为佚作。

  横溪□花圃

  趁集人归闹日斜，道旁茅店满贫家。风流剩爱王摩里，三汊溪头百种花。

按：《诗集》卷六（544页）作"二月中出城归来宋坝二首"

之一"宋坝",诗句云:"春堰流膏水复斜,竹林深处老夫家。坝头恰似遗山句,百汊清泉两岸花。"

溪阁

山州下士偶成名,小阁于今尽驻兵。却羡苏娘妆镜里,一门山色照承平。

按:《诗集》卷六(544页)作"二月中出城归来宋坝二首"之一"横溪阁",诗句云:"山州下士有才名,玉季金昆二水清。想见苏娘妆阁子,一门山色照承平。"

旅次[一]

行尽青山日未斜,晚投茅店当归家。小眠瓦上潇潇闹[二],便忆杭州看藕花。

按:[一]《诗集》卷五(428页)作"二月赴成都纪行杂诗八首"之一。[二]《诗集》"闹"作"响"。

野泊[一]

邓关百里此通途,遥火村庄酒易沽。夜雨舟人闻鬼啸,情知不听自然无。

按:[一]《诗集》卷二(159页)作"邓关"。

女官[一]

劝进齐心捧玉鸾,啾啾燕雀满长安。君才已入[二]推袁集,苦拌春人作女官。

按:[一]《诗集》卷四(371页)作"无题六首"之一。[二]《诗集》作"有才尽入"。

纪梦

灾祥即事不堪凭,短簟凉风卧辟蝇。梦结晚霞成大字,山前大氐似西兴。

按：此诗未见于《诗集》，当为佚作。

东山寺

故乡虽好奈兵何，春水彝夷[一]皱绿波。消受寺楼今日福[二]，山如好友不嫌多。

按：[一]《诗集》卷七（641页，下同）"彝夷"作"夷陵"，当是。[二]《诗集》此句作"消受峡门今岁福"。

晚步[一]

邻翁同路趁虚[二]归，小坐桥边伺落晖。一霎老云浓接日，明朝看雨借蓑衣。

按：[一]《诗集》卷六（598页）作"乡居杂咏十一首·邻翁"。[二]《诗集》"虚"作"墟"。

忆彊邨

小泊枫桥不见枫，闹红人坐藕花风。只应山色通桥句，团扇家家画此翁。

按：《诗集》卷三（283页）有"忆彊邨"一首："雁点秋痕绝妙词，侍郎风韵藕花知。江南一夜潇潇雨，回首枫桥是盛时。"或由此诗改定而成。

战地

每寻山路畏初经，树底时传小庙灵。饮马不知何处窟，河边一色草青青。

按：见《诗集》卷六（605页）。

铁桥

隔年重试铁桥宽，夜雨青山涧色寒。从此便思兜峡水，石遗相对倚阑干。

按：此诗未见于《诗集》，当为佚作。

懷石遺[一]

乌尤今已[二]隔天涯，遥忆[三]吴航正[四]到家。惘惘一编成独坐，绿阴庭院紫薇花。

按：[一]《诗集》卷七（682页）作"到家"。[二]《诗集》"已"作"又"。[三]《诗集》"忆"作"想"。[四]《诗集》"正"作"亦"。

诗末有龙榆生按语："右绝句二十首，为香宋翁丙子（1936）初秋，自蜀写寄之作。沐勋附记。"

通过对《同声月刊》所收四组赵熙诗的校读，我们不难看出，仅此一刊，不见于《赵熙集》的佚诗就有14首之多，对补充其诗集弥足珍贵；而《赵熙集》与刊中所载存在为数不少的异文，有些刊胜于集，也有集为定稿，更胜于刊者。但不论其异文的优劣，对理解香宋诗意以及其创作修改过程，均有较高的参考价值。这是仅就《同声月刊》而言，推而广之，我们整理清末民国文人的集子，不得不对当时的相关报刊、社集文献、友朋信札日记进行广泛关注，已达到辑佚和校勘的目的。果真如此，随着这些材料系统化的披露，新整理的集子会更加完备，比简单地以遗集出文集，具有更为实际的意义。

（原载《泰山学院学报》2016年第5期）

林茂春《文选·赋》简端记

林茂春，字崇达，号邕园。乾隆丁酉（1777）拔贡，廷试第一，官教谕，丙午举于乡。视经、史、子、集如性命，尤专于左氏传及马、班二史，次则于后汉、晋、南北朝诸史及历代古、近体诗、近世诸公选集，如是者垂五十年，成《左传补注》《汉书补注》《文选补注》诸书若干卷，弟子梁章钜自言作《文选旁证》，所述师说为多。茂春与知名士立程限攻经史，为读书社，社友最著者如龚景瀚，林乔荫、其弟澍蕃，林其宴，陈登龙，皆以文章经济名于时。茂春官终漳州府学教授，朴拙不交当路，为诗肆力韩苏，专学其七言古体，存稿颇多。① 这是民国《闽侯县志》中林茂春的传记资料。如传内所言，林氏是清代的文选学家，是《文选旁证》作者梁章钜的老师，著有《文选补注》一书，可惜未能传世。此前，学界知道林茂春对《文选》的研究，多赖梁章钜《文选旁证》（下简称《旁证》）一书所引条目，略可窥见一斑。2016年，国家图书馆出版社影印出版了福建师范大学图书馆藏《梁章钜批校昭明文选》，② 笔者将其《赋》部分（即卷一至十九）与

---

① 欧阳英纂修：民国《闽侯县志》卷七十一"文苑上"，民国二十二年（1933）刻本。

② 2函24册，三色套印，国家图书馆出版社2016年版，本文迻录林茂春批语，均出自该书，各卷之下，每条后面标明所在页码。

《文选旁证》① 进行对比阅读，发现批校本中存林茂春批语197条（其中7条未标明，据《旁证》"林先生曰"补入），《旁证》未见者108条，已见者46条，梁章钜袭用而未注明者43条。又从《旁证》"林先生曰"补得批校本所无者13条，认为批校本乃梁氏《旁证》较早的工作底本，其后陆续有增补②。这108条未见于《旁证》的林茂春批语，对阐释校勘《文选·赋》相关条目是难得的资料，今将林氏批语按卷次篇目逐条迻录，并标出《旁证》"已见""未见"和"袭用"等，同时将不见于批校本的13条一并迻录，供大家参考。

卷一

班孟坚《西都赋》：

1. "《西都赋》"，林曰："章怀注：高祖五年，娄敬说上都关中，上疑之。左右大臣皆山东人，多劝都洛阳，此为有意都河洛矣。张良曰：洛阳四面受敌，非用武之地；关中金城千里，天府之国也。于是上即日西都关中。此为辍而弗康。"（2下，袭用）

2—3. "黄支之犀，条支之鸟。踰昆仑，越巨海。殊方异类，至于三万里。"林曰："《平纪》应劭曰：黄支在日南之南。献犀元始二年事。"（5上，未见）林按："班书《西域传》：大雀之群食于外国。又《拾遗记》：章帝时条支国贡异瑞，有鸟名鷃鹊，形高七尺，解人语。其国太平则群翔。"（5上—下，袭用《拾遗记》句）

---

① （清）梁章钜撰，穆克宏点校：《文选旁证》，福州：福建人民出版社2000年版。
② 南江涛：《梁章钜批校翻刻汲古阁本〈文选〉及其价值——以〈魏都赋〉为例》，《国学季刊》第三辑，济南：山东人民出版社2016年10月。

4. "昭阳特盛,隆乎孝成。"林按:"孝成时赵昭仪姊妹专宠,居昭阳故殿,饰极盛。"(6上,未见)

5. "翡翠火齐,流耀含英。"林按:"《拾遗记》:周穆王时,渠国贡火齐镜。"(6上,袭用,按,又移《西京赋》注于此注"翡翠")

6. "前唐中而后太液,览沧海之汤汤。"林按:"《黄图》:唐中池周回十二里,在建章宫太液池南。"(8下,袭用)

7. "于是天子乃登属玉之馆,历长杨之榭。"林按:"《宣纪》:甘露二年幸萯阳宫,属玉观。善注引萯阳作长杨,误。"(9下,袭用)

8. "鸟则玄鹤白鹭,黄鹄鸧鹒。"林按:"《昭纪》:元年黄鹄下太液池。"(10上,未见)

班孟坚《东都赋》:

9. "且夫建武之元,天地革命。四海之内,更造夫妇,肇有父子。君臣初建,人伦寔始。斯乃伏牺氏之所以基皇德也。"林按:"《白虎通》:伏羲因夫妇,正五行,始定人道。"(12下,袭用)

10—11. "制同乎梁邹,谊合乎灵囿。"林按:"邹、驺同。贾谊曰:驺者,文王之囿名。"又按:"驺,虞天子掌鸟兽之官。《礼》云:乐官备也。"(13下,未见)

12. "登玉辂,乘时龙。"林按:"汉无玉辂。《宋志·礼论》:周玉辂最尊,汉制乘舆金根车,如周玉辂之制。"(13下,已见)

13. "遂集乎中囿,陈师按屯。骈部曲,列校队。勒三军,誓将帅。"林按:"《续汉志》:大将军营五部,校尉一人,部下有曲,曲下有屯长一人。已见前赋注。"(14上,未见)

14. "先驱复路,属车按节。"林按:"《通典》:汉制九斿车九乘,大驾为先乘。"(14下,未见)

15. "自孝武之所不征,孝宣之所未臣。"(林先生曰):"范书作'孝武所不能征,孝宣所不能臣',语实失体,兹云云想是昭明改笔耳。"(14下,已见。按此条未标"林曰",据《旁证》"林先生曰"补)

16–17. "列金罍,班玉觞。嘉珍御,太牢飨。"林按:"《士冠礼》疏:金罍亦汉制,黄香《天子冠颂》:咸进爵乎金罍。"(15上,已见)又按:"《前汉·乐志》:朝贺置酒陈殿下。《匡衡传》:朝贺置酒,以飨万方。"(15上,已见)

卷二

张平子《西京赋》:

1. "汉氏初都,在渭之涘。"林按:"《水经》:渭水东北径黄山宫南。《三辅黄图》:渭水贯都象天河。"(1下,未见)

2. "于后则高陵平原,据渭踞泾。"林按:"《水经注》:渭水径长安城东北,合昆明故渠。"(2上,未见)

3. "洪钟万钧,猛虡趪趪。"林按:"《后汉》注:钟虡以铜为之,故贾山上书云:悬石铸钟虡。音义曰:虡,鹿头龙身,神兽也。"(3下,未见)

4. "翡翠火齐,络以美玉。"林按:"翡翠有二,一鸟名,一石名。《续博物志》云:翡翠屑金,盖石也。善注单言鸟,非。"(4下,已见,移注《西都赋》)

5. "柏梁既灾,越巫陈方。建章是经,用厌火祥。"林按:"《通鉴》:齐永元二年后宫灾,有赵鬼者能读《西京赋》。言于齐王曰:柏梁既灾,建章是营。于是乃大起芳乐、玉寿诸殿。"(5下,未见)

6. "楶㭰重梦,锷锷列列。"林曰按:"重屋之制,别立栋以架椽,椽谓之橑,栋谓之梦,椽栋既重,则轩宇垂檐壁板皆重矣。《周礼》谓之重屋,《明堂位》谓之重檐,《招魂》篇谓之层轩,《汉书·张敞传》谓之重橑,《景福殿赋》谓之重楶,此赋谓之重轩,又曰重梦,盖举其一言之耳。形制累复,可谓之阁。《张临传》'每登殿阁',古诗'阿阁三重阶'是也。亦可谓之楼,《灵光殿赋》'高楼飞观,轩槛蔓延'是也。"(6上,未见)

7. "乃有昆明灵沼,黑水玄址。"林按:"玄址本黑水所渚,远在三危地,汉宫特拟其形耳。"(9上,已见)

8. "天子乃驾雕轸,六骏驳。"林按:"《隋志》:舆,汉室制度以雕玉为之。王符《羽猎赋》:天子乘碧瑶之雕轸。"(10上,已见)

9. "于是蚩尤秉钺,奋鬣被般。禁御不若,以知神奸。螭魅魍魉,莫能逢旃。"林按:"《汉书》:祠黄帝,祭蚩尤于沛庭而衅鼓旗。应劭曰:蚩尤,古天子,好五兵,故祭之。臣瓒曰:蚩尤,庶人之贪者。吴仁杰曰:蚩尤之旗,类彗而曲,象旗,见则王者征伐四方,则所祭者天星也。《封禅书》:祠八神,一主兵,为蚩尤星。兹所谓蚩尤盖亦指此,若李注则疏乱之鬼耳,奚足禁御不若哉。"(10下,已见)

10. "叉蔟之所挽捅,徒搏之所撞㧙。"(林先生曰):"蔟同箍。殷敬顺《列子释文》:箍,谓以竹木围绕。"(11上,已见。按此条未标"林曰",据《旁证》"林先生曰"补)

11. "及其猛毅髬髵,隅目高眶。"(林先生曰):"《相马经》:眼欲高眶。"(11下,已见。按此条未标"林曰",据《旁证》"林先生曰"补)

12. "揸狒猬,批窳狻。"林按:"狒狒,《说文》作䟸䟸,

《吴都赋》作𪁎𪂮，《汉书》作噈羊，实一物也。"（11下，按，袭用《说文》句，又移注《吴都赋》"𪁎𪂮笑而被格"）

13. "陵重巘，猎昆駼。"林按："《尔疋》注：駥騄，蹄平而健，上駥，秦时有騄蹄苑。"（12上，未见）

14. "尔乃建戏车，树修旍。"林按："角抵诸戏，此赋述之最备，然尚有散见者。戏车、山车、兴雨、动雷、激水、转石、嗽雾、扛鼎，见李尤《长乐观赋》；蔓延鱼龙象人见《西汉书》；忕兽舍利见《后汉书》；紫鹿跂行巨象行乳见《晋书》；跳铃掷剑见《梁书》；高絙凤凰安息见《邺中记》。"（14下，未见）

卷三

张平子《东京赋》：

1. "泝洛背河，左伊右瀍。"林按："洛水在洛阳县西南三里，河南县北四里。"（4上，未见）

2. "造舟清池，惟水泱泱。左制辟雍，右立灵台。"林按："《隋·牛宏传》云汉明堂有璧水。李尤《明堂铭》：流水洋洋。"（7上，未见）

3-5. "乃整法服，正冕带。"林按："《晋志》：汉明帝采诸儒说，备衮冕之服。"（9上，未见）又按："《后汉纪》：永平二年春，宗祀明堂，帝及公卿列侯始服冠冕、衣裳、玉佩、絇履以行事。"（9上，袭用）"珩纮紞綖，玉笄綦会。"林按："珩字当作衡，衡，所以维持冠，若珩则所佩之玉矣，当从《左传》。"（9上，已见，有残字，据《旁证》补）

6. "羽盖威蕤，葩瑵曲茎。"林按："《王莽传》：莽作华盖九重金瑵羽葆。师古曰：瑵谓盖弓头为爪形。"（9下，未见）

※"顺时服而设副,咸龙旗而繁缨。"注:"五时之服,各随其车。"林先生曰:"汉制:五时变服。《礼仪志》:立春,京师百官衣青,立夏衣赤,先立秋十八日衣黄,立秋衣白,立冬衣皂,迎气衣绛,求雨衣皂。"(按,此条不见梁章钜批校本,据《旁证》94 页补于此,不列条目,仅供参考)

7."尔乃孤竹之管,云和之瑟。"林按:"《述异记》:东海畔有孤竹,斩而复生。中为管。周武王时,孤竹国献瑞笋一株。"(10 上,未见)

※"冠华秉翟,列舞八佾。"林先生曰:"《后汉书·东平王苍传》:中兴三十余年,苍与公卿议定光武庙八佾舞数。"(按,此条不见梁章钜批校本,据《旁证》96 页补于此,不列条目,仅供参考)

8-9."扬槱燎之炎炀,致高烟乎太一。神歆馨而顾德,祚灵主以元吉。"林按:"《汉书》:惟泰元尊,媪神蕃厘。师古曰:泰元,天也;媪神,地也。吴仁杰曰:泰元者,泰一也;泰一与天地并,而非天也。《志》载天子祠三一,天一、地一、泰一。媪神媪作煴,煴神者,爇烟以祀神。《东京赋》所谓'致高烟乎泰一'是已。《礼》:祭天以烟为歆神始,祀泰一之礼,同于祀天,故燎熏皇天,皋摇泰一,扬子云以为并称云。"(10 下,已见)林又按:"《郊祀志》:神君最尊曰太一。王伯厚曰:太一与泰一不同。武帝祀太一于甘泉,就阳位也;若泰一祠坛,则立于东南郊,盖异祭。"(10 下,已见)

10-11."设业设虡,宫悬金镛。蘷鼓路鼗,树羽幢幢。"林按:"《通典》:虡上树羽,旁悬流苏,周制也;悬以崇牙,殷制也;饰以博山,后代所加也。"(11 下,未见)又按:"《汉礼器制度》曰:树羽为龙头,及颔曰衔璧,璧下有旄牛尾。"(11 下,未见)

※"中畋四牡,既佶且闲。"林先生曰:"《左传》:浑良夫乘衷甸两牡。衷甸者,一辕车也……"(按,此条不见梁章钜批校本,据《旁证》101页补于此,不列条目,仅供参考)

12. "度秋豫以收成,观丰年之多稌。"林按:"《后汉纪》:永平九年大有年。十年二月诏,昔岁五谷登衍,今兹蚕麦善收。十二年,岁比登稔,百姓殷富,粟斛三十,牛羊被野云。"(15上,未见)

13. "思仲尼之克己,履老氏之常足。"林云:"西京尚黄老,始于曹参,盛于窦后。故终东汉之世,与孔氏并称。"(16上,已见)

卷四

张平子《南都赋》:

1. "绿碧紫英,青䰅丹粟。"林按:"丹粟疑即丹砂。"(1下,已见)

2. "昆仑无以㐲,阆风不能逾。"林按:"《海内经》:昆仑去中国五万里,天帝之下都也,其山层城九重,面九井,以玉为槛,旁有五门,开成兽守之。"(2上,未见)

3. "流湍投濈,砏汃軿轧。"林按:"汃字《说文》引《尔雅》:西至于汃国,音作府巾切。杜牧诗:小溪光汃汃。自注:普八切。宋黄仁杰曰:汃,音怕,平声。"(2下,未见)

左太冲《蜀都赋》:

4. "金马骋光而绝景,碧鸡儵忽而曜仪。"林按:"王褒《颂》曰:敬移金精神马缥碧之鸡处南之荒。"(9上,未见)

※"其深则有白鼋命鳖,玄獭上祭。"林先生曰:"焦赣

《易林》：鼋鸣岐野，鳖应于泉。"（按，此条不见梁章钜批校本，据《旁证》139页补于此，不列条目，仅供参考）

卷五

左太冲《吴都赋》：

1. "鹢鹠避风，候雁造江。"林按："爰居，杂县也。《尔雅疏》：汉元帝时，琅琊有大鸟如马驹，人谓之爰居。"（3下，未见）

※"纶组紫绛，食葛香茅。"林先生曰："刘注谓食葛，蔓生。又云：根大，美于芋。"（按，此条不见梁章钜批校本，据《旁证》152页补于此，不列条目，仅供参考）

2. "柚梧有篁，篻䇹有丛。"林按："《文苑英华辨证》云：《吴都赋》篻䇹有丛，《类聚》载筋竹，《初学记》载蔓竹。"（6上，已见）

3. "鹪鹩南骞而中留，孔雀绰羽以翱翔。"林按："《南越志》：鹪鹩虽东南回翔，然开翅之始，必先南骞，其鸣自呼杜薄州。"（6下，未见）

※"造姑苏之高台。"林先生曰："按《吴地记》：吴王阖闾，十一年起台于姑苏山，因名。夫差复因而饰之。"（按，此条不见梁章钜批校本，据《旁证》159页补于此，不列条目，仅供参考）

4. "起寝庙于武昌，作离宫于建业。"林按："黄龙元年九月，权迁都建业，因故府不改馆，召陆逊辅太子，登掌武昌留事。"（8上，未见）

5. "桃笙象簟，韬于筒中；蕉葛升越，弱于罗纨。"林按："《论衡·浮侈篇》：葛子升越，筩中女布。升庵所引《荆州记》云云，盖女布也，非升越，见《后汉》注。"（9下，

袭用《浮侈》篇句)

6. "吴钩越棘,纯钧湛卢。"林按:"陈琳《武库赋》:弓则乌号越棘,注以为戟,似误,然旧注实本康成《礼》注。"(10上,未见)

7-8. "儋耳黑齿之酋,金邻象郡之渠。"林按:"黑齿国在青邱北,为人黑齿,见《山海经》"(10下,未见)又按:"《南夷志》:黑齿蛮在永昌关南,以漆漆其齿。"(10下,未见)

9. "回靶乎行邪,睊观鱼乎三江。"林按:"行邪睊三字当衍一字,想是地名。"(12下,已见)

※ "筌䰽鳝,鲡鳋鲨。"林先生曰:"筌罩翼皆实字,则缃字义亦当配。"(按,此条不见梁章钜批校本,据《旁证》159页补于此,不列条目,仅供参考)

10. "简其华质,则费锦缋。"林按:"《通雅》曰:氍费,犹出纳之吝也。《方言》:贪而不施曰氍,或谓之啬。《汉书》:不足以壹费,讹为氍,《方言》臆度而造。左思采获之耳。"(13下,已见)

卷六

左太冲《魏都赋》

1. "孰愈寻靡蒴于中逵。"林按:"《楚词》旧注靡蒴九衢,言其枝九出耳。《山海经》有四衢五衢之语是也。太冲以衢为逵,自是误解。"(2上,不见)

2. "剑阁虽嶕,凭之者蹶,非所以深根固蒂也。洞庭虽浚,负之者北,非所以爱人治国也。"林按:"凭剑阁指公孙述,负洞庭指有苗,借往事以斥吴蜀。"(2下,不见)

3. "而是有魏开国之日",林按:"《魏志》,建安十八年

策命公为魏公。秋七月，始建魏社稷。"（3 上，不见）

4. "藏气谶纬，罔象竹帛。"林按："谶纬，如汉当涂高之文。"（4 上，不见）

5-6. "造文昌之广殿，极栋宇之弘规。"林曰："《南齐书·礼志》：魏武都邺，正会文昌殿，用汉仪，设百华灯。"（4 下，已见）林按："《水经注》：文昌殿，文石为基，一基下五百武，屈柱跌瓦，悉铸铜为之。"（4 下，不见）

7. "旅楹闲列，晖鉴柍桭。"林按："子云赋：日月才经于柍桭。柍桭，屋上栋隆之所居也，宜从木旁。"（5 上，袭用）

8. "楸梓木兰，次舍甲乙。"林按："宫中舍宇以甲乙分上下等。《汉书》：元帝在太子宫生甲观画堂、《元后传》言见于丙殿、《清河孝王庆传》遂出宫人至丙社可证。"（6 上，袭用）

9-10. "长涂牟首，豪徼互经。"林曰按："《汉书》注：牟首，孟康以地名，上有观；如淳以为屏面；臣瓒以为池名，在上林苑中；师古曰：瓒说是；渊林注无所出。"（7 上，袭用）又按："刘敞曰：牟首，岑牟也。岑牟盖鼓角士胄，即祢衡为鼓角吏所著者。"本《汉书刊误》。林按："《汉官旧仪》云：上林苑中昆明池、镐池、牟首诸池取鱼鳖给祠祀用。据此，牟首实池名。臣瓒之说本此。"（7 上，袭用）

11. "洗兵海岛，刷马江洲。"林按："《六韬》：武王问太公：雨辐重至轸何也？云：洗甲兵也。"（10 下，已见）

12. "丧乱既弭而能宴，武人归兽而去战。"注文"《尚书》曰：往伐归兽。"林曰："按往伐归兽见《书》序。《匡谬正俗》云：兽当作嘼。"（11 上，不见）

13. "鬈首之豪，鑛耳之杰。"注文："《山海经》曰：青要之山，䰠武罗司之，穿耳以鑛。郭璞曰：鑛，金银之器名。

魈，音神。"林曰："按《五经集韵》：鑱，耳环，与瑱同。"（11上，不见）

14. "山图其石，川形其宝。"林曰按："《张猗传》：青龙四年，张掖川溢，宝石负图，仓质素章，麟凤龟马，焕炳成形。高堂隆以为东序之世宝。事班天下。"（12上，不见）

15-16. "莫黑匪乌，三趾而来仪。莫赤匪狐，九尾而自扰。"林曰："《文帝纪》注：五彩之鱼，杂沓其间。"（12上，不见）又林曰按："《瑞应图》：九尾狐，六合一同则见。文王时，东夷归之。《吕氏春秋》：禹行涂山，有白狐九尾造焉。《山海经》：青邱之山，有兽如狐而九尾。《援神契》云：德至鸟兽，则狐九尾。《竹书》：伯杼征于东海，及三寿，得一狐九尾。"（12下，不见）

17. "宵貌蕞陋，禀质邅脆。"林按："形容短矮曰邅。《唐书·王伾传》：形容邅陋。宵通肖。"（16上，不见）

18. "风俗以蛮果为嫭。"林按："《通雅》曰，蛮一作傻，狭也。《仓颉篇》'果敢'作'猓敢'。嫭，古音'坏'，与'快'近，盖言风俗以隘狭果敢为快也。《史通》'苍梧人风果嫭'正用此。"（16下，不见）

卷七

扬子云《甘泉赋》：

1. "平原唐其坛曼兮，列新雉于林薄。"林按："《本草别录》：辛雉木苦而香，温可作？药实如桃，与辛夷为二物。"（2下，不见）

2. "攒并闾与茇葀兮，纷被丽其亡鄂。"如淳注："并闾其叶随时政，政平则平，政不平则倾。"林曰按："师喜如氏所说，自是平虑耳。"（3上，不见）

3. "翠玉树之青葱兮，璧马犀之瞵珝。"林按："玉树，颜注以为武帝所作，集众实为之，与李注同意；实则《三辅黄图》所云槐树为是。□□《关辅古语》记所云耆老相传咸谓槐树即《甘泉》所云玉树也。又《隋唐嘉话》《国史纂异》亦皆言汉宫以槐为玉树。"（3 上，已见）

4. "金人仡仡其承钟虡兮，嵌岩岩其龙鳞。"林按："《续博物志》：霍去病讨幽屠王，获其祭天金人。武帝以为神仙，列于甘泉。"（3 上，已见）

5. "前殿崔巍兮，和氏玲珑。"林曰："孟康注以和氏璧为梁壁带，其声玲珑也。"（4 上，袭用）

6. "乃搜逑索偶皋伊之徒，冠伦魁能。"林按："《汉书》冠伦魁绝句。"（4 下，不见）

7. "相与齐乎阳灵之宫。"师古曰："齐，同也，同集于此也。"林曰："按《汉旧仪》：皇帝祭天，居云阳宫斋百日，同此例。师古以斋为齐，盖误。"（5 上，已见）

8. "梁弱水之濎濴兮，蹠不周之逶蛇。"林曰："按《括地志》：弱水有二原，俱出女国北阿耨达山，南流会于国北，又南历国北，东去一里，深丈余，阔六十步，非乘舟不可济，流入海。"（5 上，不见）

9. "想西王母欣然而上寿兮，屏玉女而却宓妃。"林按："《大荒经》：西王母其状如人，豹尾虎齿，蓬鬓穴居。《酉阳杂俎》曰：姓杨名回，字婉妗。"（5 下，未见）

※"屏玉女而却宓妃。"林先生曰："《汉书》：是时，赵昭仪方大幸，每上甘泉，常法从，在属车间豹尾中，故雄聊盛言车骑之众，参丽之驾，非所以感动天地，逆厘三神。又言'屏玉女，却宓妃'，以为戒斋肃之事。"（按，此条不见梁章钜批校本，据《旁证》228 页补于此，不列条目，仅供参考）

10. "玄瓒觩斝，秬鬯泔淡。"林按："《诗》觓觩其觩。觩，曲貌；斝，有棱貌。"（5下，已见）

潘安仁《藉田赋》：

11. 题下注："臧荣绪《晋书》曰：泰始四年正月丁亥，世祖初藉于千亩，司空掾潘岳作《藉田颂》也。"林曰："此篇赋多颂少，自宜为赋，臧书列为颂，未当。"（6下，用通奉公说，意同）

12. "于是前驱鱼丽，属车鳞萃。"林曰："按《通典》：晋属车因后汉制。东晋属车五乘，加绿油幢、朱丝络。"（7上，已见）

13. "金根照耀以炯晃兮，龙骥腾骧而沛艾。"林曰："按《独断》曰：永安七年，建金根车，一辕，箱轮皆以金镈，正黄两黄臂，前后刻金以作龙虎鸟龟形，上以青缣为盖，羽毛无后户。"（7下，"无"当为"为"，未见）

14. "中黄晕以发晖，方彩纷其繁会。"林按："《晋志》：晋平吴后，造五牛建棋车，设五牛，青赤在左，黄在中，白黑在右。"（8上，未见）

15. "贵贱以班，或五或九。"林按："《晋·舆服志》：玉、金、象、革、木五辂，并天子法车，皆朱班漆轮，画为㯯文，朱樏两箱后皆玳瑁为鹍翅，加以金银雕饰。"（8上，未见）

16. "蹳踵侧肩，掎裳连袂。"《晋书音义》："袂，音艺。"林曰："按《新唐书·刘文静传》：奋袂大呼，用古袂字。"（8上，未见）

17. "靡谁督而常勤兮，莫之课而自厉。"林按："《释名》：谁，推也，有推择言，不能一也。《晋书》作推督是，

义通也。"（8下，袭用）

司马长卿《子虚赋》：

18. 题下注："《汉书》曰：相如游梁，乃著《子虚赋》。"林按："《汉书》未云游梁乃著在《子虚赋》，当是《史记》。"（10上，未见）

19. "瑊玏玄厉，碝石碔砆。"林曰："《中山经》：扶猪之山，其上多礝石。"（11上，未见）

20. "靡鱼须之桡旃，曳明月之珠旗。"林按："《尚书大传》：桡旃即曲旃也。《世本》黄帝作旃，《韩诗外传》共工之妻曰此弓是太山南乌号之柘。"（11下，未见）

21. "徼軵受诎。"林曰："按《说文》：軵，劳也，燕人谓劳曰軵。"（12上，袭用）

22-23. "于是郑女曼姬，被阿緆，揄纻缟。"林曰："按文颖曰：郑国出好女，曼者其色理曼泽也。"（12下，袭用）又林按："《列子》被阿锡，张湛注：阿，细縠。锡，细布。杨升庵曰：此文阿锡对齐纨，阿亦地名，齐有东阿，亦出丝布，若以阿为细布□，字义不通。"（13上，袭用）

24. "错翡翠之威蕤，缪绕玉绥。"林按："以玉饰绥，谓郑女曼姬之容，服绥即今采晼垂镊。"（12下，袭用）

25. "弋白鹄，连驾鹅。"林曰："《中山经》：青要之山，是多驾鸟。郭注驾宜为驾。"（12下，不见）

26-27. "而盛推云梦以为高，奢言淫乐而显侈靡。"林按："张楫曰：在南郡华蓉县。郭璞曰：江夏、安陆、南郡、枝江俱有云梦城；华蓉，巴邱湖，俗云即古云梦泽，张楫所云指此。"（13下，未见）"且齐东陼钜海，南有琅邪。"张揖曰："琅邪，台名也。在渤海间。"（林）又按："琅邪在东海

滨，不在渤海，张说误。"（13下，已见）

28. "浮渤澥，游孟诸。"林按："《齐都赋》：海旁曰渤，断水曰澥。"（14上，未见）

卷八

司马长卿《上林赋》：

1-3. "左苍梧，右西极。丹水更其南，紫渊径其北。"林曰："按《刊误补遗》：《山海经》：南有丹穴之山，丹水出焉，南流注于海。《甘泉赋》云：南阳丹崖。皆指丹穴之水言之。旧注非。"（1下，袭用）又按："《山海经》：都州在海中，一曰郁州。郭注：今在东南朐县，世传此山从苍梧东南徙来，上皆有南方物。《舆地广记》云：郁州山，一名苍梧。未知相如果用此否。"（1下，未见）又按："《正义》：《山海经》云紫渊水出根耆之山，西流注河。"（1下，袭用）

4. "九嵕嶻嶭，南山峨峨。"林按："《音义》云：嶻嶭山在池阳县北。又云此处只宜作活字解。"（2下，袭用）

5-6. "灵圉燕于间馆，偓佺之伦暴于南荣。"林按："郭璞曰：灵圉、涫圉，仙人名也。《淮南子》曰：骑飞龙从淳圉是也。"（4上，袭用）又按："《列仙传》：偓佺，槐里采药父也。食松，形体生毛，方眼，行逮走马。"（4上，袭用）

7. "晁采琬琰，和氏出焉。"林按："《周礼典瑞》注：琬圭无锋芒，琰圭剡其□，使有锋芒。"（4上，不见）

8. "留落胥邪，仁频并闾。"林按："留，即《吴都赋》之桱榴。"（4下，不见）

9. "孙叔奉辔，卫公参乘。"林曰："按《刊误补遗》曰：孙叔、卫公非时人，盖指古之善御者耳。孙叔即《楚词》所谓'骥踌躇于弊辇，遇孙阳而得代'者是也。卫公即《国语》

所谓'卫庄公为右，吾九上九下，击人尽殪'是也。此与《羽猎》所用'蚩尤并毂，蒙公先驱'，《二京》所用'大丙弭节，风后陪乘'同，非实有其人也。"（5下，袭用）

10. "扈从横行，出乎四校之中。"林按："《公羊传·宣十二年传》：厮役扈养。何休注：养马者曰扈。然则扈从谓主牧圉之役。"（5下，已见）

11. 同上。林按："《石林燕语》：从驾谓之扈从，始自《上林赋》。张楫谓跋扈云云。颜注因之，亦以为跋扈恣纵而行，侍天子而言跋扈可乎？唐封演以为扈养以从，犹云仆御。此或近之。"（6上，袭用）

12. "射狸首，兼驺虞。"林曰："按射礼于《狸首》注：《逸诗》曾孙也，狸之言不来也。《汉书·郊祀志》云：周灵王即位，诸侯莫朝，苌弘乃明鬼神事，设射不来。徐广曰：狸，一名不来。"（8上，不见）

杨子云《羽猎赋》：

13. "淫淫与与，前后要遮。"林曰："按《淮南子》曰：善用兵者击其犹犹，陵其与与。"（11上，未见）

14. "逢蒙列眦。"林按："列眦疑作裂眦，张目也。"（12上，已见）

15. "三军芒然，穷尢阕与。"林曰："按《刊误补遗》马援言尢豫未决注：尢，行貌；豫，未定也，与豫字同。赋言三军捕禽兽行者，穷追之未定者，阕止之耳。尢、与二文相对。颜监乃以阕与为容暇之貌，于义未安。五臣注以尢为柔肿切，云穷尢倦怠貌，悉失之矣。"（13上，已见）

16. "拔灵蠵。"林曰："应邵曰：蠵，大龟也，雄曰毒冒，雌曰觜蠵。"13下，袭用）

17. "鞭洛水之宓妃,饷屈原与彭胥。"林按:"此二语,刘知几讥其无理,信然。"(13下,已见)

18. "上犹谦让而未俞也,方将上猎三灵之流,下决醴泉之滋。"林曰:"按《鹖冠子》曰:圣人之德,上及太清,下及太宁,中及万灵,则礼泉出。"(14上,未见)

卷九

扬子云《长杨赋》:

1. "驱橐驼,烧熉蠡。"林按:"烧熉蠡。张楫说为长,盖烧其草使不得牧畜,所以困之也。此即后世烧荒以防边意。"(4上,已见)

2-4. "睨鋋瘢胝者。"林曰:"按臣伋曰:《说文》:铊,侍臣所执兵。孔传《尚书》云:锐矛属,疑旧作铊,后传写作锐耳。《说文》:锐,芒也,与矛不类。"(3下,袭用部分)又曰:"按师古曰:镞,箭括也。吴仁杰从伋作铊,谓《周书》铊作锐。盖铊锐镞,三写之误,非《说文》则不可复证。《序传》:定陶王为太子,数遣中盾。师古曰:盾读曰允,则字书于盾下,当云通作锐,允或省。五臣曰:睨,稍也,甚无据。"(3下,不见)又按林曰:"耆当作著。"(3下,不见)

5. "麾节西征,羌僰东驰。"林曰:"《史记正义》曰:今益州南戎州北临大江古僰国。韦昭曰:僰属犍为。"(4上,不见)

潘安仁《射雉赋》:

6-7. "聿采毛之英丽兮,有五色之名翚。"林曰:"《尔疋》:雉有数种,青质五色为鹞雉,黄色为鳵雉,黑为海雉,白鹇即白雉,似山鸡而小为鷩雉。"(5下,未见)"厉耿介之

专心兮,夸雄艳之婍姿。"又按:"《埤雅》:雉死耿介,妒垒护疆,善斗。"(5下,已见)

8-13. "奋劲骹以角槎,瞵悍目以旁睞。莺绮翼而轾挞,灼绣颈而衮背。郁轩鬐以余怒,思长鸣以效能。尔乃擘场拄翳,停僮葱翠。"林曰:"按《礼记》:雉曰疏趾。鸭雁丑指间有幕,其足蹼;鸡雉丑指间无幕,其足疏,所谓劲骹也。"(6上,未见)又曰:"《说文》:瞵,目精也。《仓颉篇》:瞵,视不了也。《集韵》:瞵,怒目貌。左思《吴都赋》:鹰瞵鹗视。"(6上,未见)又曰:"《说文》:睞,目瞳子不正也。"(6上,未见)又按:"□注以挞为肌。《说文》:肌,高腀胫;《五音集韵》:腀,髀股也。"(6上,未见)又按:"《玉篇》:翳,障也。郑玄《礼记注》:毕翳射者,所以自隐也。"(6上,已见)又按:"陈萧有《射雉诗》:挿翳依花合,芝场向野开。擘场即芝场之谓。"(6上,已见)

14. "摘朱冠之艳赫,敷藻翰之陪鳃。首药绿素,身扡黼绘。"林曰:"陪鳃髼鬠通,药通约,扡同拖。"(6下,不见)

15. "班尾扬翘,双角特起。"林曰:"按《埤雅》:鹰顶有毛角微起,谓之角鹰,盖鸟之善斗者。有毛角,所云双角是也。"(6下,不见)

16-17. "山鸑悍害,姦迅已甚。"林曰:"《埤雅》云:鸑赋性悍,戾憨害飞,走如风之姦,故潘赋云云。"(7上,不见)又按:"刘熙《释名》:鸑,雉之憨恶者,山鸡也。《埤雅》:雉飞如矢,一往而坠。"(7上,不见)

18-20. "瞻挺氅之倾掉,意溣跃以振踊。"林曰:"按溣,五臣作淰。《礼记》郑注:淰之言闪也。《韵会》《正韵》:淰音闪,或作溣。(7下,不见)"望靥合而翳晶,雉挾肩而旋踵。"按《集韵》:挾音胁,腋下也。观善注,当与胁

通。"（7下，不见）又按："《尔疋》：其踵企，郭注：飞即伸其脚跟。"（7下，不见）

21．"麋闻而惊，无见自鷟。"林按："《篇海》：鷟，鸟惊视貌。"（7下，不见）

22．"彳亍中辍，馥焉中镝。"林曰："馥当通作翩。《玉篇》：翩，飞也。"（8上，不见）

23．"乐而无节，端操或亏。"林云："按《禽经》云：霜传强枝，鸟以武生者少；雪封枯原，鸟以文死者多，雉之谓也。"（8下，不见）

班叔皮《北征赋》：

24．"慕公刘之遗德，及行苇之不伤。"林曰："按《后汉书》：寇荣上书云：公刘敦行苇，世称其仁。王符曰：公刘厚德，恩及草目，牛羊六畜，犹且感德。赵长君曰：公刘慈仁，行不履生草，运车以避葭苇。是汉儒皆以行苇为公刘诗也。长君□杜抚□学业，当是《韩诗》，非齐、鲁矣。"（9上—下，袭用）

卷十

潘安仁《西征赋》：

1．"彼负荷之殊重。"林曰："按《晋书·杨骏传》：骏初为骁骑镇军二府司马，后以后父超居重任，封临晋侯。尚书褚䂮、郭奕并表骏小器，不可以任社稷，武帝不从。"（1下，袭用）

2．"无危明以安位，祇居逼以示专。陷乱逆以受戮，匪祸降之自天。"林曰："按《晋书》：上疾笃，后乃奏骏辅政，帝领之。惠帝即位，进骏为太傅、大都督、假黄钺、录朝政、百官总已。贾后欲预政事，惮骏未得逞，令殿中中郎李肇大司马、汝南王亮，使连兵讨骏。又报楚王玮。玮至孟观，李肇乃启帝，遣使奉诏废骏，以侯就第。东安公繇率殿中四百人随其后以讨骏。骏逃于马厩，以戟杀之。观等受贾后密旨，诛骏亲党，夷三族。"（1下—2上，袭用缩略）

3. "匪择木以栖集，瞰林焚而鸟存。"又："按《晋书》岳本传：杨骏辅政，引岳为太傅主簿。骏诛，除名。初，谯人公孙宏善鼓琴，颇能属文。岳为河阳令，爱其才艺，待之甚厚。至是，宏为楚王玮长史，专杀生之政。时骏纲纪皆当从坐，同署主簿朱振已就戮。岳其夕取急在外，宏言之玮，谓之假吏，故得免。未几，选为长安令。"（2上，袭用）

※ "尔乃越平乐，过街邮。"注《水经注》曰：古旧亭处，即街邮也。林先生曰："'旧'当作'晉'。今《水经注》十五云：其上平敞，古晉亭之处也。即潘安仁所谓越街邮也。"（按，此条不见梁章钜批校本，据《旁证》306页补于此，不列条目，仅供参考）

4. "澡孝水而濯缨，嘉美名之在兹。"林曰："按《中山经》：西十里曰廆山，俞随之水出于其阴。吴任臣注：俞随水，世谓之孝水。"（4上，袭用）

5. "降曲崤而怜虢，托与国于亡虞。"林曰："按《春秋》：虢有二，郑庄言祭□死于制，盖东迁时为郑所灭，此东虢也。晋师虞师灭下阳，此西虢也。"（5上，不见）

6. "蹑函谷之重阻，看天险之衿带。"林曰："按颜注：今桃林县南有洪溜涧水，即古所谓函谷也。"（6上，袭用）

7. "汉六叶而拓畿，县弘农而远关。"林曰："按文颖注：新关在河南谷城，即新安也。"（6下，不见）

8-9. "问休牛之故林，感征名于桃园。"林曰："按《汉书·高纪》：立司马欣为塞王。韦昭注：在长安东，名桃林塞。师古曰：取河华之故为扼塞耳，非桃林也。然则桃林有二。"（7上，袭用）林按："《雍录》云：桃林一以为潼关，一以为阌乡，一以为灵宝。《元和志》则曰：灵宝县西至潼关，俱为桃林塞。"（7下，袭用）

10. "北有清渭浊泾，兰池周曲。"林曰："按《沟洫志》：泾水一石，其泥数年。"又曰："按《黄图》：秦始皇微行咸阳，逢盗兰池。"（8上，不见）

11. "籍含怒于鸿门，沛局蹐而来王。"林曰："按孟康注：鸿门在新丰东十七里，旧大道北板下口名也。"（9上，不见）

12. "婴冒组于轵涂，投素车而肉袒。"林曰："按师古曰：轵道亭在霸成观西四里。"（9下，不见）

13. "命有始而必终，孰长生而久视？武雄略其焉在，近惑文成而溺五利。"林曰："按《郊祀志》：齐人上疏言神怪奇方者以万数，乃发船，令数千人求蓬莱神人。《封禅书》：天子遣方士入海，求安期羡门之属。"（11下，不见）

14. "纵逸游于角抵，络甲乙以珠翠。"林曰："按文颖曰：角抵戏盖杂技乐，巴俞戏鱼龙曼衍之属。"（11下，不见）

15–16. "超长怀以遐念，若循环之无赐。"林按："《字典》引作若循环而无偒，鲜云：尽也。《唐书·李密传》：敖庾之藏，有时二偒。"（12上，袭用）又按："言铤赐朴渐皆尽也。"（12上，不见）

17. "掩细柳而抚剑，快孝文之命帅。"林曰："按如淳曰：长安细柳仓在渭之北，近石徼。张楫曰：在昆明池南，今有柳市是也。颜注则据《匈奴传》置三将军之长安西细柳、渭北棘门、霸上，此则细柳不在渭北。楫说是也。"（12上，

不见）

18."儒林填于坑穽，诗书炀而为烟。"林曰："按卫宏《古文奇字序》：秦改古文以为篆隶，国人多诽谤。秦患天下不从，而召诸生至者，皆拜为郎，凡七百人。又密令冬月种瓜于骊山硎谷之中。温处瓜实，诏博士诸生说之，人人各异。则皆使往视之，而为伏机，诸生方相论难，因发机，从上填之以土，皆终命也。"（13 上，袭用）

19."门磕石而梁木兰兮，构阿房之屈奇。"林曰："《长安志》：阿房宫三面有墙，南面无墙，周五十里，崇八尺。"（15 上，不见）

卷十一

王仲宣《登楼赋》：

1."挟清漳之通浦兮，倚曲沮之长洲。"林云："胡三省《释文辨误》云：荆山漳水，今在襄阳南漳县界，《左传》所谓江汉沮漳楚之望也。"（1 下，不见）

※"循阶除而下降兮，气交愤于胸臆。"林先生曰："项平甫《信美楼记》：谓此赋非但思归之曲，仲宣少依天室，世受国恩，避身南夏，系志西周，冀王路之一开，优日月之逾迈，故以是不可久留云云。"（按，此条不见梁章钜批校本，据《旁证》324 页补于此，不列条目，仅供参考）

孙兴公《游天台山赋》：

2."荫牛宿以曜峰，托灵越以正基。"（林先生曰）："徐灵府《记》云：天台山，神邕山图采浮屠氏说，以为阎浮，震旦国极东处或又号灵越，即赋所云'灵越正基'者，是也。"（3 下，已见，按批校本未标注，据《旁证》补）

3."释二名之同出，消一无于三幡。"（林先生曰）："放翁云：善注《头陀寺碑》'穿穴三藏'，注《天台赋》'消释三番'，至今法门老宿未窥其奥。"（5下，已见，按批校本未标注，据《旁证》补）

鲍明远《芜城赋》：

4."观基扃之固护，将万祀而一君。"林曰："万祀一君，犹《秦本纪》所云由二世以至万世。"（7上，不见）

王文考《鲁灵光殿赋》：

5-6."尔乃悬栋结阿，天窗绮疎。圆渊方井，反植荷蕖。"林云："《周礼郑注》：四阿屋四注，盖四面皆有溜也。"（10下，不见）又《梦溪笔谈》："屋上覆橑，古人谓之绮井，亦谓之覆海令，今文中谓之斗八，吴人谓之罳顶，今惟佛寺有之。"《海录碎事》云："藻井者，屋栋之间为井形而加水藻之饰，所以厌火灾。"（10下，不见）

7."绿房紫菂，窊窏垂珠。"林云："窊窏音咄喏，潘岳《芙蓉赋》亦云：窊窏星罗。"（10下，不见）

8."神仙岳岳于栋间，玉女窥窗而下视。"林云："古人窗间多刻饰玉女，庾子山赋云'倚弓于玉女窗扉'，李玉溪诗'寒气先侵玉女扉'，李太白赋'玉女攀星于网户'是也。"（11上，已见）

何平叔《景福殿赋》：

9.题下，林曰："唐李华《含元殿赋》初成，萧颖士见之，曰：《景福》之上，《灵光》之下，然则《景福》之不及《灵光》，唐贤已有定论矣。"（12下，不见）

10."缀以万年,綷以紫榛。"林曰:"按万年,枝盖冬青树,《诗疏》谓之檍。陆玑曰:叶似杏而尖,白色,皮正赤,木多曲少直,华似练而细,虇正白,今宫园有之,名曰万岁,取名于亿也。"(15上,袭用)

11."皎皎白间,离离列钱。"林曰:"按杜诗'白间剥画虫',注则云:黼扆,画雉饰之。《考工记》:两夹牕白盛。白盛者,以蜃灰垩其壁。据此,则白间者,壁间牕也,云黼扆非。"(15下,不见)

※"遂及百子,后宫攸处。"林先生曰:"《困学纪闻》谓唐钱起有《百子殿诗》即此。"(按,此条不见梁章钜批校本,据《旁证》341页补于此,不列条目,仅供参考)

卷十二

木玄虚《海赋》:

1."熚沙礐石,荡飇岛滨。"林按:"熚沙言沙之有文如画也,即下所云'云锦散文于沙汭'也。"(1下,已见)

卷十三

宋玉《风赋》:

1."有风飒然而至,王乃披襟而当之曰……",林曰:"此与晏子对齐景,雨雪三日不寒同旨,欲其体恤民隐也。"(1下,不见)

贾谊《鵩鸟赋》:

2."傅说胥靡兮,乃相武丁。"林曰:"《尚书》:傅是傅说,代胥靡佣力;而张晏注云:传说被刑,筑于傅岩。皆误以'传说'为'刑人'。"(11上,袭用)

3. "愚士系俗兮，窘若囚拘。"林曰："欺全为人肩伛偻。"（11下，袭用）

4. "乘流则逝兮，得坻则止。"何曰："坻字，《汉书》作揣坎。"林按："今本《汉书》作坎，殆误。"（12上，袭用）

卷十四

颜延年《赭白马赋》：

1. "袭养兼年，恩隐周渥。"林云："夏《归藏》云：士无兼年之食，见《西溪丛语》。"（1下，不见）

2. "故能代骖象舆，历配钩陈。"林曰："《郊祀歌·赤蛟章》：灵槵槵，象舆辚，师古曰：山出象舆，瑞应车也。相如《大人赋》曰：驾应龙象之蠖略委丽。"（2上，不见）

卷十五

张平子《思玄赋》：

1. "登蓬莱而容与兮，鳌虽抃而不倾。"林曰："按《道经》：海外蓬莱阆苑有五岳，东岳曰广乘，南岳曰长离，西岳曰丽农，北岳曰广野，中岳曰昆仑，昆仑在八海间，上当天心，形如偃盖，东曰樊桐，西曰元圃，南曰积石，北曰阆苑。"（4下，不见）

2. "魏颗亮以从治兮，鬼亢回以毙秦。"注，林按："此条注有复沓，不若章怀《后汉》注简而明，今依《后汉》注删正。"（8上，已见）

3. "瞻昆仑之巍巍兮，临紫河之洋洋。"林曰："昆仑有二：西凉酒泉太守马岌上书言，酒泉南山即昆仑之体，穆王见西王母即此山，有石室王母堂，此小昆仑也。《括地志》：阿耨达山亦名昆仑山，恒河、浒海、黄海三水所从出，其入海各

三万里，此大昆仑也。"（10上，不见）

4. "观壁垒于北落兮，伐河鼓之磅硠。"林曰："星有壁垒阵，又一星名北落师门。"（11下，不见）

卷十六

潘安仁《闲居赋》：

1. 题上，林曰："按《野客丛书》：曹植、庾阐皆有《闲居赋》，其后沈约赋郊居，谢灵运赋山居，今人但知潘赋耳。"（1上，不见）

2. "太夫人乃御版舆，升轻轩。"林曰："岳谄事贾谧，谧二十四友岳为其首，数诮之曰：尔当知足，而干没不已乎？后被诛，曰：负阿母，是知失其身而能事其亲者，未之有也。板舆奉母，世引为美谈，岂知正不足为孝。"（4下，已见）

向子期《思旧赋》：

3. "昔李斯之受罪兮，叹黄犬而长吟。"林曰："以李斯比叔夜，自是不伦，难免刘勰之讥也。"（8上，袭用）

潘安仁《寡妇赋》：

4. "归空馆而自怜兮，抚衾裯以叹息。"何曰："寡妇不夜哭、空馆二句有病。"林曰："叹息非哭也，有声有泪为哭，叹息正合不夜哭之义。"（13下，已见）

江文通《恨赋》：

※ "闭关却扫，塞门不仕。"注"司马彪《续汉书》曰：赵壹闭关却扫，非德不交。"林先生曰："'壹'当作'典'。"（按，此条不见梁章钜批校本，据《旁证》448页补于此，不

列条目，仅供参考）

※"左对孺人，顾弄稚子。"林先生曰："冯衍子名姜豹。衍与妇弟书曰：姜豹常为奴婢，此顾弄稚子所为可恨也。"（按，此条不见梁章钜批校本，据《旁证》448 页补于此，不列条目，仅供参考）

卷十七

傅武仲《舞赋》：

1. "马材不同，各相倾夺。"（林先生曰）："'舞马'，《竹书纪年》有之。又按《山海经》：述大栾之野，夏后启于此舞九代马。赋本咏舞，末详绘及马，盖以马亦舞物也。"（14 上，已见，按批校本未标注，据《旁证》"林先生曰"补）

卷十八

马季长《长笛赋》：

1. "律吕既和，哀声五降。"茂春按："五降谓宫、商、角、徵、羽五音，各有全律，半律惟变宫、变徵，不可为调，无半律，故音止五降而止。"（4 下，已见）

2. "剡其上孔通洞之，裁已当簻便易持。"林曰："按《西溪丛话》据《说文》：簻、挝同音张瓜反，棰也，不闻以簻为乐管，潘岳《笙赋》乃用挝字，自与簻字不同，言羌人裁之以当马策，易执持而复可吹也。存中牵强为说，□非。"（7 下，袭用）

潘安仁《笙赋》：

3. "辍张女之哀弹，流广陵之名散。"林曰："《广陵散》

散字多作平声用，此作仄声，据卢氏《杂说》：韩皋谓叹王凄毋邱俭兵败于广陵，魏之散亡，自此始则作仄音自得。"（15上，不见）

成公子安《啸赋》：

4. "音均不恒，曲无定制。"林曰："均，调乐器也。伶州鸠曰：律所以立，均出度也。注：均者，钟木，长七尺，有弦系之以均钟者，度钟大小清浊也，汉大予乐官有之。"（18下，不见）

卷十九

宋玉《高唐赋》：

1. "王雎鹂黄，正冥楚鸠。"曰："《大射礼》注：正，鸟名，齐鲁之间名题肩，《玉篇》正，□鴂，未知即正冥否。"（5上，已见）

（原载《传统中国研究集刊》2017年第2期）

后　记

在古籍整理出版中，影印是一种非常重要的方式。影印古籍忠实于文献原貌，使文献的真实性、完整性、原生态性得到高效、充分的揭示，并且有可操作性强和速度快的优势，对整理出版传统文化典籍有着不可替代的作用，是对古籍进行再生性保护的最好方式之一。回首70年来的历次古籍整理规划，每次都非常重视"古籍影印"，专家们明白，不是所有的古籍都需要点校注释，有些比较专业的资料，只有相关学者研究才看，影印成为最佳方式；再者，影印能够反映底本原貌，使用文献比较放心。但也有很多学者乃至古籍编辑，对影印古籍有或多或少的抵触。认为影印是一项简单粗暴的工作，没有学术含量。其实，这两种观点的交锋，一直都存在着。郑振铎在《古本戏曲丛刊》三集《序》中从资料用途、方式利弊论证了他坚持影印《古本戏曲丛刊》的科学性，反驳了轻视"影印"的观点，值得我们认真学习。

抛开"覆刻"不论，即便从清末"石印"技术传入我国算起，影印已经走过百余年的历程。一百多年来，影印的制作和呈现"理念"也不断发展进步（详见42—64页的《改革开放40年的古籍影印出版》）。早期的影印古籍如《四部丛刊》，在今天看来已经不是严格意义上的"影印"，而是通过修改、描润等在制作出版过程中形成了一种新的版本，这方面已经很多学者注意到并撰有专文，此处不再赘述。从张元济、王云

五、郑振铎等老一辈出版家卓越探索,到水赉佑、许逸民、徐蜀、贾贵荣、殷梦霞等新一代出版人的实践与理论总结,古籍影印事业薪火相传,延绵不绝。

2008年,我在四川大学古典文献学研究生毕业,歪打误撞地进入了国家图书馆出版社,遂与古籍影印结缘。在前辈面前尚显稚嫩,但十多年的时间磨炼,也让我成为年轻编辑里面的"老"人。以具体的呈现方式而言,我认为当下影印古籍大致可以分为以下三重境界。

一是以灰度呈现的单色影印古籍,这是当下影印古籍的主流。单色影印古籍包括白纸黑字和灰度底色两个具体制作方式。在很长一段时间,影印古籍是直接拿复印机将底本复印或胶片还原,剪贴核对,出硫酸纸等环节进行印制。这样的流程,在底本获取时就是白纸黑字的复印件,所以出硫酸纸再印刷,当然也是同样的效果。无论读者还是编辑,都习惯了这样的制作方法,即便后来用扫描仪扫描底本,也大多是保存位图格式(只有黑白二色)。随着数码相机、高清专业扫描仪的出现和不断升级,以及古籍保护工作影响的日益扩大,高像素扫描或拍摄底本,成为古籍数字化和影印的第一步。目前,用于出版的古籍图片,基本标准都在300DPI以上,有的图书馆为了保护善本,减少提书和扫描损伤,直接扫描为600DPI甚至更高,便于长期保存使用。在这样的背景下,古籍影印也在不断提升质量。2008年开始,我所在的国家图书馆出版社全面使用新标准:在制图环节,保留原书的真灰层次,不再使用去底的"黑白"模式;在上版环节,将出硫酸纸上版改为出胶片上版,后来又使用CTP制版。这样印刷出来的影印古籍,清晰度高,且能呈现出原书历史痕迹的层次。最为重要的是,与白纸黑字的呈现方式相比,尤其是遇到品相不是十分完美的底本，保留灰底的优势非常明显。顺带说一句的是，古籍影印绝不是一些人认为的简单"拿来就印"，而是要求编辑从选题策划、底本扫描到编辑核对、出版说明撰写、索引制作、制版印刷等各个环节都有一定的认识，才能做好。以近几年市面流行的几套丛书为例，《四部要籍选刊》《师顾堂丛书》《国学基本典籍丛刊》《蛾术丛书》等按照古籍底本的具体情况进行划分，适合保留灰底的用灰度制作，适合"黑白"印刷的则不保留灰度，主事者对各个环节也比较了解，能够做出相应的判断，做出了系列的古籍影印精品。令人惋惜的是，还有一些丛书，选目非常不错，装帧设计也很雅致，但由于底本来源不正或编辑经验不足、修图制版失误等原因，内文印制不尽如人意。一句话，影印古籍的门槛看似很低，却也有很多的"道道"，做出来容易，要做好，则需要下足功夫。

二是以彩色呈现的洋装影印古籍。除了上文提及底本获取等前端的不断进步，印刷技术也在日益革新。由于彩色印刷成本较高，一般多用于字画、碑帖、印谱、图录等图书的印刷，或者特殊礼品书的制作，如《中国国家图书馆藏碑帖精华》《赵氏孤儿》（精装礼品书）、《大鹤山人自用印集》《第一批国家珍贵古籍名录图录》等等。近几年，情况发生了一些变化。国家图书馆出版社原总编辑徐蜀策划的《辽宁省图书馆藏陶湘旧藏闵凌刻本集成》一书收录辽宁省图书馆所藏全部119种闵凌刻本，进行高仿真全文全彩影印，是目前部头最大者。在此之后，又陆续推出了《善本西厢记二种》等系列品种，将古籍影印提升到一个更高的地位和层次。今年，我们将《国学基本典籍丛刊》系列升级出"典藏版"，陆续推出了《宋本扬子法言》《宋本陶渊明集二种》两种，前者底本为辽宁省图书馆藏宋淳熙八年唐仲友台州公使库刻本《扬子法言》，后者乃黄丕烈等名家递藏今存国家图书馆的"二陶"，均是宋本中的精品。此次全文彩印，保留原书函套、封面等，并对内文版式和封面进行了细致地设计，经过十多次的试印调整，以低廉的价格庄重大方地呈现在读者面前。这个系列将收录经史子集四部数十个品种，封面仿照《四库全书》封面设计理念，使用四种颜色的布区分开来，又仿照传统古籍的样式，采用签条样式，压凹黏贴，简洁古朴。这样彩色影印的古籍精装书，从视觉上最大限度满足了读者目睹善本原貌的需求，让"小而美"的善本，美得可爱，因而广受欢迎。

三是以彩色呈现的原大宣纸影印古籍。原大仿真印制古籍，从影印前身的"覆刻"时代，出版者就多有尝试。到了近代石印和珂罗版技术的传入，更是把"仿真"古籍推向一个高潮。在近年的古籍拍卖市场，民国时期原大影印的古籍，也早已成为收藏品，价值不断攀高。随着数字化的发展，相当数量的古籍将陆续成为数据库里面的电子书，检索使用都很方便，简单的汇编影印图书的优势会逐渐被削弱。因此，高端仿真影印古籍将成为古籍影印的重要呈现方式之一。随着国家和整个社会对传统文化的重视，人们对传统典籍了解的需求就会产生几个层次。有些读者在看完了注释本之后，想看一看"宋本"是什么样子，"敦煌卷子"有多么神奇。随着经济发展生活水平的不断提高，这方面的需求在逐年增加。近几年市面上的高仿古籍逐渐增多，从侧面证明了这个趋势。如文物出版社出版的《国家图书馆藏古籍善本集成》系列，先后推出《宋刻本陶渊明集》等几十个品种，用宣纸原大尺寸彩色印刷。与此前后，文物社还出版了《天禄琳琅丛书》几种，将存世本的天禄琳琅旧藏用高仿的方式陆续出版，并且专门定制封面所用"天禄琳琅"绫布，真可谓"佞天"者。其实，早在2000年前后，以影印古籍见长的国家图书馆出版社就尝试过这样的做法，制作了一些"中华再造善本"试制品。在其后的《中华再造善本》工程中，也有少量采用了宣纸四色影印的方式。但由于成本等各方面的原因，这样的呈现方式很少用在面向个人读者的图书上。2018年年底，我在学习前辈和同行经验、吸收非专业人士类似图书教训的基础上，策划宣纸原大彩印《河东先生集》（两函十六册），正文用手工宣纸以海德堡四色机胶印，封面用蓝绫和瓷青纸两种，新的签条请青年书法家王维题写，经过制图、打样、试印等环节后，开始公布预售信息，在短短四十天，预订出260多套。读者收到书后，对质量非常满意，甚至专门为此书定做楠木书箱，以保永久。打铁趁热，今年7月31日，我又把人称无尚神品的世綵堂双璧之另一种《昌黎先生集》（四函三十二册）如法炮制，270套上架微店后4个半小时售罄，制造了一场规模不小的营销盛宴。从这两个案例，我们可以看到众多收藏者对高仿影印古籍的热切期待。

　　人们常说古籍影印是螺蛳壳里做道场，但再专业的书，只要有价值，总需要有人去做，我想。我们生活在读屏的时代，但传统古籍并没有远离我们的视线，据《人民日报》2019年3月25日《古籍如何"热"下去》一文公布的数据，"京东图书"2018年"古籍善本影印本"类销量同比增长近200%。作为古籍的整理、传承、保护和出版者，我们应当从不同层次发掘"古籍之美"，引领读者亲近古籍善本，感受传统文化魅力，真正激活古籍和传统文化在广大读者中的生命力。

　　十多年来，我在不断学习和实践的过程中，拉拉杂杂写了几十篇小文章，大多已公开发表，如今以类相从，分为"蠹探编""履冰编"和"研酌编"，虽云学术价值不大，但敢自珍，可作为我这些年的一个小结。其中的一些文字，如果能为同行提供零星的参考，为当代出版史留下一点记忆，吾愿足矣。感谢我所在的国家图书馆出版社及诸位同事，为我提供一个快乐成长的平台和氛围融洽的工作环境；感谢夏艳老师的厚爱，促成这本小书的结集；感谢钟梦怡女史的精心编校，匡正我的诸多谬误。自知学术浅薄，书中疏漏，尚祈读者教正。

泊头南江涛写于文津街 7 号

2019 年 12 月 12 日

图书在版编目（CIP）数据

螺蛳壳中的曼陀罗：古籍影印蠡探 / 南江涛著 . —北京：北京联合出版公司，2020.1

ISBN 978-7-5596-3875-5

Ⅰ. ①螺… Ⅱ. ①南… Ⅲ. ①古籍 – 影印本 – 出版工作 – 中国 – 文集 Ⅳ. ①G256.1-53

中国版本图书馆 CIP 数据核字（2019）第 296173 号

《螺蛳壳中的曼陀罗：古籍影印蠡探》

著　　者：南江涛　著
责任编辑：申　妙
书籍设计：刘　洋
出版发行：北京联合出版有限责任公司/北京联合天畅文化传播公司
社　　址：北京市西城区德外大街 83 号楼 9 层
邮　　编：100088
电　　话：（010）64256863
印　　刷：河北三河弘翰印务有限公司
开　　本：710mm×1000mm　1/16
字　　数：200 千字
印　　张：19.5
版　　次：2020 年 3 月第 1 版
印　　次：2020 年 3 月第 1 次印刷
ISBN 978-7-5596-3875-5
定　　价：58.00 元

文献分社出品

未经许可，不得以任何方式复制或抄袭本书部分或全部内容
版权所有，侵权必究